Alter

*Zuletzt werde ich vielleicht
wie als Kind
wenn ich allein war
wieder freundlich grüßen:
„Guten Morgen, Fräulein Blume"
„Guten Abend, Herr Baum"
und sie mit der Hand berühren
und mich bedanken
daß sie mir ihre Zeit gegeben haben*

*Nur daß sie mir antworten
und auch „Guten Morgen"
und „Guten Abend" sagen
werde ich dann nicht mehr glauben*

*Oder vielleicht doch wieder?
Davor habe ich Angst*

                                        Erich Fried

Natürliches Kulturgut

Vergangenheit und Zukunft der Naturdenkmale im Landkreis Kassel

Rüdiger Germeroth
Horst Koenies
Reiner Kunz

Impressum

Natürliches Kulturgut
Vergangenheit und Zukunft der Naturdenkmale im Landkreis Kassel

Herausgeber
Kreisausschuss des Landkreises Kassel,
Untere Naturschutzbehörde, Wolfhagen 2005

Autoren
Rüdiger Germeroth
Jahrgang 1962, Diplom-Forstingenieur (FH), Bereichsleiter bei der Unteren Naturschutzbehörde des Landkreises Kassel, Arbeitsschwerpunkte Eingriffsregelung und Naturdenkmale
Dr. Horst Koenies
Jahrgang 1947, Dipom-Biologe, Wissenschaftlicher Mitarbeiter in der Abteilung Ökologie des Fachbereiches Naturwissenschaften an der Universität Kassel, Arbeitsschwerpunkt Naturschutz
Dr. Reiner Kunz
Jahrgang 1957, Diplom-Geologe und Paläontologe, Bereichsleiter bei der Unteren Naturschutzbehörde des Landkreises Kassel, Arbeitsschwerpunkte Eingriffsregelung und Öffentlichkeitsarbeit

Gestaltung und Herstellung
cognitio Kommunikation & Planung, Verlag
Westendstr. 23, 34305 Niedenstein

Druck
Strube, Felsberg

Bezugsquelle
Kreisausschuss des Landkreises Kassel
Wilhelmshöher Allee 19 a, 34117 Kassel
Tel. 0561 1003-1329, Frau Wendland

Titelbild
Gerichtslinde bei Schachten

Fotos
Reiner Kunz (140), Rüdiger Germeroth (14),
Stephan Frühauf (13), Horst Koenies (6),
Roman Krettek (2), Jürgen Fichter (1)
Zeichnungen
Reiner Kunz

Kartengrundlage
Topographische Karten 1:25.000 des Hessischen Landesamtes für Bodenmanagement und Geoinformation

Luftbild
Bildgrundlage: 531/99 mit Genehmigung des Hessischen Landesvermessungsamtes vervielfältigt. Vervielfältigungsnummer 5

Mitarbeit
Erhebung der Arten:
Pflanzen: Stephan Frühauf, Amphibien: Kerstin Kellner, Heuschrecken und Libellen: Roman Krettek
Altersbestimmung von Bäumen: Dr. Martin Worbes
Weitere Mitarbeit:
Dr. Ingo Aselmann, Dennis Deuermeier, Dr. Jürgen Fichter, Thomas Günther, Rainald Herrmann, Wolfgang Kawollek, Harald Kühlborn, Ralph Linzert, Monika Matthaei, Heinz Nehm, Reinhard Petersen, Moritz Unzicker, Kerstin Volkenant, Marie Weyrich

Urheberrecht
Das Werk einschließlich aller seiner Teile ist urheberrechtlich geschützt. Jede Verwertung außerhalb der engen Grenzen des Urheberrechtsgesetzes ist ohne Zustimmung der Herausgeber unzulässig und strafbar: Das gilt insbesondere für Vervielfältigungen, Übersetzungen, Mikroverfilmungen und die Einspeicherung und Verarbeitung in elektronische Systeme.

ISBN 3-932583-17-5
1. Auflage, Wolfhagen 2005

Inhalt

Vorwort 4

Einleitung 5

Flächenhafte Naturdenkmale 10

- Geologische Naturdenkmale 13
- Magerrasen 46
- Feuchtgebiete 64
- Feldgehölze 80

Bäume 86

- Eichen 106
- Linden 118
- Rotbuchen 126
- Kastanien 131
- Eiben 134
- Eschen 136
- Ahorne 138
- Kiefern 140
- Walnussbäume 142
- Hainbuchen 144
- Apfelbäume 146
- Birnbäume 148
- Exoten 150
- Ulmen 152

Ausblick 153

Literatur 160

Anhang 162

- Flächenhafte Naturdenkmale 162
- Bäume 186

Vorwort

Zu den unbestrittenen Stärken unserer Region gehört die noch in vielen Gebieten intakte Kulturlandschaft mit einer Vielzahl von Naturdenkmalen. Leider sind diese in der öffentlichen Aufmerksamkeit nicht so präsent, wie sie sein sollten. Der Landkreis Kassel will daher mit dem vorliegenden Band über die Naturdenkmale im Kreisgebiet Abhilfe schaffen.

Der Naturschutz hat es zur Zeit nicht einfach. Die allgemeine Wertschätzung von Landschaft und Natur spielt häufig dann keine Rolle mehr, wenn der Erhalt unserer natürlichen Ressourcen einer Baumaßnahme oder einer Investition entgegensteht. Das Argument Sicherung und Schaffung von Arbeitsplätzen setzt sich häufig – verständlicherweise – durch. Daher kommt es für einen erfolgreichen Naturschutz darauf an, dass neben dem rechtlichen Gehör auch von entsprechendem Bewusstsein geleitetes Handeln entsteht – Handeln, das auch naturschutzverantwortetes Planen der politischen Entscheidungsträger bei Kommunen, Kreisen und auf Landesebene sicherstellt.

Wie kann man dies erreichen? Wie lässt sich der hohe allgemeine Wert von Landschaft und Natur in konkrete Entscheidungen mit einbeziehen? Es gibt da sicherlich kein Patentrezept: Sicher ist jedoch, dass der Naturschutz dann die besten Chancen hat, die ihm gebührende Rolle zu spielen, wenn er vorgearbeitet hat. Das heißt, dass er auf ein in langjähriger Arbeit entstandenes Bewusstsein über den Wert einer intakten Natur aufbauen kann – Bewusstsein bei den Entscheidern und den Bürgern.

Mehr Überzeugungsarbeit, offensives Marketing für Naturschutz gehört daher zu den wichtigen Aufgaben für die Zukunft. Für den ehrenamtlichen wie den staatlichen Naturschutz ist eine solche verstärkte Öffentlichkeitsarbeit eine Chance. Durch Information und Werbung für die Schönheiten unserer Natur wird der Schutz der natürlichen Lebensräume vom grünen Tisch der Naturschutzexperten wieder in den Lebenszusammenhang der Menschen zurückgeholt.

Man kann nur das schätzen, was man kennt. Der vorliegende Führer zu den Naturdenkmalen im Landkreis Kassel ist der beste Begleiter, um die Natur unserer Region wieder besser kennen zu lernen.

Ich wünsche Ihnen interessante und spannende Ausflüge, neue Erkenntnisse und viel Spaß bei möglichst vielen Touren zur Natur im Landkreis Kassel.

Uwe Schmidt
Erster Kreisbeigeordneter
Kassel, Juli 2005

Friedenseiche Auf dem Warthübel bei Hombressen

Einleitung

Wer im Geringsten treu ist, der ist auch im Großen treu.
Lukas 16,10

Das Bibelzitat als Antwortversuch über den Sinn der Ausweisung von Naturdenkmalen zu verwenden, mag zunächst befremden, zumal es ja ursprünglich in völlig anderem Zusammenhang entstand.

Eine Diskussion der Grundsatzfragen dieser Naturschutzkategorie ist unerlässlich, um sachgemäße Entscheidungen bei der Ausweisung, Pflege und auch Entlassung treffen zu können. Welcher Stellenwert ist einem alten Baum beizumessen, der einem Bauvorhaben im Wege steht? Ist ihm genüge getan, wenn er stehen bleiben kann oder muss auch das Antasten seiner bisherigen Raumwirkung bereits als unakzeptabel gelten? Kann man die Wichtigkeit einer feuchten Grünlandparzelle und die eines ehemaligen Hutungsrestes naturschutzfachlich beweisen? Warum werden Schutzverordnungen für Felsen und alte Steinbrüche erlassen, die aus totem Gestein bestehen?

Während es über das Wesen und den Zweck von Naturschutzgebieten kaum Kontroversen geben dürfte, deutet der Begriff „Naturdenkmal" die Notwendigkeit einer komplexeren Betrachtungsweise an, bei der neben der Naturbewahrung an die ausdrückliche Einbeziehung des Menschen gedacht ist.

„Denk-mal nach" lautet die unausgesprochene Botschaft im Angesicht einer ungewöhnlichen Einzelschöpfung der Natur. Worüber?

Vielleicht über die Zeit. Wir erfanden zwar Uhren, um sie zu messen, verfügen aber über kein Sinnesorgan, um sie wahrnehmen zu können. Wer in jungen Jahren einen frohwüchsigen Baum pflanzte, wird im Alter erstaunt feststellen können, zu welch großem Exemplar er sich innerhalb einer einzigen menschlichen Lebensspanne entwickelte, wodurch diese als lang bilanziert werden kann. Die Nachbarschaft eines bereits alten, knorrigen Riesen in der Jugend kann den gegenteiligen Effekt bewirken: Seine augenscheinlich unveränderte Gestalt in den späten Jahren lässt das menschliche Leben als kurze Episode erscheinen. Nicht nur schwer verständliche physikalische Gesetze, sondern auch Naturdenkmale können als Belege für die Relativität der Zeit begriffen werden.

Dies gilt umso mehr für geologische Objekte, die gemeinhin den Rahmen unserer vertrauten, aber meist nicht weiter hinterfragten physischen Umwelt bilden. Ein spektakulärer Felsen, die auffällige horizontale Farbbänderung einer Steinbruchwand oder ein zu Stein gewordenes ehemaliges Lebewesen in unserer Hand lassen die Gedanken in unvorstellbar weit zurückliegende Zeiten schweifen. Wer sich, durch eine solche Begegnung angeregt, nähere Informationen über das Werden unserer Landschaft sucht, wird damit belohnt werden, die Basaltsäulen am Naturdenkmal Martinstein und den Fußabdruck, den ein Saurier vor etwa zweihundertfünfzig Millionen Jahren zufällig im Sand des heutigen Wolfhager Stadtwaldes verursachte, als persönlichen Erfahrungsschatz bei der eigenen Einschätzung von Raum und Zeit zu besitzen.

Vielleicht regen uns Naturdenkmale auch an, über Veränderungen nachzudenken. Die im Osten Lohfeldens deklarierte Eiche prägte sicher lange die Ortsrandlage als Solitärbaum, bevor sich ihr im Laufe der Zeit zunächst die Autobahn Hannover-Frankfurt, die Stadtautobahn Kassel mit ihrer kreuzungsfreien Anbindung, der Baumarkt Hornbach sowie die Möbelhäuser Osthoff und Ikea zugesellten. Die Beherrschung der Landschaft verlor dieser Baum, nicht jedoch seine Symbolkraft für Beständigkeit. Ob den neuen Nachbarn eine ähnliche Dauerhaftigkeit beschieden sein wird?

Zwei Ansichten des Naturdenkmals Wieseneiche bei Lohfelden

Ein Vergleich zwischen alten Karten und aktuellen Luftbildern beweist, dass sich auch das Gesicht des Landkreises Kassel in den letzten 100 Jahren stärker verändert hat als in allen zuvor abgelaufenen historischen Perioden. Wir haben sie noch, unzerschnittene Wälder, in denen das Rotwild seine Fährte zieht und abgeschiedene Bachtäler mit Eisvogel und Wasseramsel. Aber solche Flecken sind knapp geworden, was angesichts von fast 200 Menschen, die den Landkreis durchschnittlich pro Quadratkilometer bewohnen, nicht verwundert. Da sich die Aktivitäten der Kasseler Bürger nicht allein auf das Stadtgebiet selbst beschränken, sondern zusätzlich auf das Umland ausstrahlen, ist ein für Deutschland überdurchschnittlicher Nutzungsdruck des ländlichen Raumes gegeben. Allein die im Gebiet regelmäßig pendelnden ca. 200.000 Kraftfahrzeuge stellen in Verbindung mit dem nie abreißenden Verkehrsstrom auf den beiden Autobahnen eine außergewöhnliche Belastung für Natur und Mensch dar. Es gibt also schwerwiegende Gründe, mit dem weiteren Verbrauch von bisher wenig beeinträchtigten Flächen äußerst verantwortungsvoll umzugehen.

Dabei muss stets in Erinnerung bleiben, dass der landschaftliche Reiz der Region wesentlich dadurch bedingt ist, dass es in der Vergangenheit weitgehend gelang, die Siedlungen und die sie umgebende Kulturlandschaft räumlich auseinander zu halten. Auf diese Weise erhielten sich auch außerhalb der Wälder weite Bereiche, die von alltäglicher Frequentierung, der Verstellung des Landschaftsbildes und von Verlärmung verschont blieben. Die Tragik sogenannter kleiner Entscheidungen, die zu belanglos erscheinenden Bauvorhaben außerhalb der Wohnorte führt, besteht darin, dass sie sich kaum wahrnehmbar im Laufe der Zeit aufsummieren, den bisherigen Charakter der Agrarräume verändern und letztlich zu „Nichtlandschaften" führen, die weder der Siedlung, noch dem Land zuzuordnen sind.

„Die deutschen Mittelgebirge gehören objektiv zu den schönsten Landschaften der Welt" lautet das überraschende Fazit des Marburger Natursoziologen Brämer nach Forschungsarbeiten über allgemein gültige Regeln zur Landschaftsästhetik. Die Befragungsergebnisse spiegeln dabei wahrscheinlich unsere archaischen Anlagen wider, denn zum Überleben der nicht sesshaften Urmenschen eigneten sich besonders vielfältige Gegenden, die gleichermaßen offene Fernblicke zur frühzeitigen Beuteerspähung und Gefahrenabwehr boten, als auch enge Jagdräume und versteckte Schutzorte. Noch heute werden solche, aus Jäger- und Sammlersicht günstige Landschaften offensichtlich kulturunabhängig als schön empfunden.

Nicht die verwaldete wilde Natur ist also unser Ideal, sondern eine parkartige Kulisse ohne künstliche Elemente. Ein sanftes Relief mit gewundenen, am Horizont verschwindenden Wegen, wird umso harmonischer empfunden, je mehr natürliche Gewässer, Aussichtspunkte und weitere abwechslungsreiche Strukturelemente eingestreut sind. Besonders anziehend wirken Übergangszonen zwischen Offenland, Wald und Gewässern. Einer von Naturgeräuschen begleiteten Ruhe räumen die Menschen dabei hohe Stellenwerte ein.

Die über viele Jahrhunderte gewachsene, durch den mosaikartigen Wechsel von Offenland und Wald strukturierte Kulturlandschaft des Landkreises Kassel prägt ihre Bewohner seit vielen Generationen, was sich facettenreich als Heimatverbundenheit äußert. Hierunter fallen neben dem Bekenntnis, sich nirgends wohler zu fühlen, besonders alle privaten und ehrenamtlichen Tätigkeiten, die zum konkreten Erhalt unseres Natur- und Kulturerbes beitragen. Jede Fachwerkrenovierung, die Kultivierung von Bauerngärten, die Pflege der Streuobstbestände, die Weiterführung der Nutzung auf unprofitablen Kleinflächen, der sorgende Blick auf die Unversehrtheit von Bodendenkmalen; die Liste der Handlungen, die zur Bewahrung des Hauptkapitals einer regionaltypischen Landschaft unerlässlich sind, ist lang und ohne Mitwirkung einer sich dafür verantwortlich fühlenden Gemeinschaft nicht denkbar. Aus der Summe zahlreicher natürlicher und kultureller Einzelelemente, und seien sie noch so klein, resultiert das Harmoniegefühl der Menschen in ihrem Lebensraum.

Die Fortsetzung dieser guten Tradition in der Zukunft hängt davon ab, die technische Überprägung weiter Bereiche unseres Landkreises auch künftig nicht zuzulassen, was bei einer rückläufigen Bevölkerungsentwicklung möglich ist. Die Liebenswürdigkeit einer Gegend bildet die Voraussetzung für das Engagement der Menschen zu ihrer Erhaltung. Genauso wichtig erscheint aber gerade auf dem Lande, jungen Leuten Wege aus der eingetretenen Medienverwahrlosung aufzuzeigen. Denn unbestreitbar wachsen inzwischen viele Kinder im Medien-Zoo auf, der zunehmend originale Naturbegegnungen ersetzt. In einer 2002 bei 1200 hessischen Schüler/innen der Klassen 6, 9 und 12 durchgeführten Studie offenbarte sich, dass Jugendliche kaum noch eigene Naturerfahrungen machen. Nur die Hälfte war in der Lage, ein Naturerlebnis zu schildern. Die Früchte von Buche und Rose oder die Kenntnis von Zugvogelarten zählen nicht mehr zum Allgemeinwissen. Mehr Zeit vor dem Fernseher und dem Computer als in der Schule zu verbringen, bedeutet das Leben zu versäumen. Dass 70 Prozent der Zweitklässler die Frage, welche Farbe Enten haben, mit „gelb" beantworteten, muss beunruhigen. Eine Kontinuität der Wertschätzung des eigenen Lebensraumes erfordert, das bei jungen Menschen inzwischen herrschende, moralisch verklärte und infantilisierte Naturbild zu korrigieren und die aus dem Lot geratene Einstellung zur Nahrungsmittelproduktion wieder zurechtzurücken.

Bei der gesetzlichen Unterschutzstellung besonderer Einzelschöpfungen der Natur als Naturdenkmale wird die Landkreisverwaltung in die Pflicht genommen, zu entscheiden, welche geologischen Objekte, Einzelbäume und ökologisch oder kulturhistorisch wichtigen, als Naturschutzgebiete jedoch zu kleinflächigen Lebensräume, dieser Naturschutzkategorie zuzuordnen sind. Juristische Grundlage bildet dabei § 14 des Hessischen Naturschutzgesetzes.

> ### § 14 Naturdenkmale
>
> (1) Naturdenkmale sind rechtsverbindlich festgesetzte Einzelschöpfungen der Natur, deren besonderer Schutz
> 1. aus wissenschaftlichen, naturgeschichtlichen oder landeskundlichen Gründen oder
> 2. wegen ihrer Seltenheit, Eigenart oder Schönheit erforderlich ist.
>
> (2) Die Beseitigung des Naturdenkmals sowie alle Handlungen, die zu einer Zerstörung, Beschädigung, Veränderung oder nachhaltigen Störung des Naturdenkmals oder seiner geschützten Umgebung führen können, sind nach Maßgabe einer Rechtsverordnung nach § 16 verboten.
>
> *Hessisches Gesetz über Naturschutz und Landschaftspflege vom 18. Juni 2002*

Naturdenkmale legen oft direkt Zeugnis unserer Geschichte ab. Wenn Bäumen in lange vergangenen Zeiten eine besondere Funktion zukam, etwa als Grenzmarkierung, als Gerichtsbaum oder Nahrung und Schatten spendender Hutebaum, verdanken sie ihr lang währendes Leben gerade jenen Aufgaben. Sie sind also direkte Zeitgenossen unserer Vorfahren, die sie zur praktischen Bewältigung ihres Daseins brauchten und die uns deshalb an sie erinnern.

Die mythische Bedeutung, die Bäume offensichtlich schon immer für Menschen besaßen, wird häufig auf ihre angebliche Wesensähnlichkeit mit Menschen zurückgeführt. Wie das Leben eines Laubbaumes, so sei auch unser Dasein von einem Frühling, Sommer, Herbst und Winter gekennzeichnet. Wir sprechen von tief verwurzelten oder auch entwurzelten Zeitgenossen und pflanzen Geburts- und Hochzeitsbäume symbolisch für ein gutes Gelingen.

Das Gerichthalten unter alten Bäumen mag daher rühren, dass dem geprochenen Urteil durch die Anwesenheit eines solch standhaften und beinahe zeitlosen Geschöpfes Objektivität und kaum anzweifelbare Gerechtigkeit zuteil wurde.

Auch kleine Magerrasen, Feuchtgebiete und Feldgehölze stellen meist lebendige Museen aus der Zeit der traditionellen Agrargesellschaft dar. Die dort gegenwärtig vorzufindenden Artenkombinationen sind nicht beliebig, sondern oft auf die Nutzungsgeschichte zurückzuführen.

Möglichkeiten der Spurensuche im wahren Sinne des Wortes bieten selbst die geologischen Objekte. Auffällige Oberflächenformen, Felsritzungen und bisweilen sogar die Himmelsausrichtung von Spalten führen zu Überlegungen über ihre vermutlich rituelle und auch praktische Bedeutung vor Tausenden von Jahren. Wenngleich die Beweisführung über die Sitten und Gebräuche der Steinzeitmenschen in unserem Raum immer spekulativ bleiben wird, so helfen uns die keineswegs regelmäßig über die ganze Fläche verteilten Steinwerkzeugfunde dabei, sich in das Aussehen des Landkreises während unserer Vor- und Frühgeschichtsperioden und die Lebensbedürfnisse ihrer Menschen einzufühlen.

Es hängt ganz von der Intensität der Beschäftigung mit Naturdenkmalen ab, die Vorfahren spüren zu können, um dabei vielleicht über die Chance nachzudenken, gerade jetzt zu leben.

Dieser Wegweiser zu den Naturdenkmalen im Landkreis Kassel soll das Bewusstsein für die Schönheit sowie die natur- und kulturhistorische Bedeutung besonderer Bäume, geologischer Schöpfungen und kleinflächiger Sonderlebensräume stärken. Hierzu gehört, dass sie vollständig enthalten sind (Stand: 2005) und Hilfen zu ihrer Auffindung angeboten werden. Weil es nicht möglich war, jedes Naturdenkmal einzeln zu beschreiben und abzubilden, werden wichtige Informationen über die unterschiedlichen Kategorien zusammengefasst.

Um auf das Eingangszitat zurückzukommen: Wenn man mit „Treue" nicht nur wechselseitige Verpflichtungen zwischen Menschen beschreibt, sondern auch die gefühlsbedingte Verantwortung für die Bewahrung und menschengemäße Fortentwicklung einer als Heimat erfahrenen Landschaft, dann trifft der Bibelspruch den Kern der Schutzbemühungen um unsere Naturdenkmale, am besten jedoch mit einem kleinen Zusatz: **Nur** wer im Geringsten treu ist, der ist auch im Großen treu.

Diemel-Altarm Deesenfeld in der Gemarkung Trendelburg

Flächenhafte Naturdenkmale

Von den gegenwärtig im Landkreis Kassel ausgewiesenen 57 flächenhaften Naturdenkmalen stellen die meisten zu Tage tretende geologische Besonderheiten dar. Hierbei dominieren die Ausprägungen des Basaltes deutlich über die des Buntsandsteins. Obwohl der überwiegende Teil der Landschaft vom Buntsandstein aufgebaut wird, tritt dieser jedoch eher selten in Erscheinung und rückte oft erst nach Aufgabe von Abbautätigkeiten ins Blickfeld.

Aus dem Erdreich ragende Felsen üben seit jeher auf die Menschen große Anziehungskräfte aus und dies vor allem, wenn sie sich in Plateaulagen befinden. Für einen Raum wie den Landkreis Kassel, der nicht sehr reich an natürlichen Felsen ist, trifft dies sicher in besonderer Weise zu.

Seit die ersten Menschen unsere Gegend durchstreiften – dies mag vor einer halben Million Jahren gewesen sein – dürften die Landschaft überragende Felsen den aus südlichen oder auch östlichen Richtungen Ankommenden als strategisch günstige Orte gedient haben, um sich in der zunächst lange kargen und weitgehend baumfreien Region zu orientieren. Dort boten sich günstige Fernblicke und Gelegenheiten, sich gegen mögliche Gefahren und ungünstige Witterung zu schützen. Dies waren wohl die Ursprünge für die unstrittige kultische Bedeutung vieler Felsen, wofür auch im Landkreis Kassel für die konkreten Standorte allenfalls Vermutungen, jedoch in keinem Fall unumstößliche Beweise vorliegen.

Die geologischen Einzelschöpfungen erfordern unsere besonderen Schutzbemühungen, weil sie seltene Erscheinungen sind, in denen sich das Werden unserer Landschaft und die Geschichte des Lebens über gigantische Zeiträume hinweg widerspiegeln. Außerdem können wir davon ausgehen, dass ihnen im Leben aller Generationen vor uns eine bestimmte spirituelle oder auch praktische Bedeutung zukam. Schließlich sind sie ausnahmslos von individuellem ästhetischen Reiz. Felsen stellen stets Sonderstandorte für alle Lebewesen dar, die auf ihnen trotz meist spezifischer, oft schwieriger Lebensbedingungen existieren können. Dementsprechend treffen wir dort für unsere Verhältnisse ungewöhnliche Lebensgemeinschaften an, die spezialisierte und daher seltene Pflanzen- und Tierarten einschließen.

Die anderen flächenhaften Naturdenkmale setzen sich aus einigen kleineren Feuchtgebieten, Magerrasen sowie in die Landschaft eingestreuten Feldgehölzen zusammen. In den als Feldgehölze charakterisierten Flächen mischen sich bisweilen die Lebensraumtypen Felsen, Feuchtgebiete und Magerrasen. Derartig kleinräumige Mosaikstrukturen wirken auf uns harmonisch und beherbergen oft zahlreiche Organismen, weil es hier zu Überschneidungen verschiedener Lebensgemeinschaften kommt. Schließlich wurden auch die von alten Hainbuchen bestandene ehemalige Heidefläche „Hümmer Hute" östlich des Diemeltales und ein Straußenfarnbestand (*Matteuccia struthiopteris*) am Gahrenberg im Reinhardswald aufgrund ihrer bemerkenswerten Struktur und Artenausstattung als Naturdenkmale geschützt.

Eine Zustandsbeschreibung der flächenhaften Naturdenkmale erfordert konkrete Aussagen über die Pflan-

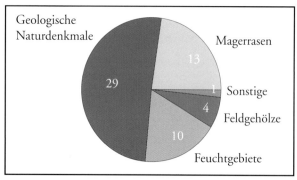

Flächenhafte Naturdenkmale im Landkreis Kassel

Flächenhaftes Naturdenkmal Rohrberg in der Gemarkung Wenigenhasungen

zen- und Tierarten. Daher wurden im Jahr 2004 Bestandserhebungen durchgeführt. Sie umfassten die Höheren Pflanzen aller Flächen sowie die Amphibien und Libellen der Feuchtgebiete. Auf den Magerrasen erfolgte außerdem eine aktuelle Erfassung der Heuschreckenfauna. Die dabei erarbeiteten Informationen werden im Anhang gebietsspezifisch zusammengestellt. Sie sollen Besuchern helfen, angetroffene Arten leichter zu identifizieren und bilden eine Grundlage für zukünftige Erhebungen.

Der Martinstein nahe der Kirche Martinhagens stellt den bekanntesten von Erosion freigelegten Basaltgang im Landkreis Kassel dar.

Geologische Naturdenkmale

Naturschutz zielt auch auf den Erhalt geologischer Objekte (Geotope), zu denen aufgelassene Steinbrüche, Felsbildungen, Abbruchkanten, Geröllhalden, Hohlwege und Erdfälle gehören. Einige solcher Erscheinungsformen fallen sofort ins Auge, andere sind unscheinbar und werden, da sie oft abseits der Wege liegen, häufig kaum wahrgenommen. Die Vielfalt geologischer Bildungen ist enorm und ihre Erforschung trägt wesentlich zum Verständnis der Charakteristik einer Landschaft bei.

Setzen wir uns mit geologischen Fragestellungen und der damit verbundenen, weit zurückliegenden erdgeschichtlichen Vergangenheit auseinander, in der von längst versunkenen Landmassen und ehemaligen Meeren, vom Entstehen und Vergehen damaliger Lebensformen berichtet wird, so kann durch einen Einblick in diese Jahrmillionen währenden Zeitabläufe ein Bewusstsein erwachen, die bis heute entwickelten Naturformen in ihrer jeweiligen Einzigartigkeit zu achten und sie als unbedingt erhaltenswert anzusehen.

Geotope verdienen als Zeugen der Erdgeschichte unsere Aufmerksamkeit und unseren Schutz, denn sie stellen neben ihrer oftmals bizarren Eigenart, Seltenheit und Schönheit häufig Forschungs- und Lehrobjekte dar, die für die Wissenschaft von Bedeutung sein können, wie im Fall des ehemaligen Sandsteinbruchs im Wolfhager Stadtwald und des früheren Basaltbruches am Rosenberg bei Niedermeiser. Besonders markante Felsbildungen wie der Riesenstein bei Heimarshausen, die Lohsteine bei Immenhausen, der Hohlestein bei Weimar oder auch der Helfenstein auf dem Dörnberg sind zumeist auch kulturhistorisch bedeutsame Stätten. Sagen und Legenden ranken sich um diese für die damaligen Menschen noch Ehrfurcht erweckenden Felsen.

Die Gefahr der Beeinträchtigung oder gar der Zerstörung geologischer Objekte droht im Wesentlichen durch Abbau, Überbauung, Auffüllung oder auch durch falsch verstandene Rekultivierung ehemaliger Steinbrüche. Selbst in Naturschutzkreisen fristet Geotopschutz aufgrund mangelnder Kenntnisse und fehlendem Interesse nur ein Schattendasein. Die meisten ehemaligen Steinbrüche und Sandgruben sind heute in der Landschaft kaum noch wahrnehmbar und oft als Bauschutt- oder Mülldeponien verkommen. Viele der kleineren geologischen Objekte genießen keine Beachtung und folglich auch keinen gesonderten Schutzstatus; größere, sichtbar auffallende Geotope stehen dagegen schon eher als Naturdenkmale unter einem strengen gesetzlichen Schutz.

Aufgelassene Steinbrüche, Abbruchkanten, Geröllhalden, Blockschuttbildungen und von der Erosion freigelegte Felsen bieten zudem Zufluchtsstätten und Extremstandorte für zum Teil selten gewordene Pflanzen- und Tierarten und weisen daher in unserer Kulturlandschaft einen hohen ökologischen Wert auf. Vornehmlich bestimmte Flechten, Moose und Farne bevorzugen steinige und felsige Standorte. Auch die Tierwelt weist zahlreiche Arten auf, die diesen Lebensraum eingenommen haben. Gliederfüßer und Schnecken bevölkern kleinste Ritze im Gestein; insbesondere einige Schneckenarten wie manche Schließmundschnecken bedürfen solcher Extremstandorte. Die Bergeidechse sowie die Blindschleiche besiedeln unter anderem auch aufgelassene Steinbrüche und unter den Amphibien sind Feuersalamander, Bergmolch, Teichmolch, Fadenmolch, Kammmolch, Erdkröte und Geburtshelferkröte in ihrem Jahreszyklus zumindest zeitweise auf felsige und steinige Lebensräume angewiesen. Höhlenbrütende Vögel und Fledermäuse finden sich in Spalten und Höhlungen im anstehenden Gestein ein. Steilwände ehemaliger Steinbrüche und höher gelegene Felsen haben große Bedeutung für Turmfalke, Wanderfalke, Dohle, Mauersegler, Hausrotschwanz, Kolkrabe und Uhu.

Die Ausgestaltung einer Landschaft wird vor allem durch die geologischen Verhältnisse bestimmt. Das Dörnberg-Gebiet baut sich im Wesentlichen aus Gesteinen des Muschelkalks und des Tertiärs auf. Hier befinden sich ausgedehnte Magerrasenflächen mit bedeutenden Orchideenvorkommen.

Eine Zeitreise

Um die Vielfalt geologischer Naturdenkmale unserer Heimat zeitlich einordnen und verstehen zu können, begeben wir uns nun auf eine Zeitreise durch die Erdgeschichte des Landkreises Kassel. Die dem ungeübten Betrachter meist verwirrend erscheinenden Darstellungen einer geologischen Karte erfassen lediglich einen augenblicklichen Zustand, auch wenn dieser nach menschlichem Ermessen ausgesprochen lange währt. Dem Geologen ist es aufgrund der Eintragungen, die er in Bezug auf Raum und Zeit betrachtet, aber möglich, ein Bild davon zu entwerfen, wie dieser niemals stationäre „Zustand" erreicht wurde. Damit kann er den erdgeschichtlichen Werdegang eines Gebietes nachzeichnen und die grundsätzliche Ausgestaltung einer Landschaft erklären. Der Geologe vermag in den Gesteinen zu lesen. Die richtige Deutung der in vielen Ablagerungen enthaltenen Fossilien trägt zusätzlich zum Verständnis erdgeschichtlicher Zusammenhänge bei.

Unvorstellbar lange liegt die geologische Vergangenheit zurück. Um diese Zeit begreifbar zu machen, setzen wir diese gewaltige Zeitspanne mit dem Verlauf eines Tages gleich. Gegen 0 Uhr – vor 4,6 Milliarden Jahren – entsteht der Planet Erde. Für die Entwicklung einer festen Erdkruste, einer Atmosphäre und einer Hydrosphäre sowie der niederen Organismen während der Erdfrühzeit werden etwa 21 Stunden beansprucht. Der Beginn des Erdaltertums (Paläozoikum) liegt kurz nach 21 Uhr, zur gleichen Zeit treten die ersten Wirbeltiere auf. Gegen 22.29 Uhr setzen wir unsere Zeitreise im Karbon fort, um 22.41 Uhr beginnt die Trias mit der Buntsandstein-Zeit; etwa gegen 22.43 Uhr hinterlassen Saurier im Gebiet des heutigen Wolfhagens ihre Fährten im schlammigen Sediment. Kurz darauf entwickelten sich die ersten Dinosaurier. Um 23.14 Uhr erscheint im oberen Jura der erste Vogel. Gegen 23.39 Uhr sterben die Dinosaurier aus. Die vulkanische Aktivität im nordhessischen Raum findet zwischen 23.54 Uhr und 23.57 Uhr statt. Der heutige Mensch tritt um 23.59 Uhr und 57 Sekunden auf die Bühne des Weltgeschehens und die geologische Jetztzeit – das Holozän - umfasst doch immerhin einen Zeitraum von 0,2 Sekunden. Selbstverständlich „hinkt" der Vergleich insofern, da die Entwicklung der Erde nach 24 Stunden nicht endet.

Landschaft bei Wattenbach – der südöstliche Teil des Landkreises wird vornehmlich von Gesteinen des Buntsandsteins und tertiären Basalten gebildet.

Muschelkalkgesteine prägen die Landschaft um Zwergen und des weiteren Diemeltales.

Blick auf Wolfhagen – der zentrale Bereich der Stadt und der sich östlich anschließende Ofenberg werden hauptsächlich aus Muschelkalkgesteinen, untergeordnet aus Basalten und Basalttuffen aufgebaut. Im Hintergrund ragen die Basaltkuppen der Gudenberge und des Bärenbergs aus der Umgebung heraus.

Senkungsraum zwischen den heutigen Hochgebieten des Rheinischen Schiefergebirges im Westen sowie des Harzes im Nordosten. In unserem Landkreis nehmen Gesteine des Buntsandsteins (Reinhardswald, Kaufunger Wald, Söhre sowie der Raum um Wolfhagen und Naumburg), des Muschelkalks (die Umgebung Zierenbergs und Diemelbereich) sowie die tertiären Basalte und Basalttuffe (vornehmlich im Habichtswald) die größten Flächen ein.

Erdaltertum (Paläozoikum)

Karbon und Perm

Wir beginnen unsere Zeitreise gegen Ende des Erdaltertums im Karbon. Die ausgedehnten Kohlevorkommen (lat. carbo = Kohle) gaben diesem Zeitabschnitt der Erdgeschichte den Namen. Vor über 300 Millionen Jahren bildete sich durch Auffaltung paläozoischer Gesteine quer durch Mitteleuropa das Südwest-Nordost verlaufende so genannte Varizische Gebirge. Der Name leitet

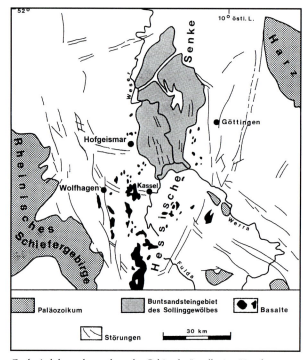

Geologisch betrachtet gehört das Gebiet des Landkreises Kassel zur Hessischen Senke, die zwischen den heutigen Hochgebieten des Rheinischen Schiefergebirges im Westen und dem Harz im Nordosten liegt.

Der Landkreis Kassel umfasst ein Gebiet im Bereich der Hessischen Senke, die einen komplexen geologischen Aufbau aufweist und im Wesentlichen als Bergland in Erscheinung tritt. Dabei handelt es sich um einen etwa 100 km breiten, annähernd Nord-Süd-verlaufenden

Geologische Zeitalter				Geologische Naturdenkmale im Landkreis Kassel
1,8 Mio Jahre vor heute	Erdneuzeit (Känozoikum)	Quartär	Holozän/Pleistozän	Erdfälle: Nasser und Trockener Wolkenbruch (Trendelburg), Basaltblockfelder - Rohrberg (Wenigenhausungen), Blaue Steine (Zierenberg), Hohlestein (Weimar), Steinberg (Elmshagen), Helfensteine (Zierenberg)
			Pliozän	
		Tertiär	Miozän	Basaltfelsen und Steinbrüche: Bielsteinskirche (Helsa), Helfensteine (Zierenberg), Hohlestein (Weimar), Rosenberg (Niedermeiser), Gribbelsberg (Sababurg), Hundsberg (Oelshausen), Martinstein (Martinhagen), Schierenkopf und Plattenkopf (Wolfhagen), Bilstein (Istha), Erzeberg (Sand), Lenzigskeller (Wellerode), Rohrberg (Wenigenhausungen), Burgberg (Großenritte), Heiliger Hain (Burghasungen)
			Oligozän	
			Eozän	Kasseler Meeressand Großer Gudenberg (Zierenberg), ehemalige Sandsteingruben (Wickenrode, Vollmarshausen) Tertiärquarzite Lohsteine (Immenhausen)
			Paläozän	
65 Mio Jahre	Erdmittelalter (Mesozoikum)	Kreide	Obere Kreide	Kleinstlebewesen bevölkern die Meere
			Untere Kreide	Keine geologischen Naturdenkmale aus diesem Zeitabschnitt im Landkreis Kassel
144 Mio Jahre		Jura	Malm	
			Dogger	
			Lias	
208 Mio Jahre		Trias	Keuper	
			Muschelkalk	
			Buntsandstein	Sandsteinbrüche und -felsen: Königsberg (Bad Karlshafen), Steinberg (Deisel), Zelle (Forstgutsbezirk Reinhardswald), Riesenstein (Heimarshausen), Bildstein (Naumburg), Rauenstein (Wolfhagen), Alte Sandgrube (Wolfhagen)
251 Mio Jahre ↓	Erdaltertum (Paläozoikum) ↓	Perm ↓	Zechstein	

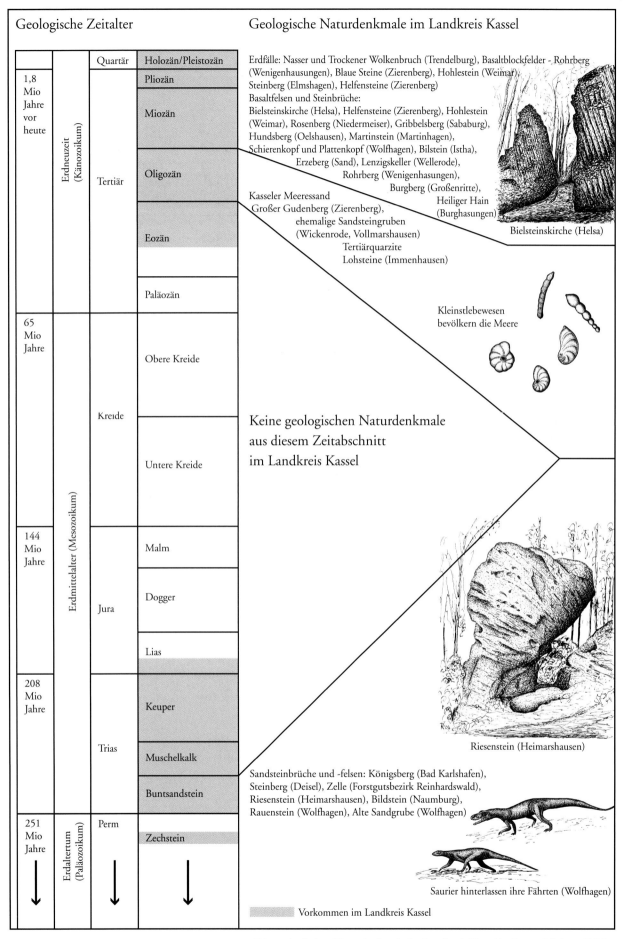

Bielsteinskirche (Helsa)

Riesenstein (Heimarshausen)

Saurier hinterlassen ihre Fährten (Wolfhagen)

▓ Vorkommen im Landkreis Kassel

Die geologischen Naturdenkmale im Landkreis Kassel in ihrer zeitlichen Abfolge

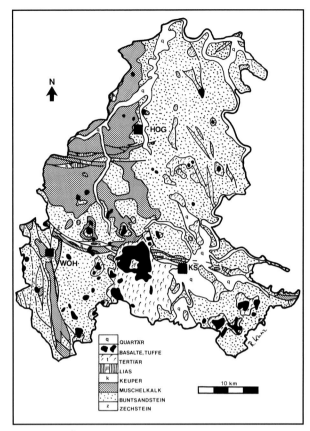

Geologische Übersichtskarte des Landkreises Kassel. Ein Blick auf die Karte verdeutlicht, dass Gesteine des Buntsandsteins und des Muschelkalks die größten Flächen im Kreisgebiet einnehmen.

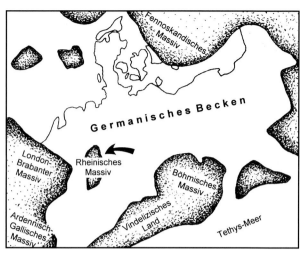

Während der Trias beherrschte das Germanische Becken den Raum des heutigen Mitteleuropas. Der Pfeil zeigt auf das Gebiet des gegenwärtigen Nordhessens.

sich von Curia Variscorum ab, der alten Bezeichnung für die fränkische Stadt Hof. Aus dem tieferen Untergrund der Hessischen Senke lassen sich durch Bohrungen Gesteinsarten nachweisen, wie sie weiter westlich auch im Rheinischen Schiefergebirge und nordöstlich im Harz zutage treten. Dieses Gebirge unterlag nach Heraushebung schließlich einer Phase der Abtragung, aus der ein weitestgehend eingeebneter Gebirgsrumpf entstand. In der Rotliegend-Zeit des Perms lagerte sich der Abtragungsschutt des Gebirges als Sande und Tone in Mulden und Senken ab. Der Ausdruck „Perm" stammt vom gleichnamigen Verwaltungsdistrikt am Ural ab. Der Begriff „Rotliegendes" geht auf den Mansfelder Bergbau zurück, der als „rotes, totes Liegendes" das rote, erzfreie Liegende des Kupferschieferflözes bezeichnete.

Zechstein

Im anschließenden Zechstein vor mehr als 250 Millionen Jahren erfolgte ein weit reichender Meeresvorstoß von Norden in das sich von Großbritannien bis nach Polen erstreckende Binnenbecken, das Germanische Becken. Der Begriff „Zechstein" kommt ebenfalls aus dem Mansfelder Bergbau und meinte ursprünglich die auf den Gesteinen stehende Zeche. Während dieser Zeit herrschte ein trocken-heißes Klima. Infolge mehrerer Abschnürungen bzw. Öffnungen vom offenen Weltmeer kam es zur wiederholten Eindampfung des Meerwassers und somit zur Ablagerung von Salzen. Idealtypisch beginnen solche, sich zyklisch aufbauenden Folgen mit sandig-tonigen Gesteinen, darüber folgen Karbonate, Sulfate, Steinsalz und Kalisalz.

Die ältesten im Landkreis Kassel an der Oberfläche vorkommenden Gesteinsschichten stammen aus eben dieser Zechstein-Zeit. Es handelt sich um Kalk- und Dolomitsteinvorkommen bei Wolfhagen-Elmarshausen, die allerdings flächenmäßig kaum zutage treten.

Die Bildung des Nassen und des Trockenen Wolkenbruchs – zwei weithin bekannte, als Naturdenkmale ausgewiesene Erdfalltrichter in der Umgebung Trendelburgs – steht mit den Gesteinsschichten des Zechsteins in Zusammenhang. Durch Störungen und damit verbundenen Spalten in den auflagernden Gesteinspaketen des Buntsandsteins konnte Wasser eindringen und kam mit den Salzen in Berührung. In großer Tiefe wurden die Zechsteinsalze und -gipse ausgelaugt und unterirdisch wegtransportiert, so dass sich Hohlräume bildeten. Diese ließen die darüber liegenden, fast 1.000 m mächtigen auflagernden Gesteinsschichten des Buntsandsteins nach und nach schlotartig einstürzen, was sich letztendlich zu späterer Zeit – während des Quartärs – bis an die Erd-

Der Nasse Wolkenbruch bei Trendelburg – der Erdfalltrichter entstand der Sage nach durch einen gewaltigen Blitzschlag, der die Riesenprinzessin Trendula erschlug.

oberfläche auswirkte. Die geologisch als Subrosionstrichter bezeichneten Wolkenbrüche haben im Falle des Nassen Wolkenbruchs einen oberen Durchmesser von 150 m und unmittelbar über dem Wasserspiegel von 45 m. Der See weist eine Tiefe von 9 m auf, die Gesamttiefe des Trichters beträgt über 50 m. Auch der kleinere Trockene Wolkenbruch mit einem oberen Durchmesser von 70 m und einer Tiefe von 23 m stellt einen durchaus großen Erdfall dar. Die beiden Wolkenbrüche gelten als die bedeutendsten Erdfälle Nordhessens.

Auf Menschen wirkt der Nasse Wolkenbruch unheimlich. Dies kann man besonders an einem nebligen Wintertag nachvollziehen. An den steilen Hängen wachsen knorrige Buchen, die als uralte Gestalten den Eindruck des Mystischen verstärken.

Der mächtige Riese Kruko hatte drei Töchter: Brama, Saba und Trendula. Die mit großer Bosheit behaftete Trendula machte das Leben ihrer Schwestern so unerträglich, dass diese nach dem Tod des Vaters die Krukenburg verließen und im benachbarten Bramwald die Bramburg und im Reinhardswald die Sababurg errichteten. Die Bosheit Trendulas aber nahm zu und sie erwürgte im Zorn ihre blinde Schwester Saba. Eines Tages zog ein schreckliches, sieben Tage und Nächte anhaltendes Unwetter über Trendelburg. Da beschlossen die Menschen, den Zorn des Himmels zu beschwichtigen und die Riesenprinzessin Trendula als Opfer auf ein Feld zu bringen, um sie dem Unwetter preiszugeben. Eine Wolke zerbarst und ein schrecklicher Blitz stieß auf Trendula hinab, der sie sofort tötete. Das schwere Gewitter verzog sich, aber an der Stelle, wo die Riesenfrau gestanden hatte, fand man nur noch zwei tiefe Löcher, die fortan als „Die Wolkenbrüche" bezeichnet werden.

Erdmittelalter (Mesozoikum)

Auf unserer Zeitreise erreichen wir die Wende Perm/Trias. Hier ereignete sich das bislang größte Massenaussterben der Erdgeschichte, dem über 90 % aller im Meer lebenden Tierarten zum Opfer fielen. Auf dem Land verschwanden unter anderem fast alle säuge-

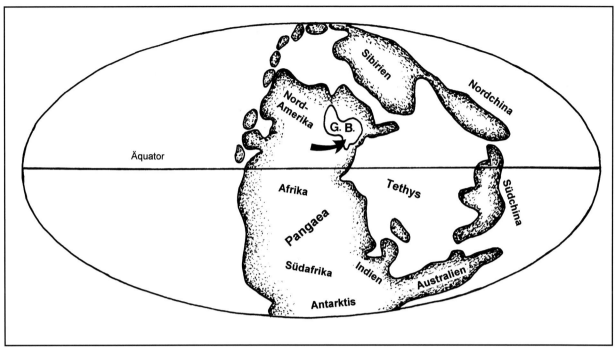

Der Raum des heutigen Nordhessens (Pfeil) lag im Perm und in der Trias äquatornäher als heute (G.B. = Germanisches Becken). Fast alle Erdteile waren zu dieser Zeit in einem riesigen Kontinent – Pangaea – vereint.

tierähnlichen Reptilien, wobei aus den wenigen Überlebenden letzten Endes auch die Menschen hervorgingen. Das Artensterben vor 251 Millionen Jahren ist derart markant in den Gesteinen überliefert, dass hier die Geologen und Paläontologen die Grenze zwischen dem Erdaltertum und dem Erdmittelalter zogen.

Trias

Mit der Buntsandsteinzeit beginnt die Trias und das Erdmittelalter. In der ersten Hälfte des 19. Jahrhunderts fasste der deutsche Geologe August Friedrich von Alberti die drei damals schon bekannten Schichtfolgen Buntsandstein, Muschelkalk und Keuper unter dem Begriff „Trias" zusammen. Trias bedeutet im Griechischen „Dreiheit".

Buntsandstein

Mehrere hundert Meter mächtige Gesteinsschichten resultieren aus der vor 251 Millionen Jahre beginnenden und ca. zehn Millionen Jahren dauernden, überwiegend festländischen Sedimentation des Buntsandsteins, der seinen Namen den buntfarbigen, meist rötlich, aber auch violetten, grauen und grünlich gefärbten Sand- und Tonsteinen verdankt. Die Sedimentfracht kam überwiegend aus den im Süden gelegenen Gallischen und Vindelizischen Land, benannt nach dem keltischen Volksstamm der Vindelicier. Flächenmäßig weisen die Gesteine des Mittleren und Oberen Buntsandsteins die mit Abstand größte Verbreitung aller im Landkreis Kassel vorkommenden Gesteinsschichten auf, wobei aber nur der Mittlere Buntsandstein aufgrund seiner harten Gesteine und der damit verbundenen Steinbruchtätigkeit gut aufgeschlossen ist.

Zur Buntsandstein-Zeit waren die damaligen Landmassen, wie auch im vorausgegangenen Perm, zu etwa gleichen Teilen auf der Nord- und Südhemisphäre zu einem riesigen Superkontinent – Pangaea – vereint. Das Gebiet des heutigen Mitteleuropas lag zu jener Zeit dem Äquator sehr viel näher als heute, etwa zwischen dem 15. und 25. Grad nördlicher Breite. Es herrschten relativ hohe Temperaturen mit wüstenhaften und halbwüstenhaften Verhältnissen. Durch diese Klimabedingungen kam es zu – vornehmlich im Mittleren Buntsandstein nachzuweisenden – heftigen, monsunartigen Regenfällen, die die weitflächigen Flusssysteme mit Wasser füllten und die dazwischen liegenden Ebenen überfluteten. Die rasch abtrocknenden Überflutungsebenen mit kurzzeitig existie-

In den 245 Millionen Jahren alten Gesteinsschichten des ehemaligen Sandsteinbruchs bei Wolfhagen ließen sich zahlreiche Saurierfährten finden.

Die Wolfhager Saurierfährten weisen eine hervorragende Erhaltung auf. Der Sandstein lässt sogar die körnig-perlige Hautstruktur der Reptilien erkennen. Der größere Fußeindruck hat eine Länge von ca. 12 cm.

Hand- und Fußeindruck eines kleineren Sauriers, vermutlich eines Jungtieres. Der Fußeindruck ist etwa 6 cm lang.

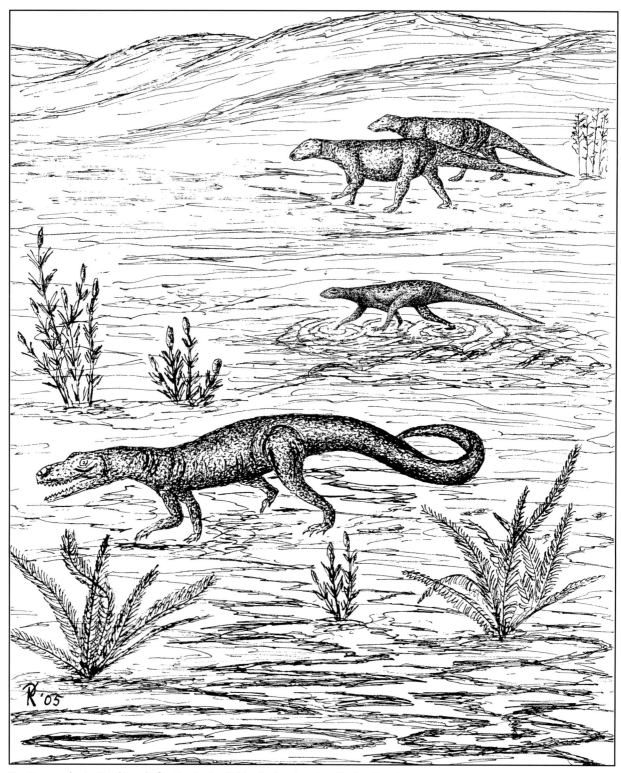

Zur Buntsandstein-Zeit hinterließen Saurier im Gebiet des heutigen Landkreises Kassel entlang der weiträumigen Flusslandschaften ihre Fährten. Im Vordergrund ein Handtier, in der Mitte eine Schuppenechse und im Hintergrund zwei säugetierähnliche Saurier.

renden Pfützen, Tümpeln und kleineren Seen stellten die Lebensräume verschiedener Saurier dar, von denen wir fossile Fährten kennen. Als Fundorte im Landkreis Kassel sind Bad Karlshafen, Bergshausen und Wolfhagen zu nennen. Die Vegetation dieser Zeit setzte sich überwiegend aus Farnen, Schachtelhalmen, Nadelhölzern und Palmfarnen zusammen.

Als Bezeichnungen für die Untergliederung des Buntsandsteins verwenden die Geologen einige hiesige

Ortsnamen. So wird der obere Abschnitt des Mittleren Buntsandsteins (Solling-Folge) in die Wilhelmshausener, Trendelburger, Karlshafener und Stammener Schichten untergliedert. Diese Benennungen gelten nicht nur für den nordhessisch-südniedersächsischen Raum, sondern fanden auch Einzug in die überregionale Literatur.

Zeugnisse jener Zeit trifft man an im Landkreis Kassel häufig. Einige besonders bemerkenswerte geologische Objekte des Mittleren Buntsandsteins wurden als Naturdenkmale ausgewiesen:

Saurierfährten

Gehen wir von Wolfhagen in südwestliche Richtung, so erreichen wir nach etwa 1,5 km die Grenze des Stadtwaldes. Nur wenige hundert Meter weiter im Wald auf der linken Seite des asphaltierten Waldweges befindet sich ein ehemaliger Sandsteinbruch, in dessen anstehenden 245 Millionen Jahren alten Schichten des Mittleren Buntsandsteins (Detfurth-Folge) im Jahr 1999 Fährten entdeckt wurden.

Welche Tiere hinterließen diese Spuren? Es lassen sich Vertreter zweier vollkommen unterschiedlicher Sauriergruppen auseinander halten. Die Erzeuger der relativ kleinen, so genannten *Rhynchosauroides*-Fährten waren bis zu 40 cm lange Lepidosaurier, zu denen u.a. auch unsere heutigen Eidechsen, Leguane und Agamen gehören. Die Wolfhager Schuppenechsen dürften sich vorwiegend von kleineren Tieren und möglicherweise auch von pflanzlicher Kost ernährt haben.

Daneben kommen größere Trittsiegel vor, die der *Chirotherium*-Formengruppe angehören. Griechisch bedeutet dies Handtier, da die Trittsiegel einer menschlichen Hand ähneln. Solche Fährten entdeckte man zuerst in den dreißiger Jahren des 19. Jahrhunderts in Thüringen, und Gelehrte dieser Zeit beschäftigten sich intensiv mit deren Deutung. Geradezu irrwitzig anmutende Interpretationen zogen die damaligen Wissenschaftler zur Erklärung der Fährten heran. Bären, Affen und auch überkreuzlaufende Amphibien sah man seinerzeit als die Fährten hinterlassenden Tiere an. Einer der Ersten, der die Reptiliennatur der Fährtenerzeuger richtig erkannte, war Alexander von Humboldt. Und erst in den zwanziger Jahren des letzten Jahrhunderts konnte man ein realistisches Bild dieser Echsen rekonstruieren, wobei aber Einzelheiten bis heute wegen des Fehlens von Knochen unbekannt blieben. Die Handtiere sind unter den „Herrscherreptilien", den Archosauriern zu suchen, zu denen auch die Dinosaurier und Krokodile gehören. Es waren Raubtiere, die sich im Wesentlichen von kleineren Wirbeltieren und sicherlich auch von Aas ernährten. Die Wolfhager Funde lassen auf eine Länge von etwa 1,5 m schließen.

Nach den bisherigen Untersuchungen handelt es sich bei den Fährten um einen bis dahin unbekannten ursprünglichen Typ, der daraufhin den Namen *Protochirotherium wolfhagense* erhielt, das Urhandtier aus Wolfhagen. Die Wolfhager Fährtenerzeuger standen am Anfang einer Entwicklungslinie von Sauriern, deren Trittsiegel man an vielen anderen Orten in etwas jüngeren Schichten des Buntsandsteins nachwies und die unter den Wissenschaftlern immer wieder Aufsehen erregten.

Während der Grabungskampagnen der Jahre 1999 bis 2003 gelang die Bergung zahlreicher Gesteinsplatten mit zum Teil ausgezeichnetem Erhaltungszustand der Trittsiegel, die die körnig-perlige Hautstruktur der Saurierfüße erkennen lässt. Die schönsten Stücke befinden sich im Regionalmuseum Wolfhagen und im Naturkundemuseum Kassel.

Neben dieser fossilen Tierwelt lässt sich in dem ehemaligen Steinbruch eine heutige, schützenswerte Amphibien- und Reptilienfauna nachweisen. In einem Tümpel am Fuß der Steinbruchwand kamen 2004 Bergmolch, Teichmolch, Fadenmolch, Kammmolch, Erdkröte und Geburtshelferkröte vor, im weiteren Areal des Steinbruches noch Feuersalamander und Bergeidechse.

Die vorgenannten Gründe bieten genügend Anlass, diesen ehemaligen Sandsteinbruch als Naturdenkmal auszuweisen.

Sandsteinfelsen und alte Kulturen

Eine von Warburg über Volkmarsen, Wolfhagen, Naumburg bis Fritzlar verlaufende Störungszone wird im Bereich Naumburgs auch von Gesteinen des Mitt-

Im ehemaligen Gelände des Sandsteinbruchs südwestlich Wolfhagens kommt unter anderem der Feuersalamander (*Salamandra salamandra*) vor.

leren Buntsandsteins aufgebaut. Hier bilden Sandsteine der Wilhelmshausener Schichten der Solling-Folge, die etwas jünger als die Schichten der Detfurth-Folge sind, klippenartige und sehr markante Felsen. Die mehrere Zehnermeter mächtigen Schichten weisen eine charakteristische raue und zerrissen wirkende, manchmal wabenartige Oberfläche auf. Einige dieser durch Erosion entstandenen Felsformationen wurden als Naturdenkmal ausgewiesen.

Am Heiligenberg – ein Buntsandsteinrücken zwischen Altendorf und Heimarshausen – liegt als dessen südöstlicher Ausläufer der Ziegenrück. Der Name leitet sich wahrscheinlich aus germanischer Zeit von Ziurück ab; Ziu oder Tyr war der germanische Kriegsgott. Dessen höchster Einzelfelsen ist der Riesenstein. Über diese etwa acht Meter hohe und kulturhistorisch interessante Sandsteinklippe berichtet folgende Legende:

Von den echten Kröten unterscheidet sich die Geburtshelferkröte (*Alytes obstetricans*) durch die senkrecht stehende Pupille.

Der Teufel sah aus dem benachbarten Züschen, wie die Vollendung der Naumburger Kirche näher rückte. Aus Zorn darüber, beschloss er, diese zu zerstören. Er versuchte sie mit einem großen Felsblock zu zerschmettern, jedoch blieb der riesige Stein in seinem Ärmel hängen. Und so fiel der Stein auf halber Strecke unweit von Heimarshausen auf die Erde. Aus Ärger über sein Missgeschick setzte er sich auf den Stein und vergoss drei blutige Tränen, die man noch heute als rote Flecken (Strukturen im Sandstein) *erkennen kann.*

Solche Steinwurfsagen über die Entstehung bemerkenswerter Felsen finden sich häufiger in der Überlieferung und beschränken sich nicht nur auf den nordhessischen Raum. Die oben aufgeführte Sage existiert in verschiedenen Versionen.

Bei Ausgrabungen der Archäologischen Denkmalpflege Marburg am Fuß des Riesensteins Ende des 20. Jahrhunderts kamen Funde aus der Mittleren

Der Sagen umwobene Riesenstein bei Heimarshausen besteht aus harten Sandsteinen der Wilhelmshausener Schichten.

Steinzeit (Mesolithikum) bis zur Neuzeit ans Tageslicht. Die für alle Schichten als gering zu beziffernde Funddichte belegt, dass die Örtlichkeit zu keiner Zeit als langfristige Wohnstelle, sondern stets nur als vorübergehender Unterschlupf diente. Aus der Mittleren Steinzeit stammen so genannte Mikrolithe. Dies sind kleine, wenige Zentimeter große, meist aus Feuerstein gefertigte Artefakte, die einst in geschäftetem Zustand z.B. als Pfeilspitzen Verwendung fanden. Aus jungsteinzeitlichen, spätkaiserlichen, spätkarolingischen und hochmittelalterlichen Zeiten kommen weitere Gefäßfragmente.

Während der Jungsteinzeit (Neolithikum) war die nähere Umgebung des Heiligenberges besiedelt. Nördlich des Heiligenberges in der Talaue der Elbe lag das weithin bekannte Steinkammergrab von Altendorf, das der Wartbergkultur zuzuordnen ist. Das sogenannte „Seelenloch", der Verschlussstein, durch dessen runde Öffnung bestattet wurde, befindet sich heute im Wolfhager Regionalmuseum.

Zweifellos übte der Riesenstein über Jahrtausende eine gewisse Anziehungskraft auf die Menschen aus. So wird der Sandsteinfelsen von manchen als ein vorgeschichtlicher und heidnischer Kultplatz angesehen, wobei zur Unterstützung dieser These allerdings Funde fehlen. Erwähnen muss man aber die sogenannte „Opferschale", die sich am oberen Teil des Felsens als Vertiefung im Gestein befindet und zu Spekulationen über seine mögliche Funktion als Opferstätte führte. Wie auch immer die Deutungen über den Riesenstein sein mögen, der bizarre, aus 243 Millionen Jahre alten Gesteinen aufgebaute Felsen, wird auch in Zukunft die Menschen in seinen Bann ziehen.

Nördlich von Naumburg befindet sich in dem Waldstück Mühlenholz ein frei liegender Felsen, der Bildstein, auch Bielstein genannt. Dieser baut sich wie der Riesenstein aus Sandsteinen der Solling-Folge auf. Der Sandstein weist die charakteristischen Merkmale der Wilhelmshausener Schichten auf und zeigt die raue und wabenartig wirkende Oberfläche, die ein Phänomen der Verwitterung darstellt, in besonders eindrucksvoller Ausbildung. Mit viel Fantasie kann man die Strukturen als Bilder deuten und möglicherweise erhielt die Sandsteinklippe daher ihren Namen.

Wahrscheinlicher aber leitet sich der Name von dem Begriff „Bil" oder auch „Bühl", gleichbedeutend mit Felsspitze ab.

Auf der Nord- und der hinteren, dem Hang zugewandten Ostseite zeigen sich Spuren alter Steinbruchtätigkeit am Bildstein. Bei genauer Betrachtung lassen sich Spaltnute und Spaltflächen erkennen. Diese Spuren stammen aus dem Mittelalter oder der Frühneuzeit.

In der Nachbarschaft des Bildsteins befinden sich weitere, aber deutlich kleinere Felsen, die ebenfalls den Wilhelmshausener Schichten angehören.

Auf halber Strecke zwischen Ippinghausen und Bründersen liegt auf einer Höhe im Wolfhager Gemarkungsteil Monschein der Rauenstein. Es handelt sich um vier größere und einen kleineren Felsen auf einem Areal von etwa 80 x 60 Metern, die aus Sandsteinen der Wilhelmshausener Schichten bestehen. Die gesamte unter Schutz gestellte Fläche weist eine Größe von ca. 0,5 ha auf, wobei nicht nur die Felsen mit ihrem Bewuchs aus Flechten, Moosen und Farnen selbst, sondern auch die umgebenden Gehölze und übrigen Pflanzen unter Schutz stehen.

Wie am Bildstein lassen sich auch hier mittelalterliche und/oder frühneuzeitliche Steinbruchtätigkeiten nachweisen. Aufgrund der zahlreichen Steinbruchspuren kann man davon ausgehen, dass die Felsen des Rauensteins stehen gebliebene Reste ehemals größerer, dann durch Abspaltung einzelner Steinblöcke verkleinerter natürlich entstandener Felsen darstellen.

Ähnlich dem Riesenstein und dem Bildstein, wird der Rauenstein mit vorzeitlichen Kultstätten in Verbindung gebracht. Nach derzeitigem wissenschaftlichem Stand können Beweise weder dafür noch dagegen angeführt werden.

Bausandsteine und alte Steinbrüche

Auf alten geologischen Karten bezeichneten die Geologen die Solling-Folge auch als „Bausandstein", denn diese Gesteinsschichten lieferten ausgezeichnete Naturwerksteine, vornehmlich im Bereich des Reinhardswaldes. Alte Bauwerke wie beispielsweise die romanischen Klosterkirchen in Lippoldsberg, Burs-

Raue und wabenartige Strukturen des Sandsteins sind Phänomene der Verwitterung – der Bildstein nördlich von Naumburg.

Der Hauptfelsen des Rauensteins. Diese Sandsteine wurden im Mittelalter und/oder in der Frühneuzeit abgebaut, da sie als Bausteine sehr begehrt waren.

felde und Wilhelmshausen, die Werra-Brücke in Hann. Münden, die Krukenburg bei Helmarshausen und Teile der Abteikirche in Corvey belegen die Nutzung der harten Bausandsteine über viele Jahrhunderte hinweg. Auch heute noch werden diese Rohsteinmaterialien in zwei Steinbrüchen in der Nähe Bad Karlshafens gewonnen. Verwendung finden z.B. schichtparallel gebrochene, dickplattige, ebenschichtige Gesteine, die dann als Gehwegplatten genutzt werden oder auch dickbankigere Sandsteine zur Herstellung von Sandsteinquadern, Bruchsteinmauerwerk, Wasserbau- und Pflastersteinen.

Einige ehemalige Steinbrüche der Solling-Folge im Bereich des Reinhardswaldes wurden als Naturdenkmale ausgewiesen. Am Steinberg, südöstlich von Deisel gelegen, befindet sich ein ehemaliger Abbau, dessen rötliche, zum Teil fast 25 Meter hohe und 300 Meter lange Sandsteinwand schon weit aus südlicher Richtung zu sehen ist. Hier stehen Karlshafener und Stammener Schichten der Solling-Folge an, die sich teilweise als mächtige, rotviolette, gut erkennbare Sandsteinbänke mit zwischengelagerten, mehrere Dezimeter dicken, rotbraunen Tonsteinen darstellen.

Ein weiteres geologisches Naturdenkmal liegt östlich von Bad Karlshafen und nördlich der Diemel im Forstgutsbezirk Reinhardswald. Es handelt sich um den ehemaligen Steinbruch Königsberg in der Solling-Folge mit einer fast 40 Meter hohen Abbauwand, die die Schichtung der Gesteine sehr gut zeigt. Der aufgelassene Steinbruch ist im unteren Bereich stark verwachsen und bietet zahlreichen Tier- und Pflanzenarten wertvolle Rückzugsräume. Einer der Schutzgründe war seinerzeit auch eine Wanderfalkenbrut.

Der damalige Lebensraum während des Mittleren Buntsandsteins mit langsam dahinströmenden Flüssen, Überschwemmungsebenen, Totarmgewässern und kurzzeitig existierenden Tümpeln und Pfützen war für die Erhaltung von Saurierfährten recht günstig. Aus der Karlshafener Umgebung wurden solche Fährtenplatten schon im 19. Jahrhundert bekannt. Sie befinden sich heute im Naturkundemuseum in

Intensiv gefärbte Sandsteine der Karshafener und Stammener Schichten am Steinberg zwischen Trendelburg und Deisel

Säugetierähnliche Saurier hinterließen diese Fährten vor über 240 Millionen Jahren. Die Gesteinsplatte stammt aus der Umgebung Bad Karlshafens und wurde schon im 19. Jahrhundert entdeckt.

Kassel und im Museum des Geowissenschaftlichen Zentrums der Universität Göttingen. Neben Handtierfährten und Spuren von Lepidosauriern handelt es sich um einen weiteren, vollkommen anderen Sauriertyp. Die Erzeuger dieser Fährten gehören den säugetierähnlichen Reptilien, den Therapsiden an, einer Gruppe von Reptilien, die entwicklungsgeschichtlich zu den Säugetieren hinführt.

Während des Oberen Buntsandsteins, den Geologen wegen seiner überwiegend roten Farben seiner Gesteine als Röt bezeichnen und der weite Flächen des Landkreises Kassels einnimmt, kamen in einem lagunenähnlichen, übersalzenen und somit lebensfeindlichen Meer Ton- und Mergelsteine, untergeordnet auch Gipssteine zur Ablagerung. Die weichen Gesteine hinterlassen aber keine nennenswerten geologischen Aufschlüsse; Ziegeleien, die diese Ablagerungen abbauten, gibt es schon längst nicht mehr.

Muschelkalk

Wir verlassen die Ära des Buntsandsteins und erreichen die Zeit vor 240 Millionen Jahren, in der sich die Schichten des Muschelkalks ablagerten. Der ebenfalls zur Trias zählende und etwa acht Millionen Jahre dauernde Abschnitt brachte vor allem kalkige und mergelige, fast 200 Meter mächtige Gesteinspakete hervor, die sich in Mitteleuropa in einem vom offenen Ozean mehr oder weniger abgeschlossenen flachen Randmeer bildeten. Das damalige Weltmeer bezeichnen die Geologen nach der griechischen Meeresgöttin als Tethys. Lagen während der Buntsandstein-Zeit vorwiegend festländische Verhältnisse vor, so dominierten nunmehr marine Bedingungen.

In der Umgebung des Muschelkalkmeeres herrschte ein trocken-heißes Klima. Im Unteren Muschelkalk stand dieses Randmeer durch die Oberschlesische Pforte mit der Tethys in Verbindung und es bildeten sich überwiegend Mergel- und Kalksteine. Während einer zeitweiligen Abschnürung vom Weltmeer kamen im Mittleren Muschelkalk Mergel, Dolomite und Gipse zur Ablagerung. Es herrschten teilweise so extrem übersalzene Verhältnisse vor, dass dieses Muschelkalkmeer lebensfeindliche Bedingungen aufwies. Im Oberen Muschelkalk stellte die Burgundische Pforte einen Zusammenhang zwischen Muschelkalkmeer und Tethys her und es entstanden wieder gute Lebensbedingungen für die Meeresfauna.

Im Muschelkalkmeer konnte sich eine eigenständige Fauna entwickeln; Fossilien kommen in verschiedenen Horizonten sowohl im Unteren als auch im Oberen Muschelkalk in großen Mengen vor. Gesteine aus dieser Zeit finden sich im Landkreis Kassel vornehmlich im Diemelgebiet, um Zierenberg und in zwei Grabenzonen zwischen Wolfhagen und Kassel bzw. Wolfhagen und Altendorf.

In zahlreichen alten aufgelassenen Steinbrüchen im Westteil des Landkreises finden wir Zeugnisse aus dieser Zeit der Erdgeschichte. Wegen ihrer Fossilführung überregional bedeutende Aufschlüsse liegen in der Gegend von Haueda und Lamerden.

Auf den weiträumigen Muschelkalkflächen treffen wir auf ausgedehnte Magerrasen, wie auf dem Dörnberg, der als Naturschutzgebiet weithin bekannt ist. Kleinere Magerrasenflächen auf Muschelkalkgesteinen wurden auch als Naturdenkmale ausgewiesen.

Keuper

Die unter überwiegend festländischen Verhältnissen abgelagerten Schichten des Keupers – dem oberen Abschnitt der Trias – treten lediglich im Kasseler Graben und der Warburger Störungszone auf und nehmen flächenmäßig nur einen unbedeutenden Teil des Landkreises Kassel ein. Vorwiegend bildeten sich Tonsteine, Sandsteine, Mergel, Kalk- und Gipssteine. Nennenswerte Aufschlüsse fehlen im Keuper, da diese Gesteine nicht in Steinbrüchen gewonnen wurden. Der Begriff „Keuper" leitet sich vom fränkischen „Kipper" bzw. „Keiper" ab. In Franken nehmen die Gesteine des Keupers große Flächenanteile ein.

Jura

In Mitteleuropa änderten sich die paläogeographischen Bedingungen grundsätzlich, wobei ausgedehnte Schelfmeere an die Stelle des Germanischen Beckens traten. Während des Juras herrschte weltweit ein relativ ausgeglichenes und gegenüber heute

Von bizarrer Schönheit zeigen sich die Seelilien, die während der Muschelkalk-Zeit die damaligen Meere bevölkerten. Der circa 20 cm lange, fossile Stachelhäuter – verwandt mit Seeigeln und Seesternen – kommt aus Wolfhagen.

Ceratiten – tintenfischähnliche Tiere – beherrschten das Muschelkalkmeer. Das abgebildete Stück von circa 8 cm Durchmesser stammt aus dem Steinbruch bei Lamerden, in dem viele bemerkenswerte Fossilien gefunden wurden.

wärmeres und trockeneres Klima. Das vom Schweizer Jura bis zur Frankenalb reichende Juragebirge gab dem Zeitabschnitt seinen Namen.

Lias

Die dunklen Ton- und Mergelsteine des Unteren Juras (Lias) weisen eine ähnliche Verbreitung im Landkreis Kassel auf wie die des Keupers. Der Begriff stammt aus England und wurde bereits im 19. Jahrhundert in Deutschland übernommen. Es existieren im Landkreis Kassel keine erwähnenswerten Aufschlüsse. Gesteine des oberen Lias sowie des Mittleren und Oberen Juras (Dogger und Malm – ebenfalls Begriffe aus England) sowie der darauf folgenden Kreidezeit lassen sich im Landkreis Kassel nicht nachweisen.

Tektonische Bewegungen

Die Entschlüsselung der geotektonischen Bewegungsabläufe während der Jahrmillionen führt zum Verständnis des komplexen geologischen Baues der Hessischen Senke. Vom Jura bis zum Tertiär wirkten sich zunehmend Zerrungstendenzen in der Erdkruste Mitteleuropas aus. Die an der Wende Jura/Kreide vor ca. 140 Millionen Jahren angelegten Grabenzonen gaben der Hessischen Senke ihr tektonisches Gepräge, das auch bis heute noch weitgehend Gültigkeit besitzt. In der Zeit zwischen diesen Bewegungen und dem Alttertiär kam es in Nordhessen zu einer Hebung, die u.a. auch zur Herausbildung des Solling-Gewölbes führte, dessen südwestlichen Teil der Reinhardswald bildet. In der Folge unterlag unser Raum einer intensiven Abtragung, in der ein Großteil der mesozoischen Schichten (Trias, Jura und Kreide) erodiert wurde, so dass Schichten des Keupers und des Lias im Gebiet des Landkreises Kassel lediglich noch in den oben erwähnten Grabenzonen erhalten blieben.

Erdneuzeit (Känozoikum)

An der Wende Kreide/Tertiär vor 65 Millionen Jahren ereignete sich weltweit wiederum ein großes Massenaussterben in der Lebewelt, bei dem u.a. auch die das Mesozoikum beherrschenden Dinosaurier und die tintenfischähnlichen und als Leitfossilien so bedeutenden Ammoniten verschwanden. Die Kontinente erreichten mehr und mehr die heutigen Positionen.

Tertiär

Während des Tertiärs, das als „dritte Zeit" ehemals dem „Sekundär", dem Mesozoikum und dem „Primär", dem Paläozoikum gegenübergestellt wurde, herrschten im nordhessischen Gebiet vornehmlich festländische Verhältnisse, unter denen sich Fluss-, See- und Sumpfsedimente ablagerten. Marine Sedimente kamen nur im Bereich der Hessischen Straße – einer Meeresverbindung zwischen Mainzer Becken und norddeutschem Tertiärmeer – zur Ablagerung. Im Wesentlichen bestehen die tertiären Schichten aus Sanden, Tonen und auch Braunkohlen, die man mancherorts abbaute. Der nach einer belgischen Lokalität benannte „Rupelton", und der „Kasseler Meeressand" belegen mit ihrer artenreichen Fauna ein warmes Flachmeer als Bildungsort.

Oligozän

Oligozänen Alters sind die Lohsteine bei Immenhausen. Vier mächtige, bis sechs Meter Durchmesser und zwei Meter Höhe aufweisende Quarzitblöcke befinden sich im Bereich der ehemaligen Sandgrube am Großen Loh.

Den Immenhäusern Bürgern half der Teufel beim Bau der Kirche. Sie verweigerten ihm aber den Lohn dafür und unter wütenden und schlimmen Flüchen schleuderte der Teufel große Felsbrocken gegen die Stadt, um sie zu vernichten. Aber die Steine verfehlten ihr Ziel und einer der Brocken fiel auf das Große Loh hernieder. Dieser zerbarst in vier Stücke, die man noch heute sehen kann.

Die Legende erinnert an die Entstehungsgeschichte vom Riesenstein bei Heimarshausen; die geologische Entstehung der Lohsteine ist aber eine andere. Denn die Quarzite der Lohsteine sind über 200 Millionen Jahre jünger als die den Riesenstein aufbauenden Sandsteine. Quarzite bestehen überwiegend aus Quarz und sind extrem hart, so dass sie der Verwitterung lange standhalten. In der ehemaligen Sandgrube am Großen Loh lagen Quarzitbänke zwischengeschaltet in den tertiären Sanden, die durch Abbau und Verwitterung abgetragen wurden und letztlich die Quarzite übrig ließen.

Als hoch feuerfestes und dadurch sehr geschätztes Material wurde auch Quarzit abgebaut; kleine Bo-

Schleuderte der Teufel die Felsbrocken gegen die Stadt? Die Lohsteine bei Immenhausen bestehen aus harten, gegenüber der Verwitterung sehr beständigen Quarziten tertiären Alters.

denvertiefungen durch Bergbautätigkeit (Pingen) zeugen nördlich der Sandgrube davon. Auch anderenorts, wie auf dem Dörnberg, baute man die begehrten Quarzite ab.

Kasseler Meeressand

Der unter Geologen und Paläontologen wegen seines Fossilreichtums (Foraminiferen, Muscheln, Schnecken, Muschelkrebse, Moostierchen, Reste von Seeigelstacheln, Zähne von Haien und anderen Fischen, Dinoflagellaten) weithin bekannte Kasseler Meeressand stammt aus dem etwa 25 bis 30 Millionen Jahren alten Oberoligozän, das in der internationalen Gliederung als „Chatt" bezeichnet wird. Seinen Namen erhielt dieser Zeitabschnitt nach dem germanischen Volksstamm der Chatten, der vor allem im heutigen Nordhessen siedelte.

Der Landkreis Kassel gilt als eines der klassischen Gebiete für das Vorkommen von Kasseler Meeressand. Leider sind fast alle ehemaligen Sandgruben mit Bauschutt oder Müll verfüllt – ein eher „normaler" Zustand. Ihrer besonderen Verantwortung und Verpflichtung zur Erhaltung der wenigen verbliebenen Geotope kommt die Naturschutzverwaltung mit der Ausweisung mehrerer geologisch bedeutsamer Lokalitäten als Naturdenkmale nach.

Am Westhang des Großen Gudenbergs in der Gemarkung Zierenberg liegt Kasseler Meeressand an einem Wegeinschnitt als Teilstück einer kleinen abgeglittenen Hangscholle vor. Wegen der Seltenheit und der „Berühmtheit" des Kasseler Meeressands kommt diesem Geotop der Schutzstatus eines Naturdenkmals zu.

Weitere geologische Aufschlüsse tertiären Alters, die nunmehr Amphibien als Lebensraum dienen, wurden als Naturdenkmale ausgewiesen. Dies sind die ehemalige Sandgrube südwestlich von Vollmarshausen und der frühere Abbau südlich von Wickenrode (Tiefenbach).

Als bestünden sie aus Porzellan – nur 1 bis 3 mm große Kalkschalen von Mikrofossilien des Kasseler Meeressandes vom Großen Gudenberg bei Zierenberg

Miozän

Von den Gesteinen miozänen Alters sind vornehmlich die Basalte und Basalttuffe von Bedeutung; Ablagerungsgesteine treten nur untergeordnet auf.

Basalt

Geprägt wird der geologische Bau des Landkreises Kassel zu einem gewichtigen Teil durch die tertiären Basalte, die vielerorts vorkommen. Der Habichtswald bildet das nördlichste geschlossene Vulkangebiet Deutschlands. Im Gegensatz zu den anderen Regionen Mitteleuropas weist der Habichtswälder Vulkanismus viele Lockersedimente auf. Während der vulkanischen Phasen wurden immer wieder riesige Aschenmassen gefördert, die sich letztlich zu Basalttuff verfestigten.

Im Untermiozän vor etwa 19 Millionen Jahren setzten die ersten vulkanischen Ereignisse im nordhessischen Raum ein, die ihren Höhepunkt im Obermiozän hatten, bevor die jüngste Aktivität vor rund sieben bis elf Millionen Jahren stattfand. Die vulkanischen Gesteine liegen in unserem Raum als Basalttuffe und Basalte vor und stellen lediglich die Abtragungsreste einst ungleich größerer Vulkanbauten dar.

Die Hessische Senke wies bis zur vulkanischen Phase ein relativ schwaches Relief auf. Durch den beginnenden Vulkanismus, Hebungen sowie erosive Kräfte wurde das Landschaftsbild entscheidend geprägt und in seiner Oberflächengestalt stark bewegt. Am Ende des Untermiozäns setzte zum wiederholten Male eine Hebung des nordhessischen Raumes ein, der eine intensive Abtragung folgte. Dabei unterlagen nicht nur die harten Basalte der fortschreitenden Erosion, sondern insbesondere die gegenüber der Verwitterung weniger beständigen Basalttuffe sowie die tertiären und zum Teil auch mesozoischen Sedimentgesteine. In den nicht von Basalten bedeckten

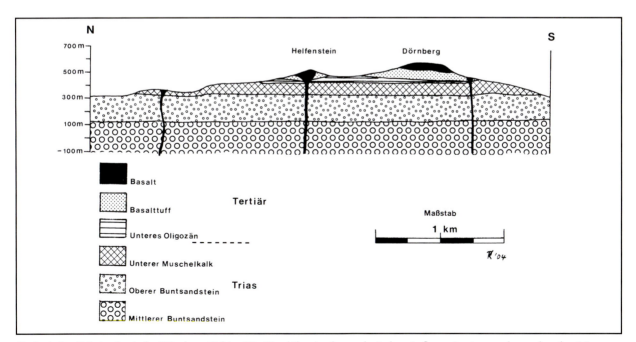

Geologischer Schnitt durch das Dörnberg-Gebiet. Die Graphik zeigt den geologischen Aufbau mit seinen mehreren hundert Meter mächtigen Gesteinspaketen des Buntsandsteins und des Muschelkalks, die durch einige Vulkanbauten durchbrochen sind.

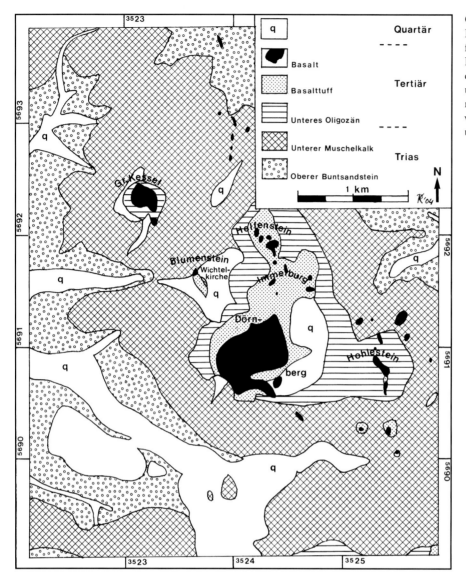

Geologische Übersichtskarte des Dörnberg-Gebietes. Die einstmals flächendeckenden Basalte und Basalttuffe sowie die unterliegenden Gesteine des Buntsandsteins und des Muschelkalks, die nunmehr vorherrschend sind, wurden im ausgehenden Tertiär und Quartär abgetragen.

Gebieten schnitt die Erosion tiefe Täler nach Beendigung des Vulkanismus. Schließlich entstand in unserem Raum bei fortschreitender Hebung und Abtragung während des Pliozäns – dem jüngsten Abschnitt des Tertiärs – das heutige Relief der mit Basalten und Basalttuffen durchsetzten Triaslandschaft im Bereich der Hessischen Senke.

Woher kommt die häufig zu beobachtende Säulenform der Basalte? Die geförderte Lava berührt das kühlere Oberflächengestein und wird dadurch abgeschreckt. In nur geringer Entfernung lässt sich dann eine meist fünf- oder sechsseitige, säulige Absonderungsform als Folge von Schrumpfungsvorgängen während der Abkühlung erkennen. Diese Ausbildung kommt meist im Kontakt zum Nebengestein vor, wobei die Säulen senkrecht zur Abkühlungsfläche stehen.

Die Basalte lassen sich neben ihrem Chemismus auch aufgrund ihrer unterschiedlichen Lagerungsformen auseinander halten. Nur wo der vulkanische Oberbau ganz oder zum größten Teil abgetragen wurde, kann man die senkrecht stehenden und im Querschnitt runden bis ovalen Basaltschlote und -stiele beobachten. Der Helfenstein am Dörnberg und der Hohlestein in der Gemarkung Weimar repräsentieren die wohl bekanntesten Basaltschlote im Landkreis Kassel und sind als Naturdenkmale ausgewiesen. Größere Basaltvorkommen treten als Lager und Stöcke auf. Als Beispiele gelten der Isthaberg, der Bärenberg bei Zierenberg, der Habichtswald und der Weidelsberg bei Ippinghausen. Recht zahlreich treten die durchweg schmalen Basaltgänge auf, wofür der unter Schutz stehende und von der Erosion fast völlig frei gelegte Martinstein nahe der Kirche in Martinhagen ein eindrucksvolles Bei-

Basaltfelsen der Kopfsteine bei Fürstenwald. Hier befinden sich auch kleine Magerrasenflächen.

Basaltsäulen am östlichen Rand des ehemaligen Steinbruchs Schierenkopf im Wolfhager Stadtwald

Die Basaltsäulen am Plattenkopf im Wolfhager Stadtwald sind mit weniger als 10 cm Durchmesser auffallend schmal.

Basaltsäulen am Lenzigskeller bei Wellerode

Die Helfensteine des Dörnberg-Gebietes stellen weithin sichtbare, markante Felsen dar.

spiel ist. Sämtliche Lagerungsformen der Basalte kommen vor allem im Wolfhager Land häufig vor.

Die mit schön ausgebildeten Basaltsäulen aufgebauten und von der Erosion frei gelegten Felsen der Bielsteinskirche in der Gemarkung Helsa weisen eine bizarre Gestalt auf. Aufgrund weniger alter Schriften und Hinweise sowie der schon 1777 belegten Ortsbezeichnung „Unter der Bielsteinskirche" konnte eine ehemalige Kapelle im Bereich dieser Basaltfelsen vermutet werden. Tatsächlich wies die Archäologische Denkmalpflege Marburg diese im Gelände nach. Auf einer ca. 12 x 15 m großen Fläche finden sich nebeneinander liegende, unregelmäßige Haufen und mehrere muldenartige Vertiefungen. Dort liegen Sandsteine mit z.T. mauerartiger Form an der Oberfläche. Die Sandsteine müssen als eindeutig herangeschafftes Fremdmaterial eingestuft werden, da ansonsten nur der tertiäre Basalt vorkommt. Weiterhin wurden zahlreiche Bruchstücke von Dachziegeln und spätmittelalterliche Keramikscherben (etwa 15. Jahrhundert) unter dem Laub und in einigen kleinen Schürfen gefunden. So zeigt sich auch hier, dass einstige kulturelle Stätten bisweilen heute vergessen im Wald liegen.

Als markanter Basaltfelsen hat der Hohlestein für einige Menschen als sogenannter „Starker Platz" und Ort der Verinnerlichung eine Bedeutung gewonnen, so dass er von ihnen zu bestimmten Zeiten aufgesucht wird. Andere wiederum betrachten den Basaltfelsen als alte Kult- und Opferstätte und bringen dies mit Germanen und Kelten in Zusammenhang, was angesichts des übersteigerten Germanenmythos während der dreißiger Jahre des letzten Jahrhunderts einen schlechten Beigeschmack hat. Besondere Bedeutung spielt dabei das auf dem Gipfel des Felsens befindliche und als Kultschacht angesehene Loch. Diese Ausformung von ca. 2 x 2 m und einer Tiefe von etwa 1,20 m wurde zweifelsfrei von Menschenhand geschaffen, jedoch muss man wahrlich keine blutrünstigen Theorien zur Deutung des Loches aufwerfen. Hierzu liegen durchweg naheliegendere Erklärungsversuche vor. In der unmittelbaren Umgebung des Felsens fanden sich eisenzeitliche Keramikscherben aus dem ersten Jahrtausend vor Christus, die vermutlich mit dem den Hohlestein um-

Schön ausgebildete Basaltsäulen der Bielsteinskirche in der Gemarkung Helsa. In unmittelbarer Umgebung stand einst eine Kirche.

Der Basaltfelsen des Hohlesteins liegt in der Gemarkung Weimar.

gebenden Wall zeitgleich zu setzen sind. Zu jener Zeit war also der Basaltfelsen und seine nähere Umgebung bewohnt. Außer diesen vorchristlichen Funden kamen hochmittelalterliche Keramikscherben des 12./13. Jahrhunderts zum Vorschein. Auch sie belegen eine Wohnstätte; dabei handelte es sich vermutlich um eine kleine mittelalterliche Burg. Solche kleinen Burgen auf markanten Felsen waren im Mittelalter nicht selten und in gar nicht allzu großer Entfernung gab es die Burg Blumenstein auf der Wichtelkirche und auch am Helfenstein befand sich wahrscheinlich eine kleine Burg. Der Hohlestein war also zumindest zu zwei verschiedenen Zeiten bewohnt und das Gipfelloch könnte schlichtweg als Wasserreservoir oder aber auch als Kellergrube gedient haben.

Eine andere profane Erklärung für den kleinen Aushub am Hohlestein lässt sich aus einem Vergleich mit einem ähnlichen Schacht an der Firnskuppe – zwischen Heckershausen und dem Kasseler Stadtteil Harleshausen gelegen – ziehen. Hierbei handelt es sich vermutlich

Basaltfelsen am Roten Rain in der Gemarkung Burghasungen

um einen spätmittelalterlichen Versuchsschacht, der die Eisengewinnung aus dem dort anstehenden Basalttuff zum Ziel hatte. Möglicherweise versuchte man auch am Hohlestein einen solchen Schacht niederzubringen, gab jedoch hier aufgrund des viel härteren Basalts relativ schnell auf. Somit haben wir zwei recht profane, aber wohl wahrscheinliche Erklärungen zur Funktion des Felsenlochs.

Im Zusammenhang mit der Eisengewinnung sei auf eine geologisch-mineralogische Besonderheit hingewiesen. Nicht weit vom Hohlestein entfernt liegt die unter Geologen und Mineralogen weltweit bekannte Lokalität Bühl bei Weimar. In dem dortigen, bis in die zwanziger Jahre des 20. Jahrhunderts abgebauten Basalt fand sich gediegenes, also elementares Eisen. Dieses Metall kam in Form von walnuss- bis faustgroßen, knollenartigen Einschlüssen vor. Natürlich auftretendes Eisen stellt eine absolute Rarität dar (abgesehen von Meteoriten, die fast immer elementares Eisen beinhalten) und weltweit

Das Gipfelloch des Hohlesteins

kennt man dies nur von sehr wenigen Örtlichkeiten. Heute wird der Bühl als Freizeitanlage genutzt; vom Basalt ist nicht mehr viel zu erkennen und trotz seiner herausragenden wissenschaftlichen Bedeutung lohnt eine Unterschutzstellung als Naturdenkmal nicht.

Der Vulkanismus ist als Ausdruck des Zerbrechens der tieferen Erdkruste im Gebiet der Hessischen Senke zu

Der Rosenberg bei Niedermeiser ist ein beeindruckender Basaltaufschluss, der wichtige Hinweise zur Mineralogie lieferte. Von Süden kommend ist der ehemalige Steinbruch schon von weither sichtbar.

In der Nähe von Istha liegt der Bilstein. Von hier kann man einen herrlichen Blick über das südliche Wolfhager Land genießen. In unmittelbarer Umgebung des Felsens befinden sich kleine Magerrasenflächen auf basaltischem Untergrund.

In Hohlräumen und Blasen vieler Basalte befinden sich kleinste Minerale. Hier ist das Mineral Phillipsit vom Schierenkopf westlich Wolfhagen abgebildet.

verstehen. So eröffneten sich Aufstiegswege für basaltische Schmelzen aus dem Oberen Erdmantel. Das schmelzflüssige Gesteinsmaterial – Magma genannt – wird bei vulkanischen Vorgängen als Lava aus dem Oberen Erdmantel bis an die Erdoberfläche gefördert. Diesen Oberflächenergüssen stehen Intrusionen entgegen, bei denen das Magma dicht unter der Oberfläche stecken blieb. Die Gesteinsschmelzen besaßen einen unterschiedlichen Chemismus, woraus letztlich verschiedenartige Basalttypen resultierten. Der Ursprung dieser Magmen lag in 40 bis 90 km Tiefe und mit Temperaturen von bis zu 1.200° C wurden sie in einzelnen Kanälen und Spalten mit hoher Geschwindigkeit von mehreren Kilometern bis Zehnerkilometern pro Stunde aus dem Oberen Erdmantel nach oben gefördert. Innerhalb kürzester Zeit sind demnach Schmelzen von ihrem Entstehungsort im Oberen Erdmantel zur Erdoberfläche gelangt.

Ein weiterer als Naturdenkmal geschützter Basaltaufschluss befindet sich nordöstlich von Niedermeiser. Der ehemalige Steinbruch am Rosenberg bietet in seiner Nordwand einen hervorragenden Einblick in eine mit Tuff gefüllte Explosionsröhre mit nachträglich eingedrungenem Basalt. Fast der gesamte Querschnitt des Förderkanals ist freigelegt. Daneben kommen am Rosenberg seltene Mineralkomponenten vor. Diese dienen als Indizien für einen fundiert rekonstruierbaren Gang der Magmenentwicklung bis hin zur explosiven Freisprengung des Förderschlotes. Am Rosenberg haben besonders günstige Bedingungen zur Erhaltung der normalerweise nicht überlieferten Indizienkette geführt. Die hier gewonnenen Informationen sind für die Mineralogie und die Petrologie – der Lehre von der Gesteinsbildung – von großer Bedeutung und erweitern unser Wissen über die Entstehung der Basalte und den Aufbau des Oberen Erdmantels. Wegen dieser Besonderheiten zählt der Rosenberg zu den eindrucksvollsten geologischen Aufschlüssen des nordhessischen Vulkangebietes.

Unter dem Mikroskop lassen sich in kleinsten Hohlräumen und Blasen vieler Basalte winzige Kristalle und Krusten verschiedener Mineralien entdecken. Dieser Mikrokosmos offenbart einen Blick voller bizarrer Schönheit.

Im Anhang sind weitere Basaltfelsen und ehemalige Basaltsteinbrüche aufgeführt, die unter dem besonderem Schutz der Naturdenkmalverordnung stehen.

Quartär

Wir verlassen das Tertiär und begeben uns auf unserer Zeitreise in das Quartär, die „vierte Zeit". Das Quartär begann vor erst 1,8 Millionen Jahren und gliedert sich in das Pleistozän - den meisten als die „Eiszeit" bekannt – und das Holozän, die geologische Jetztzeit.

Pleistozän

Schon im ausgehenden Tertiär zeichneten sich Klimaschwankungen ab, die letztlich im Pleistozän (gr. „am meisten neu") zum wiederholten Vorrücken und Zurückweichen der Gletscher in Mitteleuropa führten. Es kam zu einem häufigen Wechsel von Kalt- und Warmzeiten. Nordhessen gehörte während der Kaltphasen dem Periglazialraum an, womit man den Bereich vor dem Eisrand (griechisch peri „um, herum"; lat. glacies „Eis") versteht. Hier finden Prozesse unter Einfluss des Bodenfrostes bzw. des ständigen Frostwechsels statt. Fluss-, Schuttbildungen und windverfrachteter Löss zählen zu den häufigsten pleistozänen Ablagerungen. Während der Kaltzeiten führten die klimatischen Verhältnisse zu einer intensiven physikalischen Verwitterung, die eine ausgedehnte Schuttbildung vornehmlich in höher gelegenen Gebieten zur Folge hatte. Hier sollen nur die Basaltblockfelder genannt sein, da einige von ihnen als Naturdenkmale ausgewiesen sind. Dazu gehören die Basaltblockfelder des Rohrberges in der Gemarkung Wenigenhasungen, die des Steinberges bei Elmshagen und die „Blauen Steine" bei Zierenberg sowie die Felder am Hohlestein und Helfenstein.

Am Ende des Pleistozäns verschwanden die für die Kaltzeiten charakteristischen Großsäuger wie Mammut, Wollnashorn, Höhlenbär und Ren in Mitteleuropa; einige Arten wichen weit nach Norden aus.

Holozän

Mit dem Erreichen der geologische Jetztzeit gelangen wir zum Ende unserer Zeitreise. Die erste anhaltende Klimaverbesserung nach der Eiszeit vor rund 11.500 Jahren wird als Beginn des Holozäns (gr. „ganz neu") betrachtet. Eine wärmeliebendere Vegetation konnte sich nunmehr in unseren Breiten durchsetzen.

Mittels der Pollenanalyse lässt sich das Holozän gut untergliedern. Die mengenmäßige Verteilung der Pollenkörner in bestimmten Sedimenten (Torf, Seeablagerungen) lässt Rückschlüsse auf die Vegetation und das damalige Klima zu. Die im Präboreal – nach der letzten Kaltphase – zuerst auftretenden Kiefern und Birken wurden dann im Boreal mehr und mehr durch Haseln, später im Atlantikum durch Eichen, Ulmen, Erlen, Linden und Eschen verdrängt. Während des Atlantikums, der wärmsten Phase im Holozän vor etwa 5.000 bis 8.000 Jahren, herrschten zwei bis drei Grad Celsius höhere Sommertemperaturen als heute. Danach wurde es wieder kühler; Rot- und Hainbuchen verbreiten sich. Diese Zeit wird als Subboreal bezeichnet. In der letzten Phase, dem Subatlantikum, das seit etwa 2.500 Jahren anhält, wurde es nochmals etwas kühler und vor allem feuchter.

Als „Kleine Eiszeit" wird die Zeitspanne vom 16. bis 19. Jahrhundert n. Chr. belegt, in der es zu einer Abkühlung der Temperaturen von bis zu 1,5 Grad Celsius gegenüber heute kam.

Auch in der Menschheitsgeschichte vollzog sich ein grundlegender Wandel. Der Übergang vom Pleistozän zum Holozän markiert die Grenze zwischen Altsteinzeit (Paläolithikum) und Mittelsteinzeit (Mesolithikum). Schon im ausgehenden Paläolithikum verbesserten sich die Jagdtechniken, die durchaus einen gewichtigen Teil zum Aussterben der oben genannten Tierarten beigetragen haben könnten. Der gravierendste Einschnitt kam dann mit der „Erfindung" des Ackerbaues und der Viehzucht zu Beginn der Jungsteinzeit (Neolithikum), in der der Mensch sesshaft wurde und damit seine natürliche Umwelt immer stärker beeinflusste.

Einerseits müssen wir davon ausgehen, dass wir derzeit in einer Zwischeneiszeit – genauer in einer Warmphase – leben, so dass es in gar nicht allzu ferner Zukunft wieder recht ungemütlich kalt in Mitteleuropa werden dürfte. Andererseits lassen sich seit geraumer Zeit deutliche Anzeichen für eine durch den menschlichen Einfluss bedingte globale Erwärmung erkennen. Wissenschaftler diskutieren die möglichen Szenarien kontrovers und warnen vor den Folgen, Politik und Industrie ignorieren die Fakten. Aber ganz gleich

Ausgedehnte Basaltblockflächen und bizarre Basaltfelsen lassen sich am Rohrberg in der Gemarkung Wenigenhasungen bewundern. Ein Besuch dieses Naturdenkmals lohnt auch wegen der hier vorkommenden knorrigen Bäume.

in welche Richtung sich das Klima entwickelt, die Menschheit muss sich auf erhebliche Klimaveränderungen mit all ihren Konsequenzen einstellen. Mit diesen vielleicht nicht ganz tröstlichen Aussichten – und seien wir doch dankbar dafür, gerade jetzt in einer klimatisch günstigen Zeit zu leben – beenden wir unsere Zeitreise durch etwa 300 Millionen Jahre erdgeschichtlicher Entwicklung im Gebiet des heutigen Landkreises Kassel.

Basaltblockfläche der Blauen Steine bei Zierenberg

Magerrasen

Trifft man außerhalb der Siedlungen im Landkreis Kassel auf Wacholderbestände – diese säulenförmigen immergrünen Gehölze mit stacheligen Nadeln und kleinen blauen Beeren im Herbst – kann man von dieser Begegnung stets zwei Sachverhalte ableiten: Einmal ist der jeweilige Standort aus der Sicht einer möglichen ackerbaulichen Nutzung sicher als ungünstig zu beurteilen und zum anderen stehen wir hier auf einer Viehweide. Sollte es für eine aktuelle Weidenutzung keine Anzeichen geben, befinden wir uns vermutlich auf einer historischen Hutung. Ein dichter Bodenüberzug mit krautigen Pflanzen, die Existenz von Hecken, Gebüschen und vielleicht eingestreuten Nadelgehölzen deuten darauf hin, dass dort im Verlauf von Jahrzehnten eine natürliche Entwicklung abläuft, die schließlich zu einem Laubwaldbestand führen wird.

Entstehung der Magerrasen

Womit lässt sich unsere Vermutung näher begründen, auf einer alten Viehweide zu stehen? Das gehäufte Vorkommen einer Reihe von Pflanzenarten ist ein untrügliches Zeichen für eine lange während Weidenutzung, weil jene unter natürlichen Bedingungen nur an Wuchsorten mit sehr ungünstigen Lebensbedingungen vorkommen. Hierzu zählen Felsenstandorte, an denen Bäume kaum gedeihen können. Der Wacholderstrauch, eine der wenigen einheimischen Nadelholzarten, ist solch eine Zeigerpflanze. Er benötigt einen sonnigen Standort und vermag notgedrungen auch die mit extremen sommerlichen Temperaturen verbundene Bodentrockenheit sowie die ebenso hart ausgeprägte Winterkälte auf den ungeschützten Flächen zu überstehen. Nicht gewachsen ist er allerdings dem üblichen Konkurrenzkampf mit anderen Bäumen ums Licht, den er auf günstigeren Standorten verliert.

Vor allem seine selbst von Ziegen verschmähten stacheligen Nadeln haben dazu geführt, dass sich der Wacholder von seinen in der nacheiszeitlichen Waldlandschaft sehr seltenen natürlichen Standorten auf die in der Regel besser wasser- und auch nährstoffversorgten Schaf- und Ziegenhutungen ausbreiten konnte. Er ist also als „Weideunkraut" anzusehen, wie auch kurzstängelige Disteln, Enziane und Wolfsmilcharten. Denn alle besonders stacheligen, schlecht schmeckenden oder gar giftigen Pflanzen sowie am Boden niederliegende und Rosetten bildenden Arten werden durch das Fressverhalten der Weidetiere gefördert. Über Jahrhunderte hinweg wurden die natürlichen, normalerweise überlegenen Konkurrenten jener Spezies durch alljährlichen hohen Nutzungsdruck niedergehalten. Auf diese Weise entstanden für mitteleuropäische Verhältnisse ungewöhnliche Artenkombinationen. Während sich auf naturbelassenen Flächen langfristig stets wuchskräftige und vor allem in ihren Jugendstadien schattenertragende Baumarten durchsetzten, vergesellschafteten sich auf den weitgehend offenen Huten vornehmlich licht- und wärmebedürftige, trockenheitsertragende und weidefeste Pflanzenarten.

Die Kennzeichnung der Lebensgemeinschaft als „Magerrasen" deutet untrüglich darauf hin, dass es dort kaum möglich war, die Weidetiere erfolgreich zu mästen, selbst wenn man den Flächen intensiv abrang, was sie an Pflanzenmasse produzierten. Ursachen hierfür

Steilhang des Schlüsselgrunds in der Gemarkung Wettesingen. Die Magerrasenfläche befindet sich auf Gesteinen des Muschelkalks.

Wacholderbestände am Naturdenkmal Schlüsselgrund

Zur Pflege der Magerrasen – wie hier die Warte bei Zierenberg Anfang der 90er Jahre – ist eine regelmäßige Beweidung notwendig. Sie trägt dazu bei, einer Verbuschung der Flächen entgegenzuwirken.

sind die ungünstigen Bodeneigenschaften, die auch die Umwandlung der ursprünglichen auf den Standorten stockenden Wälder in die Weidegebiete bedingten. Denn normalerweise reicht das jeweilige Ausgangsgestein, im Landkreis Kassel seltener der Basalt als vielmehr der Muschelkalk, bis nahe an die Oberfläche. Dort ein Loch zu graben, erweist sich als schwierig, denn nach einer dünnen Bodenschicht stößt man rasch auf Steine, die mit zunehmender Tiefe fest gelagert sind. Einen solchen Bodentyp nennt man im Muschelkalkgebiet „Rendzina". Dieser aus dem Polnischen übernommene Fachbegriff soll das Ackergeräusch des Pfluges lautmalen, wenn er durch solch einen Boden gezogen wird. Wo neben flachgründigen Böden auch noch starke Hangneigungen gegeben waren, erwiesen sich die Gebiete im Verlauf der frühen und mittelalterlichen Rodungsphasen weder als ackerfähig, noch für eine intensive Holznutzung geeignet.

Die negativen Auswirkungen, der für den Reinhardswald so eindrucksvoll belegten Waldweide, hatten auf den flachgründigen, hängigen Standorten in Verbindung mit der Brennholznutzung und gelegentlichem Abbrennen vermutlich noch drastischere Konsequenzen. Der durch die Waldvernichtung und das sich über lange Zeiträume währende Abweiden des Aufwuchses durch Ziegen und Schafe bewirkte Nährstoffentzug ließ die Flächen aushagern und an Produktionskraft weiter verlieren, zumal sie mit Ausnahme der Exkremente des Weideviehs nie gedüngt wurden.

Hierbei spielte das drastisch veränderte Mikroklima eine entscheidende Rolle. Denn durch das Wegfallen des ausgleichenden Wald-Einflusses auf das Kleinklima wurden nun im Sommer auf sonnenexponierten Bereichen Temperaturen von bis zu 50 °C erreicht, was mit einer Beeinträchtigung der Bodenmikroorganismentätigkeit und damit Verminderung der Nährstoffmineralisation verbunden war. Die an sich bereits geringe Wasserhaltefähigkeit der flachen Basalt- und Kalkböden wurde hierdurch zusätzlich verschärft.

Die entstandenen offenen Hutungen weisen im Vergleich zu ihrer ehemaligen Waldbedeckung stärkere

Der Offenberg bei Carlsdorf

Kleinklimaschwankungen auf: Tagsüber herrschen nun höhere Temperaturen und Verdunstungsraten, nachts sind sie niedriger. Im Winter werden hier die geringsten Temperaturen erreicht und auch die Frosttrocknis wirkt sich stärker aus.

Noch vor wenigen Jahrhunderten nahmen Hutungen auf ertragsarmen Standorten im Landkreis Kassel erhebliche Flächen ein. Bei zahlreichen, heute oft mit Nadelgehölzen bepflanzten Geländekuppen, zum Beispiel dem Ofenberg bei Wolfhagen, wissen nur noch wenige Menschen um deren Jahrhunderte alte Nutzungsgeschichte, wovon noch einige lebende Wacholdersträucher entlang der Waldränder und zahlreiche abgestorbene im Inneren künden.

Schutzgründe

Warum sind die Magerrasen so wichtig, dass wir sie schützen und für die Nachwelt erhalten wollen, wo sie doch eigentlich keine ursprünglichen Naturzustände repräsentieren, sondern eher das Resultat eines Raubbaues unserer Vorfahren an ihrer Landschaft darstellen? Hierfür gibt es drei wesentliche Gründe.

Lebendige Museen

Typische Art der Magerrasen ist der Große Ehrenpreis (*Veronica teucrium*), der flächenhaft auf der Warte vorkommt.

Die verbliebenen wenigen offenen Hutungen können als lebendige Museen fungieren, in denen sich die Kulturgeschichte und auch die Überlebensstrategien vergangener Generationen widerspiegeln. Wir sehen die Kalklöcher zur Gewinnung von Baumaterial. Schmale Hangterrassen im Übergangsbereich zwischen dem Muschelkalk und dem tiefer liegenden Buntsandstein lassen die Not erahnen, auch diesen Grenzertragsstandorten noch etwas Essbares abtrotzen zu müssen. Uralte, oft verkrüppelte Obstbäume bezeugen die Versuche, die Wintervorräte zu bereichern. Markante Eichen oder Buchen stehen nicht zufällig auf einer Hutung. Sie wurden gepflanzt, um dem Vieh zusätzliche energiereiche Nahrung zu bieten und auch, um den Tieren in der sommerlichen Hitze Schatten gewähren zu können. Manipulationen an nahegelegenen Kleingewässern erinnern an die Schwierigkeiten der Wasserversorgung. Die zahllosen Stockausschläge eines Haselnusshaines halten die Erinnerung an die Menschen wach, die hier das Material für ihre Körbe warben.

Wer es mag, sich auf Spurensuche zu begeben, um etwas von der Geschichte der Landschaft und ihrer Bewohner vergangener Zeiten zu erfahren – auf den noch verbliebenen Magerrasen bieten sich hierfür vielfältige Gelegenheiten.

Reizvolle Landschaft

Magerrasen sind schön. Neben geschlossenen Wäldern und den in der Regel weitgehend strukturarmen landwirtschaftlichen Produktionsflächen ziehen die alten Hutungen in der siedlungsfreien Kulturlandschaft allein schon durch ihr Anderssein unsere Blicke an. Ihre oft weithin sichtbare Lage auf den Bergkuppen und entlang steiler Flanken laden zum Wandern zwischen den eher südliches Flair verbreitenden Wacholdersäulen ein. Ein Spaziergang in solch einer parkartigen Landschaft wird normalerweise als ausgesprochen naturnah empfunden, weil der Besucher neben meist großartigen Fernblicken auch das mosaikartige Nebeneinander von offenen, kurzrasigen Flächen und Gebüschkomplexen mit eingestreuten Bäumen genießt. Manchmal ergeben sich auf nur kurzen Wegstrecken immer wieder neue Bilder, die zum genaueren Hinsehen einladen. Hierbei bilden die jahreszeitlich sehr unterschiedlichen Blühaspekte für die meisten Menschen eine besondere Attraktion. Wo findet man sonst noch direkt am Wegesrand fremdartig erscheinende Orchideen, die mit ihren Blüten Insekten imitieren oder Enziane, die vielleicht nur in den Alpen vermutet werden. Die von der Wärme und den Blüten angezogenen Schmetterlinge, Hummeln und Käfer begegnen uns ebenso wie Heuschrecken, Grillen, Eidechsen und nicht alltägliche Vögel, die hier wegen der außergewöhnlichen Lebensbedingungen noch Existenzmöglichkeiten vorfinden. Unzählige im Gegenlicht der Morgensonne an Spinnennetzen funkelnde Tautropfen können eine Frühwanderung an einem Altweibersommertag zu einem unvergleichlichen Erlebnis werden lassen.

Der Hohe Rücken – ein Muschelkalk-Härtling – östlich von Wolfhagen mit seinen Wacholderbeständen

Artenvielfalt

Die auf den verbliebenen Magerrasen anzutreffende pflanzliche und tierische Vielfalt erfordert angesichts der ständig länger werdenden Roten Listen gefährdeter Lebewesen zielgerichtete Anstrengungen, dem Artensterben in der Offenlandschaft auch durch naturschutzorientierte Maßnahmen auf den alten Hutungen entgegenzutreten. Oft liegen sie inselartig inmitten einer struktur- und artenverarmten Agrarlandschaft und beherbergen nicht nur die typischen Magerrasenbewohner, sondern stellen auch für manche ehemals auf den Äckern verbreitete Spezies Rückzugsräume dar. Die Erhaltung der Organismenvielfalt auf den vergleichsweise winzigen Magerrasen kann also mit der Hoffnung auf eine mögliche Wiederbesiedlung der ungleich größeren Agrarflächen unter veränderten ökonomischen Rahmenbedingungen in der Zukunft verbunden werden.

Überlebensstrategien der Pflanzen an schwierigen Standorten

Typische Magerrasenbewohner unter den Pflanzen sind aufgrund mannigfaltiger Anpassungen an die schwierigen Lebensbedingungen überlebensfähig, obwohl ihre Charakterisierung als „Hungerkünstler" den falschen Schluss nahe legen könnte, dass sie die gegebene Stickstoffarmut ebenso wie die Hitze und den Wasserstress im Sommer oder den mangelhaften Kälteschutz im Winter zum Leben brauchen. Sie müssen vielmehr notgedrungen mit den ungünstigen abiotischen Bedingungen Vorlieb nehmen, weil sie ihre schwache Konkurrenzfähigkeit hierzu zwingt. Diese äußert sich beispielsweise darin, dass bereits leichte Beschattung ihre Vitalität mindert oder gar zu ihrem Verschwinden führt.

Zahlreiche Magerrasenbewohner unter den Pflanzen und Tieren waren Begleiter der in das ursprüngliche Waldland vor Tausenden Jahren aus südlichen Richtungen einwandernden Menschen. Hierher brachten sie ihre Licht- und Wärmebedürftigkeit mit, aber auch ihre Strategien, die damit verbundenen Schwierigkeiten zu bewältigen.

Ihre Anpassung an die sommerliche Dürre zeigt sich beispielsweise in der Ausbildung von meist kleinen, die Verdunstung gut regulierenden Blättern mit vielen Spaltöffnungen, dafür aber einem gewaltigen, tief in den Untergrund reichenden und weitverzweigten Wurzelsystem, um das spärliche Wasserreservoir ausschöpfen zu können. Hierbei vermögen manche Pflanzen Saugspannungen ihrer Zellsäfte von minus 100 bar zu erzeugen, ohne die das in Dürrezeiten sehr fest an Bodenteilchen haftende Wasser nicht verfügbar wäre. Einige Arten schließen ihre Entwicklung bereits vor dem Einsetzen der Trockenperiode ab, andere wachsen sehr langsam bei einem ausgeprägten Wasserspeicherungsvermögen. Die Bildung von festem Stützgewebe soll dabei das zu rasche Erschlaffen bei Wasserknappheit verhindern.

Tiere der Magerrasen

Auch zahlreiche auf Magerrasen vorkommende Tierarten leben bei uns an ihrer nördlichen Verbreitungsgrenze ihrer eher südlicheren Heimat. Besonders Insekten profitieren von den sommerlichen Wärmeinseln. Die Artenvielfalt von Tag- und Nachtfaltern, Heuschrecken, Grillen, Käfern, Wanzen und Zikaden wird an keinen anderen Orten unserer Landschaft erreicht. So leben von den ca. 100 in Hessen vorkommenden Tagschmetterlingen über 75% auf blütenreichen Trockenstandorten, wobei etwa ein Drittel nur dort angetroffen wird. Der im Diemeltal fliegende Kreuzenzian-Bläuling (*Maculinea rebeli*) mag als Beispiel für die dort herrschende Verwobenheit der Tier- und Pflanzenwelt dienen: Dieser Tagschmetterling legt seine Eier ausschließlich auf den Knospen des Kreuz-Enzians (*Gentiana cruciata*) oder des Deutschen Enzians (*Gentiana germanica*) ab. Die ausgeschlüpften Raupen ernähren sich allerdings nur kurze Zeit von den Enzianen. Danach lassen sie sich von einer bestimmten Ameisenart (*Myrmica schencki*) in ihre Burg tragen, wo sie die Ameisenbrut vertilgen. Die Existenz des Kreuzenzian-Bläulings hängt also neben dem Faktorenkomplex geeigneter unbelebter Bedingungen zusätzlich vom Vorkommen von mindestens zwei sehr verschiedener Lebewesen in seinem Gebiet ab. Wer ahnt solche Zusammenhänge bei einer zufälligen Begegnung mit dem kleinen Falter?

Nach Süden ausgerichtete vegetationsarme Flächen bieten gute Lebensbedingungen für unsere wärmebedürftigen Reptilien. Wald- und Zauneidechsen sowie Blindschleichen gehören im Gegensatz zu heimischen Schlangen noch zu den regelmäßig verbreiteten Arten. Die Beobachtung der sehr vorsichtigen und auch verborgen lebenden Tiere erfordert allerdings besondere Geduld und Einfühlungsvermögen.

Wenngleich bei Vögeln keine so konkreten Informationen über spezielle Bindungen an den Lebensraumtyp

Waldeidechse (*Lacerta vivipara*), oben und Blindschleiche (*Anguis fragilis*), unten gehören noch zu den regelmäßig vorkommenden Wirbeltierarten der Magerrasen.

Magerrasen vorliegen, ist das Seltenwerden und Aussterben von ca. 20 Arten auf deren Verbrachen sowie die Verwaldung von magerem Ödland zurückzuführen. Die inzwischen weitgehend verschwundenen, bis vor einigen Jahrzehnten noch allgemein verbreiteten Arten Rebhuhn, Wachtel, Wendehals und Heidelerche gehören hierzu wie die nun auch selten werdenden Baumpieper und Dorngrasmücken, die die übrige intensiv genutzte Landschaft aus Gründen, die wir oft nicht kennen, verlassen mussten. Das Stadium der einsetzenden Verbuschung aufgelassener Hutungen erweitert dagegen oft den Lebensraum des Neuntöters, der dafür bekannt ist, seine Beute bisweilen auf Dornen zu spießen.

Jahreszeiten

Im Frühjahr ergrünen die Magerrasen erst recht spät, wobei sich der Nährstoffmangel im Boden in den Pastelltönen der Gräser und Kräuter zeigt. Wenn einige unscheinbare einjährige Arten, die bereits im Vorfrühling ihre Entwicklung durchlaufen haben, bereits wieder verschwunden sind, kommt es vom Mai bis in den Juli hinein zu ausgeprägten Blühaspekten, in denen sich die Hutungen in bunte Flickenteppiche verwandeln. Nun leuchten vielerorts gelbe Flecken des Gemeinen Hornklees (*Lotus corniculatus*), unterbrochen von den roten Tupfen der Stengellosen Kratzdistel (*Cirsium acaule*) oder dem Rosa des Gewöhnlichen Thymians (*Thymus pulegioides*). Zu den häufigsten Pflanzenarten im Landkreis Kassel zählen auf solchen Standorten auch der Kleine Wiesenknopf (*Sanguisorba minor*), bei dem man kaum erahnt, welch riesiges Wurzelwerk sich unter der Oberfläche verbirgt sowie das Schillergras (*Koeleria pyramidata*) und die Fiederzwenke (*Brachypodium pinnatum*).

Auch die Orchideen blühen in dieser Zeit. Sie genießen wegen ihrer exotisch anmutenden Blüten, ihrer Seltenheit und Schönheit besondere Aufmerksamkeit. Die früh blühende Fliegen-Ragwurz (*Ophrys insectifera*) und die für den Hochsommer charakteristische Mückenhändelwurz (*Gymnadenia conopsea*) sind am häufigsten anzutreffen, wir können aber auch etwa 20 selteneren Arten begegnen.

Warum führen die leider immer wieder feststellbaren Versuche, die Orchideen in den heimischen Garten versetzen zu wollen, zu ihrem baldigen Absterben? Dies liegt an ihrer artspezifischen symbiontischen Abhängigkeit zu bestimmten Pilzen, die den Großteil des Jahres für uns unsichtbar im Boden verborgen leben und extrem empfindlich auf mechanische Störungen und auch Düngung reagieren. Orchideenvorkommen zeigen also über lange Zeit unbeeinflusste Bodenzustände an. Ihr Angewiesensein auf bestimmte Pilzpartner mag auch der Hauptgrund dafür sein, dass sich oft nicht weit voneinander entfernt liegende, sehr ähnlich erscheinende Lebensräume hinsichtlich ihrer Orchideenausstattung deutlich unterscheiden.

Im Gegensatz zu den Wald-Orchideen und solchen der Feuchtgebiete zählen die der Magerrasen ebenfalls zu den Neubürgern Mitteleuropas, die erst vor wenigen Tausend Jahren aus dem Mittelmeerraum einwanderten. Hier fanden besonders Arten eine neue Heimat, die auf basische Böden angewiesen sind.

Neben der Symbiose mit Pilzen entwickelten Orchideen im Verlauf der Evolutionsgeschichte weitere erstaunliche Überlebensstrategien. So täuschen manche *Ophrys*-Spezies erfolgreich bestimmte Insektenarten, die eigentlich auf den Besuch anderer Bestäuberpflanzen spezialisiert sind, indem sie deren Blüten in Form, Farbe, Behaarung und sogar Duft nachahmen. Beim Versuch, an den Nektar des Blüteninneren zu gelangen, stoßen die Insekten mit ihrem Kopf oder Rüssel unvermeidlich an kleine Stielchen (Pollinarien), die die Pollen enthalten. Diese haften sich mit Hilfe von Klebkörpern an den Gliedertieren fest und werden abgelöst. Und nun das Erstaunlichste: Bereits während eines kurzen Fluges des Insekts zu einer anderen Blüte trocknen bestimmte Zellen der Pollinarien aus, was die Krümmung der Stielchen, die zunächst wie die Hörner eines Ziegenbocks nach hinten weisen, rasch nach vorn unten bewirkt. Auf diese Weise gelangen sie leicht in Kontakt zur klebrigen Narbe der neu angeflogenen Blüte, bleiben nun dort hängen und führen zur Befruchtung. Man kann das Ablösen der Pollinarien auch durch Berührung mit dem Fingernagel verursachen, um danach das Wunder ihrer schnellen Verbiegung zu verfolgen.

Die nektarlosen *Ophrys*-Arten bilden mit ihren Blüten bestimmte Bestäuber-Insekten einschließlich ihrer Sexualduftstoffe nach. So fallen bestimmte männliche Insekten

Magerrasen – Orte der größten Artenvielfalt. Bei der kaum verwechselbaren, erst vor einigen Jahrzehnten bei uns aus Südeuropa eingewanderten Wespenspinne (*Argiope bruennichi*) verspeist das Weibchen (Foto) das kleinere Männchen meist direkt nach der Begattung. Charakteristisch für diese Art ist auch ein von der Netzmitte nach oben und unten verlaufendes zickzackförmiges Gespinst, das vermutlich zur Tarnung dient.

beim vermeintlichen Sexualakt auf die von der Fliegen-Ragwurz-Blüte gebildete Weibchenattrappe herein. Bei den Kopulationsbewegungen findet wiederum die Übertragung der Pollenstielchen statt.

In einer „grünen Phase" im Hochsommer blühen nur wenige Pflanzen auf dem Magerrasen. Viele verlagern bereits jetzt ihre Stickstoffvorräte in die Wurzeln oder zumindest Blattbasen, um einem möglichen Verlust beim Welken vorzubeugen. Der Tymian, oft an kleinräumig gestörten Stellen wie Ameisenburgen wachsend, erfüllt die Luft mit seinem Duft. Erst die herbstlichen Niederschläge führen zu neuen Blühaspekten. Nun ist die Zeit der blauen Enziane, bevor die ersten Fröste das meist graue winterliche Erscheinungsbild einleiten. Hohe Schneelagen verleihen den erstarrten Flächen manchmal ein zauberhaftes Gepräge, wenn sich die Wacholder unter der Schneelast biegen und die tiefstehende Sonne die kalte Landschaft gelb einzufärben versucht.

Magerrasen im Landkreis Kassel

Mit einer Ausdehnung von etwa 2.000 ha Magerrasen kommt dem Landkreis Kassel eine über seine Grenzen reichende kulturhistorische und naturschutzbezogene Verantwortung für die trockenwarmen Lebensräume und ihre besonderen Lebensgemeinschaften zu. Folglich stellen 19 der 53 ausgewiesenen Naturschutzgebiete Magerrasen dar. Ihre Gesamtfläche von lediglich 800 ha deutet aber an, dass der Großteil der alten Hutungen inzwischen stark verbracht und auch meist verwaldet ist. Die ungewöhnlichen Lebensgemeinschaften gehören dort bereits der Vergangenheit an oder sind zumindest stark verarmt. Mögliche Regenerationsanstrengungen müssen daher oft als wenig sinnvoll beurteilt werden. Umso nachhaltiger gilt es, die Schutzbemühungen auf die Erhaltung der verbliebenen offenen Restflächen zu konzentrieren, von denen den Eberschützer Klippen an den Diemelhängen und dem Dörnberg im Wolfhager Land mit jeweils

Ein bemerkenswertes flächenhaftes Naturdenkmal ist die nur 0,13 ha große Magerrasenfläche südlich des Wolfsloh in der Gemarkung Niederlistingen. Hunderte Exemplare des Dreizähnigen Knabenkrauts (*Orchis tridentata*) blühen hier im Mai.

Die Fliegen-Ragwurz (*Ophrys insectifera*) ahmt bestimmte Bestäuber-Insekten nach, so dass männliche Tiere beim vermeintlichen Sexualakt auf die von der Fliegen-Ragwurz-Blüte gebildete Weibchenattrappe hereinfallen.

Orchideen der Magerrasen: Dreizähniges Knabenkraut (*Orchis tridentata*),

Helm-Knabenkraut (*Orchis militaris*),

Geflecktes Knabenkraut (*Dactylorhiza maculata*),

und Mücken-Händelwurz (*Gymnadenia conopsea*)

über 100 ha Ausdehnung herausragende Bedeutung zukommt.

Neben den im Landkreis Kassel als Naturschutzgebiete deklarierten Magerrasen, die durchschnittliche Flächengrößen von über 40 ha aufweisen, mögen die 13 als flächenhafte Naturdenkmale ausgewiesenen Hutungsreste mit mittleren Größen von jeweils etwa zwei Hektar auf den ersten Blick als belanglos erscheinen. Trotz ihrer Kleinräumigkeit vermögen aber auch sie nicht nur zur Vielgestaltigkeit des Landschaftsbildes beizutragen, sondern auch Refugial- und Brückenfunktionen für Organismen der noch verbliebenen größeren Komplexe zu erfüllen. Denn diese liegen ja wie Inseln in einem Meer intensiv genutzter Landschaft, das für ihre konkurrenzschwachen Mitglieder kaum überwindbar ist. Jedes noch so kleine Restbiotop kann die Isolation vermindern, was die Vorkommen typischer Arten auch auf diesen kleinen Parzellen beweisen.

Pflanzenarten-Ausstattung

Im Jahr 2004 blühten auf den als Naturdenkmalen ausgewiesenen Flächen beinahe regelmäßig nach der Bundesartenschutzverordnung geschützte Pflanzenarten. Hierunter waren auch Orchideen, die selbst auf großflächigen Halbtrockenrasen kaum noch vorkommen, wie das Helmknabenkraut (*Orchis militaris*) im ND Offenberg bei Hofgeismar. Im ND Schlüsselgrund bei Breuna traten neben zwei heimischen Enzianen infolge konsequent durchgeführter Pflegemaßnahmen mit der Mückenhändelwurz (*Gymnadenia conopsea*) und der Fliegenragwurz (*Ophrys insectifera*) nicht nur ehemalige Arten erneut wieder auf, sondern das Dreizähnige Knabenkraut (*Orchis tridentata*) beweist dort, dass sich sogar Lebenschancen für neue Spezies eröffnen.

Heuschrecken

Zu den typischen Bewohnern warm-trockener Sommerlebensräume zählen auch die Heuschrecken, die häufig zu Unrecht als Schädlinge beurteilt werden. Denn Wanderheuschreckenschwärme gehören in Mitteleuropa längst der Vergangenheit an und die meisten der heute anzutreffenden Arten sind Grasfresser oder Gemischtköstler, die neben Pflanzen ein breites Spektrum weichhäutiger Insekten vertilgen.

Bekannte Arten wie das Grüne Heupferd (*Tettigonia viridissima*) leben sogar überwiegend räuberisch und sind daher als Nützlinge anzusehen.

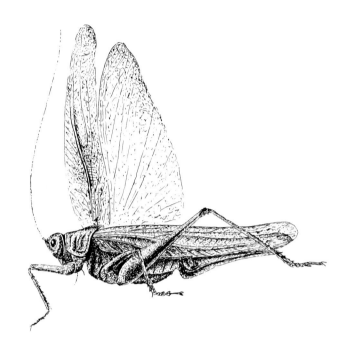

Bekannt sind die Heuschrecken für die große Vielfalt ihrer Lautäußerungen. Wie die Vögel können auch diese Tiere anhand ihrer arttypischen „Gesänge" von Fachleuten bestimmt werden, ohne sie hierzu fangen zu müssen. Zur Lauterzeugung werden bei manchen systematischen Gruppen die Vorderflügel gegeneinander gerieben, die Feldheuschrecken streichen mit den Hinterschenkeln über die Flügel, andere knirschen mit ihren Kauwerkzeugen oder bringen schnarrende Fluggeräusche hervor. Oft singen auch die Weibchen, die so ihre Paarungsbereitschaft verkünden. Die Hauptfunktionen der Lautäußerungen stimmen mit denen der Vögel überein, indem auf diese Weise Reviere markiert und Weibchen angelockt werden.

Weil der Verbreitungsschwerpunkt unserer Heuschrecken hauptsächlich im wärmeren Mittelmeerraum liegt, sind oft die Kleinklimabedingungen, besonders die Temperaturverhältnisse in einem Gebiet für die Artenausstattung maßgeblich. In höheren Lagen hängt das Vorkommen häufig von der Ausrichtung und Hangneigung einer Fläche ab. Während steile Sonnenhänge dicht besiedelt sein können, fehlen Heuschrecken auf benachbarten Ost- und Nordhän-

Auf fast allen flächenhaften Naturdenkmalen im Landkreis Kassel ließ sich unsere häufigste Heuschrecke, der Gemeine Grashüpfer (*Chorthippus parallelus*) nachweisen.

Der Heidegrashüpfer (*Stenobothrus lineatus*) steht auf der Vorwarnliste der zurückgehenden Tierarten in Hessen.

Ein naher Verwandter des Grünen Heupferds (*Tettigonia viridissima*) ist die Zwitscherschrecke (*Tettigonia cantans*).

gen. Neben Allerweltsarten, die so genannt werden, weil sie mit recht unterschiedlichen Lebensbedingungen zurecht kommen, existieren auch bei den Heuschrecken eine Reihe von Spezialisten, deren Vorkommen auf ganz bestimmte Umweltqualitäten hinweist. Solange sich diese nicht verändern, wird man die Tiere alljährlich an den gleichen Orten antreffen. Dagegen signalisiert ihre Abwesenheit die Veränderung einer wesentlichen Umweltbedingung.

Obwohl Heuschrecken auch Biotope wie Wälder, Moore und Wildflusslandschaften besiedeln, stellen Magerrasen wichtige Lebensräume dar, weil die sonnenbeschienenen kurzrasigen Hänge die notwendige Wärme und ein reichhaltiges pflanzliches und tierisches Nahrungsangebot gleichermaßen bieten. Die Erfahrung zeigt, dass homogene Standorte oft nur wenige Arten mit hohen Individuenzahlen beherbergen, während auf vielfältiger strukturierten mehr Spezies günstige Lebensvoraussetzungen finden. Offenbodenbesiedler benötigen stets einen hochwirksamen Verdunstungsschutz, um die auf solchen Flächen herrschenden gewaltigen Temperaturschwankungen binnen kleiner Zeiträume von bis zu über fünfzig Grad ertragen zu können. Weniger Probleme hiermit haben Spezies, die sich entlang der Ränder krautiger Vegetation aufhalten. Dort können sie sich auf kurzrasigen Bereichen am Morgen aufwärmen und den Temperaturpuffer der höheren Vegetation während der Nacht nutzen.

Ähnlich wie bei den Pflanzen kann man auch bei den Heuschrecken Wiesen- und Weidearten unterscheiden. Während die bei der Nutzungsaufgabe eines Magerrasens zunächst eintretende Verfilzung der Krautschicht von bestimmten Spezies noch ertragen werden kann, verschwinden sie oft bei der einsetzenden Verbuschung.

Nur von Störchen weiß man, dass sie neben Amphibien bevorzugt Heuschrecken fressen. Ansonsten dienen sie sehr verschiedenartigen Beutegreifern als willkommene Beikost. Auf den Magerrasen werden sie vor allem vom Neuntöter, Greifvögeln und Reptilien verfolgt.

Hervorragend getarnt ist die Langfühler-Dornschrecke (*Tetrix tenuicornis*), die meist trockene Lebensräume mit offenen, vegetationsarmen Bodenstellen bevorzugt.

Roesels Beißschrecke (*Metrioptera roeselii*) kommt auf mehreren als Naturdenkmal ausgewiesenen Magerrasen, wie dem Offenberg bei Carlsdorf und der Hünschen Burg bei Hofgeismar, vor.

Kalkige Magerrasenfläche der Hünschen Burg bei Hofgeismar

Bei einer in 2004 durchgeführten Bestandserhebung der Heuschreckenarten auf den Naturdenkmal-Flächen konnten mit fünfzehn Arten knapp ein Drittel der in Hessen bekannten Vertreter dieser Insekten gefunden werden. Sämtliche Magerrasen erwiesen sich dabei als besiedelt, wobei die durchschnittliche Artenzahl trotz des ungünstigen Sommers fünf betrug. Mit dem Gemeinen Grashüpfer (*Chorthippus parallelus*), Roesels Beißschrecke (*Metrioptera roeseli*) und der Gewöhnlichen Strauchschrecke (*Pholidoptera griseoaptera*), die auf beinahe allen Hutungen lebten, herrschen weit verbreitete und eher anspruchslosere Spezies vor. Aber auch drei seltenere Spezialisten, die in der hessischen Roten Liste als gefährdet bezeichnet werden, lebten auf flächenhaften Naturdenkmalen. Entlang

Magerrasenfläche Hollenberg bei Meimbressen

der Grenzflächen zwischen der Feuchtwiese Hinter´m Eichenbeutel bei Rhöda und angrenzenden, als Grünland genutzten Parzellen gelang mit dem Aufspüren des auf sumpfige Lebensräume angewiesenen Sumpfgrashüpfers (*Chorthippus montanus*) der Nachweis einer bundesweit gefährdeten Heuschrecke.

Herausragende Heuschreckengebiete mit jeweils acht bis zehn Spezies stellen die Naturdenkmale Hollenberg bei Meimbressen, Offenberg bei Carlsdorf, Hünsche Burg bei Hofgeismar sowie die Hümmer Hute dar. Die selbst in diesen gegenwärtig günstigen Biotopen zu beobachtenden Verbuschungstendenzen bedrohen allerdings ihre Existenzbedingungen.

Nutzung fortsetzen

Unabdingbare Voraussetzung für die Erhaltung der Lebensraumfunktionen für alle typischen Mitglieder der Lebensgemeinschaft „Magerrasen" ist also auch auf den Naturdenkmal-Flächen eine Fortführung der traditionellen Weidenutzung. Unterbleibt der Fraßdruck und werden auch keine sonstigen Pflegemaßnahmen zur Offenhaltung durchgeführt, verbrachen die Parzellen binnen weniger Jahrzehnte und verlieren ihre charakteristischen Arten.

Die Mehrzahl der Naturdenkmal-Magerrasen im Landkreis Kassel befinden sich über Muschelkalk, etliche allerdings auch auf Basaltböden. Während die Naturschutzgebiete mit ihrer hohen Dominanz der Kalkmagerrasen die Hauptverbreitung der traditionellen Hutungen widerspiegelt, repräsentieren die basaltgeprägten Naturdenkmale die vergleichsweise noch selteneren Lebensräume. Hierin liegt gleichermaßen ihre besondere Bedeutung und die Verpflichtung zu ihrer Bewahrung.

Feuchtgebiete

Warum werden Menschen von Ufern geradezu magisch angezogen? Dort, wo sich die Elemente Wasser, Erde und Luft begegnen, herrschen meist vielfältige Bedingungen, die von unserer üblichen Alltagsumgebung abweichen. Das Funkeln des sonnenbeschienenen Wassers im Gegenlicht, ungewöhnliche, oft schwierig zu ortende Tierlaute, ein im Wind wogender üppiger Schilfgürtel, die in seichten Zonen bisweilen möglichen flüchtigen Einblicke in die geheimnisvolle Unterwasserwelt, all dies regt unsere Sinne in besonderer Weise an und weckt Ahnungen von dem schier unentwirrbaren Beziehungsgeflecht zwischen den sehr verschiedenartigen Lebewesen, die in einem vom Wasser geprägten und sich dynamisch verändernden Lebensraum eine Gemeinschaft bilden. Daher ist es wohl kein Zufall, dass der eigentlich für alle Lebensräume geltende Begriff „Biotop" von vielen Menschen ausschließlich im Zusammenhang mit Feuchtgebieten verwendet wird.

Seltene Lebensräume

Für den überwiegend bergigen Landkreis Kassel waren ausgedehnte und auffällige Feuchtgebiete in geschichtlicher Zeit wohl nie so kennzeichnend, wie dies für Gegenden mit ehemaliger Inlandsvergletscherung sowie Becken- und ausgedehnte Auenlandschaften zutrifft. Lediglich entlang der größeren Fließgewässer Diemel, Fulda und Weser entstanden sie ursprünglich in größerer Anzahl infolge der periodischen Hochwässer. Die seit vielen Jahrhunderten effizient betriebenen Zähmungsmaßnahmen in Verbindung mit dem Nutzungsdruck auf den natürlicherweise fruchtbaren Auenböden führte allerdings selbst in der Nähe dieser Flüsse dazu, dass hier begleitende Stillgewässer zur Seltenheit wurden. Die systematische Entwässerung beschränkte sich jedoch keineswegs allein auf die größeren Fließgewässer. Auch in der Nähe der meisten kleinen Bäche, die die Tallagen vielerorts prägen, liegen zum Fließgewässer hin entwässernde Drainagerohre im Boden, die eine Befahrung der Grünländer und häufig auch Äcker beinahe jederzeit ermöglichen. Hier waren auch vor der Intensivnutzung sicher kaum dauerhaft offene Wasserflächen vorhanden, wohl aber zeitweilig wassergefüllte Dellen und häufig sumpfige Lebensräume, die von zahlreichen heute stark zurückgedrängten Tier- und Pflanzenarten besiedelt wurden.

Die im Landkreis Kassel als Naturdenkmale deklarierten, sehr unterschiedlichen Feuchtgebiete reichen von einem Quellbereich über Feuchtbrachen, Fließgewässer-Abschnitten, ehemaligen Fisch- und Feuerlöschteichen bis hin zu einem Diemel-Altarm sowie dem natürlich entstandenen See des Naturdenkmals Nasser Wolkenbruch.

Quellen, Fließgewässer, Stillgewässer

Stillgewässer charakterisiert man hinsichtlich ihrer Entstehungsgeschichte, Größe, Tiefe, dem Nährstoffgehalt und der Art ihrer Wasserführung. Dagegen stellen Quellen ökologische und geologische Besonderheiten dar. Ihre Lebensräume zeichnen sich nicht nur durch das sauerstoff- und nährstoffarme, gleichbleibend kalte Wasser aus, sondern neigen auch infolge vergleichsweise geringer Lufttemperaturen im Sommer in Verbindung mit ständig hoher Luftfeuchte zu häufiger Nebelbildung. In Wäldern entstehen in Quellennähe durch dauerhaft hohe Grundwasserstände bedingte „Bruchwälder", in denen natürlicherweise Schwarzerlen vorherrschen. Quellen werden eher von wenigen, an die außergewöhnlichen Bedingungen angepassten Spezialisten bewohnt. Hierzu gehören neben Quellschnecken und Muscheln vor allem Wasserkäfer- und Libellenarten sowie Köcher- und Eintagsfliegen. Auch die an ihren Kiemenanhängen gut erkennbaren Larvenstadien des Feuersalamanders kann man hier entdecken.

Die Flachsröste in der Gemarkung Oberelsungen mit ihren Seerosenbeständen (*Nymphaea alba*).

Pestwurzflur im Feuchtgebiet Hinterm Eichenbeutel

Das Feuchtgebiet Rinderplatz östlich der Ortslage Dörnhagen

Die Calder Wiese ist mit ihrer Artenausstattung sowohl der Tier- als auch der Pflanzenwelt das bedeutendste als Naturdenkmal ausgewiesene Feuchtgebiet im Landkreis Kassel.

Die Sumpf-Stendelwurz (*Epipactis palustris*) gehört zu den Orchideen und gilt als ausgesprochen selten.

Aspekt der Calder Wiese mit Bestand der Kuckucks-Lichtnelke (*Lychnis flos cuculi*)

Im Bereich naturnaher Quellen bilden sich auf dem sumpfigen Untergrund charakteristische Pflanzengesellschaften aus, wofür das nahe des Flughafens gelegene Naturdenkmal Calder Wiese ein eindrucksvolles Beispiel darstellt. Die im Jahr 2004 auf dieser Fläche neben dem Teufelsabbiß (*Succisa pratensis*) und Sumpfherzblatt (*Parnassia palustris*) blühenden ca. 150 Exemplare der stark gefährdeten Sumpf-Stendelwurz (*Epipactis palustris*) und die etwa 100 Breitblättrigen Knabenkräuter (*Dactylorhiza majalis*) bezeugen die Schutzwürdigkeit des Gebietes.

Während Tümpel und Weiher natürliche Stillgewässer unterschiedlicher Größe darstellen, unterliegen Teiche einer Nutzung als Fischzuchtanlagen oder

Feuchtgebiet Weißer Born südöstlich des Bodenbergs in der Gemarkung Westuffeln

Löschwasser-Reservoire. Natürlich entstandene Stillgewässer sind zunächst nährstoffarme Lebensräume, die sich aber im Laufe der Zeit infolge des Pflanzenwachstums und der damit verbundenen Anreicherung von organischer Substanz zu nährstoffreichen Biotopen entwickeln, wodurch Verlandungsvorgänge entstehen.

In Fließgewässern bilden angelandete vermehrungsfähige Pflanzenteile oft den Ausgangspunkt für deren Uferbewuchs. Als eindrucksvolles Beispiel hierfür sind die während der vergangenen Jahrzehnte entstandenen ausgedehnten Bestände des Indischen Springkrautes (*Impatiens glandulifera*), eines Gartenflüchtlings mit schwimmfähigen Samen, zu nennen. Im Gegensatz dazu müssen die Wasserpflanzen isoliert liegender Stillgewässer unter natürlichen Bedingungen vornehmlich über wassergebundene Vögel eingetragen werden. Da diese über große Entfernungen fliegen, ist das Erscheinungsbild der Stillgewässer in ganz Europa überraschend einheitlich.

Pflanzen der Feuchtgebiete

Welche Pflanzen am Gewässergrund und am Ufer vorherrschen, hängt oft von Zufällen bei der Erstbesiedlung ab. Im Vorteil sind dabei Arten, die sich weniger über Samen, sondern vorwiegend über die Bildung von Ausläufern vermehren. Hierzu zählen Schilfrohr, Rohrkolben, Rohrglanzgras, Binsen und Seggen. Von diesen grasartigen Pflanzen erreichen diejenigen die Vorherrschaft, die an die spezifischen Lebensbedingungen eines Ufers am besten angepasst sind. Bei den meisten Röhrichtpflanzen sterben die Blätter ab, sobald sie länger überflutet werden. Ausgesprochene Sumpfpflanzen, zu denen einige Seggen gehören, vertragen Überflutungen und auch längeres Trockenfallen gleichermaßen im Gegensatz zu den freischwimmenden und im Boden wurzelnden eigentlichen Wasserpflanzen. Dass uns naturnahe Ufer als mehr oder weniger gegliederte Gürtel erscheinen, liegt am unterschiedlichen Vermögen der Feuchtgebietspflanzen, auch tiefere Bereiche zu besiedeln.

Hierbei muss die außerordentliche Lebenskraft von Schilf (*Phragmites australis*) herausgestellt werden. Sobald die Pflanze Fuß gefasst hat, dringt sie über Ausläufer bis in Tiefen von 2 m vor. Da sie rasch dichte Bestände von bis zu 3,5 m über der Wasserlinie bildet, verdrängt sie über den Beschattungseffekt mögliche Konkurrenten. Lediglich die beiden heimischen Rohrkolbenarten können in gelegentlich trocken fallenden Flachwasserzonen mithalten. Vom Schilf wissen wir, dass seine jährliche Produktionskraft an die landwirtschaftlicher Kulturen heranreicht. Aufgrund der hohen Verdunstungsleistung kann die Pflanze erfolgreich zur biologischen Klärung von Abwässern eingesetzt werden.

Kleinere Stillgewässer, die keiner Hochwasserdynamik ausgesetzt sind, neigen infolge der alljährlich im Herbst absterbenden großen Pflanzenmassen dazu, ihre offenen Wasserflächen rasch einzubüßen. Weil hiermit ein Lebensraumverlust für alle Tiere verbunden ist, die größere Wasserkörper und offene, besonnte Oberflächen benötigen, sind oft der Verlandung entgegenwirkende Pflegemaßnahmen im Winter geboten. Die Bedeckung eines Gewässers mit Wasserlinsen ist übrigens ein untrügliches Anzeichen für eine übermäßige Nährstoffausstattung, wodurch die Verlandung beschleunigt wird.

Tiere der Feuchtgebiete

Aus der großen Anzahl an Wasser gebundener Tiere wollen wir durch einen kurzen Blick auf die Situation und Lebensbedürfnisse unserer heimischen Lurche und Libellen exemplarisch aufzeigen, dass auch die Erhaltung eines Netzes sehr kleiner Stillgewässer, wie sie die als Feuchtgebiete ausgewiesenen Naturdenkmale darstellen, in seiner Bedeutung nicht unterschätzt werden sollte.

Selbst kurzlebige Tümpel können als Lebensräume für eine Spezialistengemeinschaft wirbelloser Kleinlebewesen dienen. Diese vollziehen dort sehr rasch ihren Lebenszyklus, bevor sie in trockenresistenten Dauerstadien auf eine neue Chance warten. Auch manchen Amphibienarten genügt zu ihrer erfolgreichen Vermehrung lediglich eine längere Zeit von Regen gefüllte Wagenspur oder eine durch tonreichen Untergrund entstandene Pfütze in einem Steinbruchgelände. Weitgehend unbekannte Arten wie die Kreuzkröte und die Gelbbauchunke sind auf solche wegen ihres fehlenden Pflanzenbewuchses, ihrer Trübheit und ihres warmen, sauerstoffarmen Wassers bisweilen bedeutungslos erscheinende Tümpel sogar zwingend angewiesen.

Amphibien

Im Landkreis Kassel sind allenfalls ein Dutzend Amphibienarten beheimatet. Weil der Großteil ehemaliger Kleingewässer in den letzten Jahrzehnten durch Verfüllung und Entwässerung verschwand, verringerten sich die Bestände dramatisch. Hierzu hat auch die Verwendung und Umgestaltung vieler Feuchtbereiche als Fischzuchtanlagen wesentlich beigetragen. Neben diesen regionalen Beeinträchtigungen werden von Fachleuten zusätzlich globale Ursachen über den auch weltweit zu beobachteten Rückgang diskutiert.

Neben dem Feuersalamander und vier Molcharten, die als „Schwanzlurche" zusammengefasst werden, leben in Nordhessen noch eine Reihe von „Froschlurchen", von denen lediglich die Erdkröte, der Grasfrosch und die wegen systematischer Unklarheiten zu einem „Grünfroschkomplex" zusammengefassten grünen Frösche als nicht gefährdet eingestuft werden. Allerdings trifft man selbst diese Spezies keineswegs mehr regelmäßig an. Froschkonzerte sind im Landkreis Kassel zur Seltenheit geworden und es bedarf schon großer Geländekenntnis, um Kindern einen grünen Frosch zeigen zu können. Eine Geburtshelferkröte wird man bereits aufgrund ihrer versteckten Lebensweise so gut wie nie zu Gesicht bekommen. Wer sich allerdings in der Dämmerung zielgerichtet auf die Suche begibt, kann feststellen, dass diese für ihre ungewöhnliche Brutpflege bekannten Lurche, bei der die Männchen die Laichschnüre wochenlang um die Hinterbeine gewickelt mit sich herumtragen, viel weiter verbreitet sind, als man dies vermutet. Allerdings hört man den charakteristischen, märchenhaften Glockenklang stets nur aus wenigen Kehlen, denn die Populationen sind sehr klein und voneinander isoliert.

Alle Frosch-, Kröten- und Unkenarten rufen auf kaum verwechselbare Weise, die einen auffällig laut,

Bergmolch (*Triturus alpestris*),

Teichmolch (*Triturus vulgaris*),

Erdkröte (*Bufo bufo*)

und Grasfrosch (*Rana temporaria*).

andere sehr leise. Mit Hilfe von Tonträgern lassen sich die stark unterschiedlichen Laute rascher als bei Vögeln auch ohne zusätzliche Hilfe erlernen, um rufende Tiere sicher identifizieren zu können. Dies kann ein erster Schritt sein, um den immer noch verbreiteten negativen Vorurteilen zu begegnen.

Ohne geeignete Gewässer können sich Amphibien nicht fortpflanzen. Die relativ häufige Verbreitung von Grasfrosch und Erdkröte hängt vor allem mit den eher unspezifischen Ansprüchen dieser Arten an die Laichgewässer zusammen. Alle übrigen Froschlurche sind auf die besondere Ausprägung folgender Bedingungen angewiesen: Besonnung, Struktur im und auf dem Wasser, Schlafwarten über dem Wasser, Verstecke unter dem Wasser sowie die Gewässergröße.

Wie sich in der griechischen Bezeichnung Amphibien (die Beidlebigen) bereits andeutet, bilden für die gesamte Tierklasse nicht nur intakte Laichgewässer eine unabdingbare Vorraussetzung, sondern ebenso ihren Anforderungen entsprechende benachbarte Landbiotope. Denn während die Larvenentwicklung aller Spezies im Wasser stattfindet, verbringen mit Ausnahme von Kammmolchen und Grünfröschen alle übrigen Lurche den Großteil des Jahres vorwiegend in Landlebensräumen. Ein erwachsenes Feuersalamander-Weibchen findet man nur an dem Tag in einem Gewässer, an dem es die schlüpfenden Jungtiere entlässt. Die artspezifische Ausprägung der trockenen Sommerhabitate, in denen die Tiere in Aktionsräumen von unter 50 m Durchmesser leben und teilweise auch überwintern, ist also von gleichrangiger Wichtigkeit.

Um die Distanzen zwischen Winterquartier, Laichgewässer und Sommerlebensraum zu überwinden, müssen sich die Amphibien regelmäßig auf Wanderschaft begeben. Die nächtlichen Wanderungen sind vor allem deshalb allgemein bekannt, weil dabei allzu oft Straßen überwunden werden müssen, wobei zahlreiche Tiere überfahren werden. Auf solche Barrieren können die Tiere kaum reagieren, weil die Einhaltung der traditionellen Routen offensichtlich unveränderbare Verhaltensmuster darstellen. Größere Umwege kommen auch deshalb nicht in Frage, weil die Aktionsradien aller Arten sehr beschränkt sind. Nach bisherigen Beobachtungen können Erdkröten keine größeren Entfernungen als 2.200 m zurücklegen, die übrigen Froschlurche und Molche hängen gar vom Verbund ihrer Teillebensräume innerhalb einiger hundert Meter ab.

Die Trockenlegung ehemals feuchter Flächen und die naturgegebene Begrenztheit der Reaktionsmuster unserer heimischen Amphibien auf diese veränderten Umweltbedingungen verschärfen die Isolationsprobleme noch vorhandener Bestände. So ist es kaum möglich, Grün- oder Laubfrösche in einem geeignet erscheinenden Stillgewässer anzusiedeln, wenn sich in der näheren Umgebung keine weiteren von diesen Arten besiedelte Lebensräume befinden.

Amphibien-Vorkommen

Das Naturdenkmal Dreiangel in der Gemeinde Niedervellmar ist hierfür ein Beispiel. Seine inselartige Lage in Verbindung mit dem Fehlen benachbarter Sommerlebensräume schließt dauerhafte Amphibienvorkommen aus. Die durch ehemalige militärische Nutzung entstandenen flachen und beschatteten Tümpel sind von intensiv genutzten Agrarflächen umgeben und in der Nähe existieren keine weiteren Feuchtgebiete, von denen aus eine Wiederbesiedlung der in heißen Sommern trockenfallenden Biotope erfolgen könnte.

Alle übrigen als Naturdenkmal deklarierten Feuchtgebiete erwiesen sich in 2004 als von Amphibien besiedelt. Dabei wurden alle vier heimischen Molcharten, der Feuersalamander sowie Grasfrösche, Grünfrösche und Erdkröten angetroffen. Die festgestellten Häufigkeiten spiegeln die speziellen Lebensansprüche der Lurche an die Laichgewässer und Jahreslebensräume wider. Weil der Bergmolch in beinahe jedem Gewässertyp ablaicht und als Sommerlebensraum mit einem ähnlich breiten Spektrum nicht zu trockener Biotope auskommt, konnte er in neun Naturdenkmalen beobachtet werden. Teich- und Fadenmolche waren seltener vertreten, was auch den überregionalen Verhältnissen entspricht. Im Gewässer des Erdfalls Nasser Wolkenbruch bei Trendelburg gelang der Nachweis des stark bedrohten Kammmolches, der größere stehende Gewässer mit ausgeprägter Unterwasservegetation besiedelt, in denen er sich über die Sommermonate aufhält. Die Seltenheit der Feuersalamander-Beobachtungen ist vornehmlich auf die nachtaktive Lebensweise dieser Tiere zurückzuführen. Denn in den feuchteren Laubwäldern des Landkreises Kassel ist die Art zahlreich vertreten, vor allem wenn kleine Fließgewässer zur Entwicklung der Larven existieren. Erdkröten und Grasfrösche nutzen die Naturdenkmale am häufigsten von allen Froschlurchen zur Vermehrung. Auch dies kann mit den geringen Ansprüchen an die Laichhabitate begründet werden. Weil die bitter schmeckenden Kaulquappen der Erdkröten von Fischen verschmäht werden, erweisen sich auch bewirtschaftete Teiche wie der Kampteich bei Immenhausen oder der Teich in Klein Calden als von ihnen besiedelt. Die Larven der Erdkröten können übrigens leicht daran erkannt werden, dass sie vorwiegend in Schwärmen umherschwimmen.

Kopfweiden an der Nebelbeeke am Naturdenkmal Hollenberg

Obwohl auch die grünen Frösche bisweilen in Fischteichen angetroffen werden können, waren sie 2004 lediglich in vier Naturdenkmalen heimisch. Die tagaktive Art ist kaum zu übersehen, weil die beim Sonnen gestörten Tiere mit großen Sätzen vom Ufer ins Wasser springen. Außerdem veranstalten grüne Frösche das allseits bekannte und unüberhörbare typische Konzert. Trotz der gewaltigen Eiproduktion eines Paares müssen grüne Frösche im Landkreis Kassel inzwischen als hochgradig gefährdet eingestuft werden. Das mag vorrangig an den speziellen Gewässer-Ansprüchen liegen: Sonnplätze scheinen unabdingbar, wozu eine üppige, möglichst waagerecht ausgerichtete Vegetationsstruktur (Seerosen) beiträgt. Die klares Wasser führenden Feuchtgebiete sollten nicht zu klein und möglichst von offener Landschaft umgeben sein. Kartierungen zeigten außerdem, dass grüne Frösche nur in Ausnahmefällen in Höhenlagen von über 400 m leben. Die geschilderten Habitatansprüche reichen jedoch allein nicht aus, um die vermutlich noch komplexeren Ursachen für das Seltenwerden grüner Frösche zu erklären.

Die in Nordhessen vorkommenden Arten Gelbbauchunke, Kreuzkröte und Laubfrosch konnten 2004 in keinem Naturdenkmal im Landkreis Kassel nachgewiesen werden. Es verwundert, dass die Geburtshelferkröte allein im Naturdenkmal Sandsteinbruch Wolfhager Stadtwald angetroffen wurde. Denn in der Nähe vieler anderer Feuchtflächen sind die wundersamen Rufe des „Glockenfrosches" nachts regelmäßig zu hören. Die bei uns an ihrer nördlichen Verbreitungsgrenze lebenden Gelbbauchunken und auch die Kreuzkröten benötigen dynamische, vegetationsarme und besonnte Lebensräume, wie sie Kleingewässer im Bereich von Abbauflächen darstellen. Weder die größeren offenen Gewässer, noch die kleineren von üppiger Vegetation bewachsenen Feuchtflächen kommen für diese Lurche als Lebensräume in Frage. Vom hochgradig bedrohten Laubfrosch wissen wir, dass er sonnenexponierte Feuchtflächen mit Sitzwarten in insektenreichen offenen Landschaften bevorzugt. Sein völliges Verschwinden zu verhindern, bedarf großer Anstrengungen.

Bei den Feuchtgebieten im Landkreis Kassel, die 2004 allesamt eine gute bis sehr gute Wasserqualität aufwiesen, ragen zwei Naturdenkmale bezüglich ihrer Amphibienarten-Vielfalt deutlich heraus: Im Gebiet Hollenberg nahe Meimbressen kamen mit Ausnahme des Kammmolches alle Amphibien gemeinsam vor, die andernorts teilweise einzeln angetroffen wurden. Dies ist auf die Standortvielfalt des mosaikartig aus sehr verschiedenartigen Kleinlebensräumen zusammengesetzten Naturdenkmals zurückzuführen. Am Rinderplatz bei Dörnhagen, einem von einem Fließgewässer gespeisten, naturnah erscheinenden Fischteich, der gewässernahe Gehölzbestände, Röhrichte, verlandende Flachwasserzonen sowie eine Seerosenbedeckung gleichermaßen aufweist, konnten ebenso viele Arten gefunden werden, obwohl der Besucherdruck durch die nahegelegene Siedlung offensichtlich ist.

Während der Paarung bilden Libellen eine herzförmige Figur, das Paarungsrad.

Libellen

Mit einem abschließenden Blick auf die Libellen soll die Bedeutung der Feuchtgebiete für die große Zahl wirbelloser Tiere unterstrichen werden. Wir kennen sie meist als für uns harmlose, rasante Kunstflieger, die in Gewässernähe jagen oder farbenfrohe Paarungs-Tandems bilden. Wer kann sich der Faszination des fast geräuschlosen Großlibellen-Fluges entziehen? In drei Sekunden auf 15 km/h, können sie Spitzengeschwindigkeiten von 40 km/h erreichen, übergangslos abbremsen, in der Luft stehen bleiben, senkrecht aufsteigen, segeln und – einzigartig im Insektenreich – rückwärts fliegen. Ermöglicht wird diese Leistung durch vier unabhängig voneinander bewegliche Flügel, die an mächtigen Muskelpaketen sitzen und das Tragen des zwei- bis dreifachen Körpergewichts erlauben.

Libellen sind Ansitz- oder Flugjäger. Mit ihren großen, ein grob gerastertes Bild erzeugenden Komplexaugen orten sie noch Beute von einem Millimeter Größe. Weil sie 175 Bilder pro Sekunde separat wahrnehmen können (Mensch: 20 Bilder/s.), bleiben den Verfolgten nur begrenzte Ausweichmöglichkeiten. Während die Kleinlibellen meist innerhalb höherer Pflanzenbestände jagen, wo sie häufig sitzende Beute wie Blattläuse oder Spinnen „abpflücken", streifen die Flugjäger auch weit abseits der Gewässer umher, um Kleininsekten mit ihren Beinen zu ergreifen. Ansitzjäger kehren nach erfolgreichem Jagdflug meist auf ihre Warten zum Fressen zurück.

Lebenszyklus und notwendige Umweltbedingungen

Tümpel-Aquarianer wissen, dass die Libellen vor ihrer eine Woche bis wenige Monate währenden Flugphase einige Monate bis Jahre als Larven im Gewässer verbringen, wo sie sich immer wieder häuten müssen, um wachsen zu können. Die Larven gehen hervor von ins Wasser oder auf Pflanzen abgelegten Eiern, die sich als sehr widerstandsfähig gegenüber widrigen Umweltbedingungen erweisen. Selbst monatelanges Einfrieren kann ihnen nichts anhaben.

Auch die Larven selbst vermögen teilweise wochenlangen Frost zu überstehen, weil sie gefrierpunktsenkende biologische Frostschutzmittel bilden. Allerdings beruht die Einteilung der Libellen in Generalisten und Spezialisten besonders auf den unterschiedlichen Ansprüchen der Larven an die physikalische, chemische und biologische Ausstattung ihrer Gewässer. Dabei sind die Fließgeschwindigkeit, Gewässertiefe, Struktur des Gewässerbodens, Temperatur und Pflanzenbewuchs wichtige Kenngrößen. Sehr sauberes, sauerstoffreiches Wasser ist für Fließgewässer-Arten der Oberläufe unabdingbar, manche Spezies können ohne Kiesbett nicht existieren. Die Grüne Mosaikjungfer (*Aeshna viridis*) benötigt zur Eiablage und zum Schlüpfen der Fluginsekten nahe der Wasseroberfläche schwebende Krebsscheren (*Stratiotes*

Die Männchen der Hufeisenazurjungfer (*Coenagrion puella*) weisen leuchtend blaue Farben auf.

Die Weibchen erscheinen dagegen in Braun- und Grüntönen.

Die zu den Kleinlibellen gehörende Frühe Adonislibelle (*Pyrrhosoma nymphula*) lebt an langsam fließenden und stehenden Gewässern.

aloides), selten gewordene, über humosen Schlammböden von Stillgewässern vorkommende Wasserpflanzen.

Schon in der Larvenphase leben Libellen räuberisch und spüren mit ihren bereits auffällig großen Augen Würmer, Kleinkrebse und andere Wassertiere auf. Selbst Kleinfische und auch Artgenossen können ihnen zum Opfer fallen.

Während sich die Kleinlibellenlarven auch mit Hilfe von drei am Hinterleib angebrachten Ruderblättchen vorwärts bewegen können, benutzen Großlibellen beim Angriff oder beim Entkommen neben ihren Beinen einen „Raketenantrieb", wobei in den Enddarm aufgenommenes Wasser ruckartig ausgepresst wird.

Für die Abhängigkeit der Larvenentwicklung von den jeweiligen Umweltbedingungen existieren interessante Beobachtungen. Sie verzögert sich, wenn zahlreiche Fressfeinde im Gewässer besondere Vorsichtsmaßnahmen erfordern. Dagegen verläuft sie beschleunigt bei Austrocknungsgefahr. Die Larven einiger Arten können auch an Land gehen, wo sie sogar beim Fressen gesehen wurden. Ihr Nahrungsbedarf scheint riesig zu sein, weniger bekannt ist ihre Fähigkeit des monatelangen Hungerns.

Trocknet ein Feuchtgebiet aus, bedeutet das also keineswegs zwangsläufig den Tod aller Libellen. Die Larven des Plattbauchs (*Libellula depressa*) und andere überlebten in solchen Fällen mehrere Wochen unter Steinen und in feuchter Vegetation. Andere Arten flüchten in benachbarte Gewässer oder fallen in eine Trockenstarre.

Vor ihrer Verwandlung zum Fluginsekt klettern die Larven vieler Spezies an Pflanzen nur knapp über die Wasseroberfläche hinaus. Vom Schlüpfvorgang, der 30 bis 150 Minuten dauern kann, zeugt die zurückbleibende letzte Larvenhaut. Weil die Tiere während dieser Zeit völlig hilflos und daher fressgefährdet sind, verlassen sie das Wasser häufig bereits in lauen Som-

Zwei Arten der Großlibellen sind Vierfleck (*Libellula quadrimaculata*), oben und Plattbauch (*Libellula depressa*), unten deren Larven mehrere Wochen unter Steinen und feuchter Vegetation überdauern können. Dies ist eine der Überlebensstrategien bei zeitweiliger Austrocknung eines Feuchtgebietes.

Frisch geschlüpfte Blaugrüne Mosaikjungfer (*Aeshna cyanea*) – die Farben sind noch blass, die Flügel leicht zerknittert.

mernächten, um am sonnigen Morgen bald zu ihrem Jungfernflug starten zu können. Kühle Witterung und besonders starke Regenschauer in dieser Phase führen dagegen bisweilen zu Massensterben.

Das Feindspektrum der Libellen ist in allen Lebensphasen riesig. Für Forellen und Karpfen bilden die Larven zeitweise die Hauptnahrung. Aber auch zahlreiche am Wasser zu beobachtende Vögel, wie Graureiher, Wasseramsel und Bachstelze bemühen sich, sie zu erbeuten. Während Molche eine eher geringere Gefahr darstellen, müssen Libellenlarven neben Krebsen stets auch vor so kleinen Gewässerbewohnern wie Wasserskorpion, Rückenschwimmer und Gelbrandkäfer auf der Hut sein.

Das zeitliche Zusammenfallen des Schlüpfvorgangs der Fluginsekten mit der Fütterungsperiode der Singvögel hat oft verheerende Konsequenzen, denn Amsel, Buchfink, und Star nehmen für solch fette Beute auch weite Wege in Kauf, worauf häufig ganze Haufen von abgerissenen Libellenflügen in Gewässernähe hindeuten. Die weniger rasanten Kleinlibellen, die ihren Jungfernflug überstanden haben, bleiben zeitlebens in Gefahr, gewandten Luftjägern wie Großlibellen, Schwalben oder Mauerseglern zum Opfer zu fallen. Erwachsene Großlibellen sind ein wenig besser dran, denn wegen ihrer besonderen Flugkünste stellen ihnen mit Neuntöter und Fledermäusen eher weniger Räuber nach. Bei der Eiablage aller Libellen ergeben sich schließlich besondere Chancen für Frösche und Kröten.

Libellen-Vorkommen

Mit 15 Arten lebten im Jahr 2004 in den Naturdenkmal-Feuchtgebieten des Landkreises Kassel lediglich ein Fünftel der in Hessen beheimateten. Der überwiegende Teil hiervon ist den weit verbreiteten Generalisten zuzurechnen. Mit der Blauflügel-Prachtlibelle (*Calopteryx virgo*) und der Glänzenden Binsen-

Der Kampteich bei Immenhausen bildet die größte zusammenhängende Wasserfläche aller im Landkreis als Naturdenkmal ausgewiesenen Feuchtgebiete.

jungfer (*Lestes dryas*) konnten allerdings zwei in Hessen und auf Bundesebene gefährdete Spezies nachgewiesen werden.

Häufigste Arten waren die Blaugrüne Mosaikjungfer (*Aeshna cyanea*) und die Weidenjungfer (*Chalcolestes viridis*). Trotz ihrer Zugehörigkeit zu unterschiedlichen systematischen Gruppen bevorzugen beide gleichermaßen langsam fließende oder Stillgewässer, die von Büschen und Bäumen gesäumt werden. Besonders das Leben der fliegenden Weidenjungfern ist eng an Gehölze gebunden. Auf den glatten Rinden von über das Wasser ragenden Ästen und Zweigen legen sie ihre Eier ab, aus denen die schlüpfenden Larven hinunter fallen.

Mit Ausnahme der im Sommer 2004 trockengefallenen Tümpel in der Sandgrube Tiefenbach bei Wickenrode und denen im zusätzlich stark beschatteten Naturdenkmal Dreiangel bei Frommershausen wurden in jedem anderen Feuchtgebiet durchschnittlich etwa drei Libellenarten angetroffen. Mit fünf Spezies kommt dem Kampteich bei Immenhausen mit seiner ungewöhnlich großen freien Wasserfläche eine gewisse Sonderrolle zu. Seine herausragende Bedeutung als Naturdenkmal kann für die Calder Wiese bei Klein-Calden auch anhand ihrer Libellen-Lebensgemeinschaft aufgezeigt werden. Wie der Teich mit seiner offenen Wasserfläche als Lebensraum für die Becher-Azurjungfer (*Enallagma cyathigerum*) und den Großen Blaupfeil (*Orthetum cancellatum*) dient, profitieren die Glänzende Binsenjungfer (*Lestes dryas*) und die Blutrote Heidelibelle (*Sympetrum sanguineum*) von dem umgebenden nassen Grünland. Bei Verzicht auf die Karpfenzucht und einer damit einhergehenden naturschutzorientierten Förderung der Kleingewässer auf der Fläche wird die Artenzahl von acht in 2004 zukünftig noch übertroffen werden.

Ein Naturdenkmal der besonderen Art stellt der Bestand des Straußfarns (*Matteuccia struthiopteris*) am Gahrenberg südlich der alten Kohlenstraße zwischen Zeche und Kuppe im Reinhardswald dar. Solche flächenhaften Vorkommen dieses vorzugsweise an schattigen Waldstellen lebenden, bis 1,50 m Höhe erreichenden Farns sind heute ausgesprochen selten und bedürfen des strengen Schutzes.

Feldgehölze

Bereits ein flüchtiger Blick auf eine topografische Übersichtskarte des Landkreises Kassel genügt, um die landschaftliche Grobgliederung in drei Nutzungsbereiche zu erkennen: Wir sehen einige größere und zahlreiche kleinere, durch ein engmaschiges Straßennetz verbundene Siedlungen, während besonders die Höhenzüge von ausgedehnten Laubwäldern und auch einigen Nadelholzforsten bedeckt sind. Die dritte großflächige Kategorie stellt die von der landwirtschaftlichen Nutzung geprägte Offenlandschaft dar.

Sie erweist sich meist als strukturarm mit übergangslosen, scharfen Grenzen zu den Siedlungen und Wäldern. Jede Parzelle kann inzwischen ganzjährig auf meist geschotterten oder auch asphaltierten Feldwegen mit schwerem Gerät erreicht werden. Diese Wege werden auch zunehmend von nichtlandwirtschaftlichen Kfz-Verkehr in Anspruch genommen. Die Gesamtfläche schrumpft durch Neubausiedlungen, großzügigen Umgehungsstraßenbau und neue landwirtschaftliche Gebäude außerhalb der Dörfer. Die Agrarfläche wird neuerdings zunehmend von Windrädern und Funkmasten überprägt.

Naturschutzprobleme in der Offenlandschaft

Die Offenlandschaft ist das große Sorgenkind des Naturschutzes. Nicht in den Wäldern und Siedlungen verschwinden uns seit vielen Generationen vertraute Tier- und Pflanzenarten, hier nehmen die Bestände manchmal auch zu und es geschah sogar, dass bereits verloren geglaubte Spezies nach einiger Zeit der Abwesenheit wieder auftraten. Anders in der Agrarlandschaft, wo der Trend ausnahmslos nach unten führt. Denn nicht nur die in den Schulbüchern behandelten Charakterarten der Äcker und des Grünlandes, sondern auch die lange Liste der weithin unbekannten Pflanzen und Tiere, die vor Tausenden Jahren gleichzeitig mit den siedelnden Menschen Einzug in die neu geschaffenen Feldfluren hielten, finden neuerdings offensichtlich keine Existenzbedingungen mehr vor.

Woraus resultieren die seit etwa einem halben Jahrhundert aufgetretenen und sich seitdem ständig verschärfenden Naturschutzprobleme in der Agrarlandschaft? Sie rühren daher, dass die bis zum Ende des 2. Weltkrieges praktizierte „bäuerliche" Wirtschaftsweise, die seit Jahrhunderten günstigen Lebensbedingungen für die in ihrem Gefolge eingewanderten Offenlandarten bot, sich in eine „industrialisierte" verwandelte.

Die konkreten Gründe für die drastischen Artenschutzprobleme stellen wohl meist Kombinationen verschiedener Auswirkungen dieser industrialisierten Landwirtschaft dar. Sie sind weder mit der Intensität der Flächennutzung, noch mit Ruhestörungen verbunden, die früher aufgrund der langen Bearbeitungszeiten eher ausgeprägter waren als heute. Selbst die Ausgeräumtheit der Agrarlandschaft als Hauptursache für den Artenschwund anzuführen, fällt angesichts sehr ähnlicher Landschaftsbilder beispielsweise in Ostpolen mit hohen Hasen- und Rebhuhnbeständen sowie der dort vorzufindenden reichen Wildkrautervegetation schwer. Die eigentlichen Ursachen sind sicher vor allem im Verlust der ehemaligen Boden- und Feldfruchtvielfalt zu suchen und mit den mittlerweile stark vergrößerten Parzellen, der hohen Anbaudichte und besonders mit den Auswirkungen der flächendeckenden Düngung und Fremdstoffausbringung zu begründen. Da die „Unkräuter" als unerwünschte Konkurrenten der Nutzpflanzen inzwischen seit einem halben Jahrhundert ständiger chemischer Bekämpfung ausgesetzt sind, nutzen ihnen mittlerweile auch die langen Keimfähigkeiten ihrer Samen nichts mehr, denn die ehemals gewaltigen Vorräte in den Ackerböden sind mittlerweile größtenteils aufge-

Der Rohrköppel östlich Oberelsungen stellt sich als Feldgehölz auf einem Muschelkalk-Härtling dar.

braucht. Allein das alljährlich früh durchgeführte flächendeckende Pflügen der Stoppelfelder stellt eine sehr effektive Maßnahme zur Eindämmung von Wildkräuter-Aufwuchs in der Feldflur dar. Die gleichermaßen konsequent vollzogene Bekämpfung der eher geringen Zahl von an die Bewirtschaftungsrhythmen angepassten Kleintieren verursachte den Zusammenbruch der ehemaligen Nahrungsketten in der Offenlandschaft.

Bisher durchgeführte Naturschutzprogramme zur Erhaltung der biologischen Vielfalt in der Agrarlandschaft schlugen mehr oder wenig fehl. Auch das Ackerschonstreifen-Konzept, bei dem gegen Entgeld auf die Düngung und Herbizidbehandlung der Parzellenränder verzichtet wurde, konnte die Erwartungen nicht erfüllen, weil rasch zur Problem verursachenden Bewirtschaftungspraxis zurückgekehrt wurde, sobald die Fördergelder aufgebraucht waren oder die Streifen tatsächlich bunter wurden.

Selbst ein in den neunziger Jahren im östlichen Meißner-Vorland mit hohem finanziellen Aufwand umgesetztes Biotop-Verbund-Konzept in der Agrarlandschaft verlief enttäuschend, obwohl die Rahmenbedingungen hierfür als sehr günstig beurteilt werden konnten. Denn trotz der in diesem Gemeindegebiet vorzufindenden vergleichsweise reichhaltigen Biotop- und Artenausstattung in der Nachbarschaft der Agrarflächen gelang die angestrebte Wiederbelebung kaum, obwohl etwa 80 Hektar aus der Nutzung genommen und großenteils mit Gehölzen bepflanzt wurden. Zehn Jahre nach Projektbeginn konnte neben der lokalen Förderung eines großen Spektrums von Allerweltsarten lediglich der Wiedereinzug von Vögeln bilanziert werden. Waren die strukturarmen Äcker zu Beginn des Vorhabens lediglich von der Feldlerche besiedelt, brüteten in den jungen Feldgehölzen bereits elf Spezies, darunter auch in Hessen gefährdete Arten wie Neuntöter, Feldschwirl und Rebhuhn.

Hierbei bestätigten sich auch in Süddeutschland gemachte Erfahrungen, dass offensichtlich lange Zeit vergehen muss, damit eine vielgliedrige und stabile Lebensgemeinschaft in einem Feldgehölz entsteht. Umso wichtiger ist die Erhaltung und Förderung bestehender alter Hecken- und Gehölzkomplexe in unserer Agrarlandschaft. Denn ihre hohe ökologische Bedeutung ist trotz der geschilderten Ernüchterung bei Neuanpflanzungen unbestritten.

Entstehung alter Feldgehölze und Hecken

Alte Feldgehölze verdanken ihre Existenz wohl selten ökologischen Einsichten unserer Vorfahren. Vielmehr finden wir sie in der Regel auf schwierig zu bewirtschaftenden Standorten, die zu nass, zu felsig oder auch zu steil zum Pflügen waren. Ihre Entwicklung wurde also eher geduldet, sie boten sich zur gelegentlichen Holznutzung an, dorthin konnten die von den umliegenden Feldern abgesammelten Lesesteine gebracht werden. Auch Heckensäume entstanden im Landkreis Kassel kaum als Maßnahmen zur Erosionsminderung oder gar zur harmonischen Gliederung der Landschaft. Sie konnten zwischen Parzellengrenzen aufkommen, die von den bäuerlichen Nachbarn ebenfalls wegen Bearbeitungserschwernissen ungenutzt blieben. Weil die kontinuierliche Eindämmung der meist durch Vögel eingetragenen Gehölze entlang von Gräben und an Böschungen, aber auch an mit Obstbäumen bestandenen Feldwegen unterblieb, konnte sich ein Heckennetz in der Agrarlandschaft entwickeln.

Natürlich ist es kein Zufall, dass unsere alten Hecken stets vorwiegend aus kompakten, undurchdringlichen Schwarzdorn-Sträuchern bestehen. Hierin spiegelt sich vor allen Dingen das besonders starke Ausschlagvermögen der Schlehe wider. Denn unabhängig vom Zeitpunkt und der Intensität ihres Zurückschneidens regeneriert sie sich innerhalb kurzer Zeiträume, um anschließend noch dichtere Gebüsche zu bilden. Bei seitlichen Ausbreitungsmöglichkeiten erobert sie über Ausläufer im Boden jährlich etwa einen halben Meter ihrer Peripherie, was örtlich zu ausgedehnten und über Jahrzehnte stabilen reinen Schwarzdornkomplexen führen kann.

Vom Mittelalter und den ersten Jahrhunderten der Neuzeit wissen wir allerdings, dass zum Schutz bäuerlicher Kulturen Hecken in großem Umfang an Waldrändern gepflanzt wurden, die das Austreten der übergroßen Hochwildbestände verhindern sollten.

Blick auf das Naturdenkmal Schlüsselgrund bei Wettesingen.

Naturnahe Waldränder können heute zur Beurteilung eines naturschutzbezogenen Feldgehölzes dienen. Danach ist es idealtypisch ausgeprägt, wenn ein Kern aus Waldbäumen von einem Gebüschmantel umgeben wird, an den sich ein äußerer Saum krautiger Pflanzen anschließt. Wenn ein gestufter Altersklassenaufbau gegeben ist, kann bei dieser Konstellation von sehr unterschiedlichen Kleinklimabedingungen auf engem Raum ausgegangen werden, wodurch Lebensraum-Voraussetzungen für ein großes Artenspektrum entstehen. Eine Durchmischung der für Tiere wichtigsten Sträucher Schlehe, Weißdorn und Wildrose mit möglichst vielen weiteren einheimischen Gehölzen wie Haselstrauch, Vogelkirsche und Vogelbeere bildet ein vielfältiges Nahrungsreservoir für Tiere.

Lebensraum Feldgehölz

Besonders die Sträucher produzieren alljährlich extrem viel Pflanzenmasse. Etwa ein Fünftel der Blätter wird von Insekten gefressen. Aber auch die Knospen, Blüten, Früchte und Jungtriebe sowie die Rinde, das Holz und die Wurzeln werden konsumiert. Allein an der Schlehe ernähren sich über 70 verschiedene Insekten, darunter häufig Frostspanner- und Blattwespenlarven sowie Rüsselkäfer. Besonders die von den Larven der Gespinstmotte (*Yponomeuta padellus*) kahl gefressenen und seidig überspannten Büsche sind ein auffälliges Phänomen in jedem Sommer. Frisch ausgetriebene Schwarz- und Weißdornblätter werden gern von Rehen und Hasen aufgenommen, Kleinsäuger und Vögel nutzen vor allen Dingen das nachsommerliche Früchteangebot.

Neben ihrer wichtigen Rolle als Nahrungshabitate vermögen Feldgehölze eine Reihe weiterer Mängel für die Bewohner der strukturarmen Feldflur abzumildern. Hier findet das Amselmännchen eine Singwarte, um sein Revier verteidigen zu können. Auch ein enger Raum bietet oft zahlreichen anderen Spezies Nist- Schlaf- und Überwinterungsplätze. Wohin soll eine vom Sperber verfolgte Goldammer flüchten, wenn weit und breit keine Versteckmöglichkeit gegeben ist? Welche Überlebensmöglichkeiten bieten sich einer auf kahler Fläche ausgepflügten Feldmaus?

Feldgehölze erfüllen eine Brückenfunktion für die Lebewesen des Waldes, weil sie besonders die Arten mit geringen Aktionsradien dazu befähigen, auch weiter entfernte Waldgebiete zu erreichen. Die hier neu entstandenen Nahrungsnetze bleiben in ihrer ökologischen Wirkung nicht allein auf die Gehölzfläche selbst beschränkt, sondern wirken auch auf die umgebende Agrarfläche belebend.

Die Kontroversen über Feldgehölze und im besonderen Hecken haben inzwischen eine lange Tradition. Betonen Naturschützer ihre positive landschaftsgliedernde Wirkung, die Verbesserung des Lokalklimas und Bodenwasserhaushaltes sowie ihren Reservatscharakter für die biologische Schädlingsbekämpfung, führen die Landwirte in der Regel die Wurzelkonkurrenz, den Schattenwurf und den Laubabfall als ertragsmindernd auf. Gehölzflächen werden häufig als Verunkrautungsherde verdächtigt und stellen Bearbeitungshindernisse beim Einsatz sehr großer Maschinen dar.

Weil Feldgehölze, wenn sie den Naturschutzerfordernissen in der Agrarlandschaft genügen sollen, den Charakter von vielfältig strukturierten Waldrändern mit Krautsäumen, dichten Heckenkomplexen, aber auch lichtdurchfluteten Lücken aufweisen müssen, bedürfen sie einer gezielten Pflege im Abstand von jeweils mehreren Jahren. Dies gilt noch stärker für reine Hecken. Das naturschutzorientierte Auflichten von Baumbeständen und ein die ökologischen Funktionen erhaltender Heckenrückschnitt erfordern ein besonderes Gespür, das einen Großmaschineneinsatz oft als nicht sinnvoll erscheinen lässt.

Feldgehölz-Naturdenkmale

Im Landkreis Kassel bestehen lediglich vier als Naturdenkmale geschützte Feldgehölze. Die geringe Anzahl und auch ihre mittlere Größe von knapp einem Hektar bezeugen die intensive landwirtschaftliche Nutzung über lange Zeiträume. So gut wie alle ackerfähigen Bereiche der kultivierten Landschaft wurden im Laufe der Geschichte auch tatsächlich unter den Pflug genommen. Ungenutzt blieben allenfalls sehr kleine Restflächen an Böschungen, Gräben oder Parzellengrenzen, die die gegenwärtigen Kriterien für flächenhafte Naturdenkmale nicht erfüllen.

Die Feldgehölze setzen sich aus zahlreichen heimischen Laubbaumarten zusammen, denen ebenso viele Straucharten beigemischt sind. Dies deutet darauf hin, dass die jeweils herrschenden Lebensraumbedingungen vielfältig sind, wozu auch die periodische Holznutzung auf diesen Flächen beitrug.

Während die Existenz des Naturdenkmals Dreiangel bei Frommershausen auf eine jüngere militärische Nutzung zurückzuführen ist, die zu zeitweilig wassergefüllten Kratern führte, stellen die übrigen aus ackerfähigen Bereichen herausragende steinige Kuppen dar. Auf dem Rohrköppel bei Oberelsungen, einem von Mischwald bedecktem Kalkhügel, deuten Pflanzen wie der Wacholder, die Fiederzwenke und der Tymian auf eine ehemalige Nutzung als Hutung hin. Nach einer Aufforstung verblieben aber nur noch winzige Magerrasenrelikte, die mit Ausnahme von Schlüsselblumen (*Primula veris*) keine besonders geschützten Pflanzen mehr enthalten. Der Holzbürgel bei Großenritte sowie die Chattensteine bei Zierenberg sind flachgründige Basaltkuppen, die beide von Eichen-Hainbuchenwäldern bedeckt werden. Die offenen Felsen der Chattensteine beherbergen dabei an solche Extremstandorte angepasste Pflanzen wie den Knöllchen-Steinbrech (*Saxifraga granulata*). Die offensichtlich gleichaltrigen, krummstämmigen Hainbuchen des Holzbürgel bezeugen vermutlich die historische Mittelwaldbewirtschaftung, bei der die Bäume bereits vor Erreichen der Optimalphase als Brennholz genutzt wurden. Türkenbund-Lilien (*Lilium martagon*) und Eiben (*Taxus baccata*) zählen zu den Raritäten dieses Naturdenkmals.

Beim Naturdenkmal Holzbürgel lässt sich am Beispiel seiner im Jahr 2004 erhobenen Heuschrecken-Fauna die Bedeutung einer verzahnenden Anbindung eines Feldgehölzes an die Umgebung verdeutlichen. Das Vorkommen von lediglich zwei Allerweltsarten im Gebiet selbst zeigt die untergeordnete Rolle des schattigen Holzbürgel als Heuschreckenlebensraum. In den direkt angrenzenden Heckensäumen und Streuobstbeständen konnten neben diesen beiden weitere fünf Spezies nachgewiesen werden.

Inmitten der Feldflur ragt der Holzbürgel, eine mit Gehölzen bewachsene Basaltkuppe, in der Gemarkung Großenritte hervor.

Eiche am Grabmal in der Gemarkung Heiligenrode

Bäume

Ein Baum

Wir wollen verstehen, was er sei.

Also fragen wir ihn.

Der Biologe fragt, wie er heißt.
Er wird als Antwort finden,
daß der Baum einen Namen hat.

Der Geschäftsmann fragt, wieviel er wert sei.
Er wird erfahren, dass der Baum Geld einbringen kann.

Der Gläubige wird fragen, wer ihn gemacht habe.
Er wird erfahren, dass ihn jemand geschaffen hat.

Der Ökologe fragt, welche Tiere an ihm leben.
Er wird eine Reihe von Arten finden.

Der Holzschnitzer will wissen,
wie man ihn verarbeiten kann.
Er wird es ausprobieren und feststellen.

Der Religiöse wird nach dem Sinn
seiner Existenz fragen.
Er wird einen Sinn finden.

Der Ästhet wird die Frage aufwerfen,
ob der Baum schön sei oder nicht.
Er wird sie klären.

Der Moralist will wissen, ob der Baum gut oder schlecht ist.
Er wird eine Antwort finden.

Was für Antworten werden auf unsere Fragen gegeben?
Können wir so den Baum zwingen,
sein Geheimnis preiszugeben?

Ich glaube nein.

Die Antworten, die wir erhalten,
sind schon durch die Fragen vorgegeben.
Fragen und Antworten spiegeln uns selbst wider.
Auf diese Art werden wir wenig über den Baum erfahren.

Man kann sich aber Zeit nehmen
und sich in seinem Schatten ausruhen.
Man kann dem Rauschen und Knacken
seiner Zweige im Wind zuhören.
Man kann das Eichhörnchen beobachten,
das auf den Ästen entlang huscht.
Man kann der Spinne zusehen,
die sich an ihrem Faden herablässt,
und ihr Krabbeln auf der Haut spüren.
Man kann den Duft aufnehmen,
den seine Blätter verströmen.
Man kann ihn umarmen.

Um ihn zu verstehen, muss man ihn lieben.
Dazu braucht man ein offenes Herz und Vertrauen.

Wer hat das?
Wer versteht, was der Baum sei?

Ein Baum. Eine Schnecke. Ein Mensch. Gott.
Wollen wir verstehen, was sie sind?

Was sind wir?
Biologe, Geschäftsmann, Gläubiger, Ökologe, Holzschnitzer,
Religiöser, Ästhet, Moralist?

Oder Mensch?

Siegfried Kaus

Bäume bewegen Menschen vermutlich, seit sie in der Lage sind, über sich selbst und die Welt nachzudenken. Die Feuerbeherrschung als eines der wichtigen Kriterien der Menschwerdung ist nicht ohne spezielle Kenntnisse über Holzarten und -eigenschaften denkbar. Aus zahlreichen alten Kulturen gibt es Hinweise dafür, dass auch die Geschichte der Völker in ursprünglichen Waldgebieten vor allen Dingen als Auseinandersetzung der Menschen mit ihren von Bäumen geprägten Lebensräumen zu sehen ist. Der Wald bot nicht nur Nahrung und Schutz, hier lauerten auch zahlreiche Gefahren. Vor der Erfindung von Metallwerkzeugen blieb den nacheiszeitlichen Menschen in Mitteleuropa wohl nichts anderes übrig, als ihn so zu akzeptieren, wie sie ihn vorfanden. Dies änderte sich erst während der Sesshaftwerdung in der Jungsteinzeit und besonders in der folgenden Bronzezeit, als die Schaffung von dauerhaft gehölzfreien Parzellen mit Äxten möglich war. Da die Menschen dieser Zeit bereits Rinder, Schweine, Ziegen und Schafe hielten, ist davon auszugehen, dass dies nicht ohne drastische Einflüsse auf den umgebenden Wald blieb.

Nacheiszeitliche Wiederbewaldung

Alle Perioden der Wiederbewaldung Zentraleuropas nach dem Ende der letzten Eiszeit vor etwa 11.500 Jahren waren von verschiedenen Menschengenerationen begleitet, die das Gebiet anfangs als Sammler und Jäger in Kleingruppen durchstreiften. Sie erlebten die allmähliche Wiederbesiedlung der zunächst kahlen Tundra mit den Pionierbaumarten Birke, Kiefer und Hasel, die dann vor ca. 8.000 Jahren von anspruchsvolleren Baumarten wie Eiche, Linde, Esche, Ulme und Ahorn abgelöst wurden. Sie waren auch dabei, als unser heute vorherrschender Laubbaum, die Rotbuche, vor 4.000 Jahren ihren Siegeszug antrat. Ihre Konkurrenzüberlegenheit unter den gegebenen Klimabedingungen gründet sich besonders auf die Fähigkeit, auch lange währende Beschattung zu ertragen, um bei einer sich ergebenden Lücke im Kronendach des Waldes ihre starke Wuchskraft zu entfalten und den entstandenen Freiraum vor anderen Baumarten zu besetzen.

Verlässt man sich auf die Beschreibungen des germanischen Waldes um Christi Geburt durch die Römer, so scheint die damals immer noch dünne Besiedlung keine nennenswerten Einflüsse auf das Landschaftsbild gehabt zu haben. Denn das gesamte Land wird als dunkler, kalter und undurchdringlicher Urwald charakterisiert.

Waldrodung

Regeln, die die freizügige Waldnutzung für jedermann unterbanden, gab es bereits seit dem Frühmittelalter. Die jeweils Herrschenden erklärten die Wälder zu ihrem Eigentum und vergaben fortan die Nutzungsrechte gegen Abgaben und Dienstleistungen. Der drastische Bevölkerungsanstieg im Hochmittelalter gilt als Hauptursache für die starken Waldrodungen in dieser Zeit. Die über Jahrtausende entstandene Laubwaldbedeckung wurde binnen weniger Jahrhunderte bis auf geringe Reste beseitigt, um Kulturfläche und Siedlungsraum zu gewinnen. Um das Jahr 1300 existierten auch im Gebiet des heutigen Landkreises Kassel etwa doppelt so viele Siedlungen wie heute.

Nutzungsbeispiel Reinhardswald

Hermann-Josef Rapp (2002) legt die politischen und sozialen Rahmenbedingungen sowie die drastischen ökologischen Auswirkungen der mittelalterlichen Waldnutzungsformen am Beispiel des Reinhardswaldes ausführlich dar. Von den geschaffenen Rodungsinseln aus trieben die Bauern ihr Vieh in die umliegenden Wälder, denn es gab keine Wiesen und Weiden in der heutigen Form. Im Wald fraßen die Tiere das Laub der Gehölze und, als der Baumbestand lichter wurde, auch die verstärkt aufkommenden Gräser. Selbst die Etablierung genauer Weideordnungen für die Rinder-, Schaf-, Schweine- und Pferdehute vermochte die fortschreitende Waldzerstörung nicht nachhaltig aufzuhalten. Die bodenverdichtende Trittwirkung der Weidetiere, das alljährliche Abschneiden von Ästen zur Winterfuttergewinnung sowie die Verhinderung der Naturverjüngung durch Abweiden junger Triebe und die Nutzung der von den Bäumen fallenden Früchte stellen nur einige der Gründe dar, die den Niedergang besiegelten. In guten „Mastjahren", wenn also bis zu fünf Tonnen Eicheln pro Hek-

Gerichtseiche Gahrenberg

tar von den Bäumen fallen, konnten im Reinhardswald 20.000 Schweine zur Schlachtreife gebracht werden. Als um 1750 der Kartoffelanbau einsetzte und damit die Waldweide der Schweine von der Stallfütterung abgelöst wurde, begann für den Reinhardswald ein neuer, noch schädlicherer Zeitabschnitt, die fast hundertfünfzig Jahre währende Periode der Streunutzung. Weil für die großen Viehbestände zu wenig Stroh zur Verfügung stand, rechten die Bauern systematisch das auf den Boden gefallene Laub zusammen, um es mit Pferd und Wagen auf die Höfe zu transportieren. In den Ställen mit dem Kot der Tiere angereichert, wurde es anschließend zur Düngung der Äcker verwendet. Der durch den Blattexport bewirkte Nährstoffentzug sowie die Reduzierung der Wasserspeicherfähigkeit des organischen Oberbodens führte zu einem derartig drastischen Humus- und Nährstoffverlust im Oberboden, dass die Auswirkungen selbst in ferner Zukunft noch zu spüren sein werden.

Hutewälder

Als sich die Lage der Bevölkerung im Reinhardswaldgebiet durch die verheerenden Kriegswirren in Verbindung mit der sich abzeichnenden ökologischen Katastrophe wirklich bedrohlich zuspitzte, wurde nach dem 30jährigen Krieg mit der planvollen Anlage von Hutewäldern begonnen, eine Gegenstrategie zur Waldvernichtung zu verwirklichen. Die Eiche erschien aufgrund ihrer Masttauglichkeit und wegen ihres wertvollen Holzes als die hierfür am besten geeignete Baumart. Denn mit speziellen Hutebäumen, die nicht nur energiereiches Futter boten, sondern auch Schatten an heißen Sommertagen spendeten, hatte man in jenen Zeiten bereits lange Erfahrungen. Wenige dieser ganz alten Zeugen der mittelalterlichen Weidewirtschaft leben noch heute.

Seit Beginn des 17. Jahrhunderts wurden die Gemeinden verpflichtet, Eichen zu pflanzen. Eine Baumpflanzordnung sah auch vor, das Bleiberecht von Zuzugswilligen und Hochzeitsgenehmigungen von dem Pflanzen von Bäumen abhängig zu machen. Die Wälle der verbissgeschützten Eichelgärten, in denen ab 1764 „Pflanzförster" die Eichenvermehrung durchführten, stellen heute noch gut erkennbare Bodendenkmale im Reinhardswald dar.

Gemeinsam mit wüst gefallenen Dörfern, den benachbarten viele Quadratkilometer großen mittelalterlichen Wölbäckern, in die regelmäßig bronzezeitliche Hügelgräber eingebettet sind, stellen sie Nutzungsspuren von Menschen in einem Waldgebiet über Jahrtausende hin-

Hutebäume

ND-Nr.	Standort	Anzahl	davon Buchen	davon Eichen
304	Baumgruppe südöstlich Dörnberg	11	8	3
361	Beberbecker Hute	4		4
362	Beberbecker Hute	18		18
363	Beberbecker Hute	11		11
364	östl. Gut Beberbeck	2		2
365	Friedhof	1		1
403	Triftbuche	1	1	
470	östl. Ostheim	1		1
671	Lohengrineiche Gahrenberg	1		1
673	Gerichtseiche Gahrenberg	1		1
676	„Engl. Garten" südöstl. Helmarshausen	25		25
678	nordöstl. Sababurg	1		1
861	Schäferbuche nordöstl. Altenhasungen	1	1	
Gesamt		**78**	**10**	**68**

Alter Hutebaum am Rande des Reinhardswaldes bei Beberbeck

Eiche auf der Beberbecker Hute

weg dar. Auch steinzeitliche Artefakte, Hunderte von ehemaligen Meilerplatten, Hinterlassenschaften mittelalterlicher und neuzeitlicher Tongruben, Töpfereien, Glas- und Alaunhütten sowie ehemalige Bergwerke und alte Landwehren bezeugen das Leben und auch den Überlebenskampf unserer Vorfahren. Die Verfügbarkeit von Holz spielte in den beschriebenen Zeiten nicht nur im Reinhardswald, sondern in ähnlicher Weise in allen übrigen Wäldern des heutigen Landkreises Kassel stets eine unverzichtbare Existenz-Voraussetzung.

Gerichtsbäume

Gerichtsbäume

ND-Nr.	Gerichtsbaum
092	Gerichtseiche Breuna
275	Gerichtslinde Schachten
494	Gerichtslinde Vollmarshausen
673	Gerichtslinde Gahrenberg

Ob es sich bei der „Gerichtseiche" am Gahrenberg tatsächlich um einen Baum handelt, unter dem einst Urteile gesprochen wurden, ist nicht erwiesen, denn sein Standort und auch die Form sprechen sehr dafür, dass die Bezeichnung eher auf einer Legende beruht und es sich hier ebenfalls um einen ehemaligen Hutebaum handelt. Auch über die weiteren drei Gerichtsbäume im Landreis Kassel existieren keine verlässlichen Informationen. Dass unter besonderen Bäumen, vornehmlich Eichen und Linden, bis in die Neuzeit hinein Recht gesprochen wurde, ist allerdings unbestritten. Bei den übrigen Gerichtsbäumen ist eine solche Funktion naheliegender, da eine reine „Erfindung" bei innerörtlich oder ortsnah stehenden Bäumen unwahrscheinlich erscheint.

Eiche im Stellbachtal an der Gemarkungsgrenze zwischen Merxhausen und Riede

250-jährige Gerichtslinde im Zentrum Vollmarshausens

Grenzbäume

Die Unsicherheit über die ehemalige kulturelle Bedeutung bestimmter Naturdenkmale äußert sich darin, dass manche Bäume in verschiedenen Kategorien genannt werden. Das gilt auch für Grenzbäume, lebende Landmarken zur Kennzeichnung bestimmter Territorien. Da die „Gerichtslinde" Schachten auch die Gemarkungsgrenze zu Grebenstein hin markiert, kann dieser Baum in vergangenen Zeiten durchaus verschiedene Rollen innegehabt haben. Von Grenzbäumen ist in alten Dokumenten zu lesen, dass an ihnen bisweilen Lynchjustiz durch Aufknüpfen von zweifelhaft erscheinenden „Strolchen" vollzogen wurde. Dies verdeutlicht die Funktionsnähe zu Gerichtsbäumen.

Die heute übliche Abgrenzung von Gemarkungen durch das Setzen von Grenzsteinen wurde vielerorts erst im 18. Jahrhundert eingeführt. Vorher dienten

Die Gerichtseiche bei Breuna im Spiegel der Jahreszeiten

Grenzbäume

ND-Nr.	Baumart	Gemarkung	Gemeinde
161	2 Eichen	Merxhausen / Riede	Bad Emstal
215	1 Eiche	Dörnhagen / Wellerode	Fuldabrück / Söhrewald
245	1 Eiche	Ihringshausen / Simmershausen	Fuldatal
275	Gerichtslinde	Schachten / Grebenstein	Grebenstein
464	Spukeiche	Liebenau / Friedrichsdorf	Liebenau / Hofgeismar
470	1 Eiche	Ostheim / Hofgeismar	Liebenau / Hofgeismar
492	Wieseneiche	Crumbach / Waldau	Lohfelden / Kassel
551	1 Eiche	Heiligenrode / Nieste	Niestetal / Nieste
583	2 Wieseneichen	Heiligenrode / Oberkaufungen	Niestetal / Kaufungen
642	1 Linde	Veckerhagen / Oberförsterrei Veckerh.	Reihardshg. / Fostg.bez. Rw.
805	1 Linde, 1 Eiche	Obervellmar / Mönchehof	Vellmar / Espenau
867	1 Eiche	Niederelsungen / Oberelsungen	Wolfhagen / Zierenberg
871	1 Eiche	Viesebeck / Wolfhagen	Wolfhagen
872	1 Eiche	Viesebeck / Landau	Wolfhagen / Arolsen

unterschiedliche natürliche Marken wie Felsen, Waldränder und besonders Bäume diesem Zweck. In regelmäßigen Abständen pflegten unsere Vorfahren die Außengrenzen ihrer Dorfgemarkungen entlang dieser Zeichen gemeinsam abzuschreiten, um dadurch ihren Besitzanspruch zu bekräftigen und die junge Generation auf die Pflicht zur Bewahrung der Grenzen gegenüber den Nachbarn einzustimmen.

Mythische Bedeutung

Bäumen kam im Leben der Menschen neben dem praktischen Stellenwert auch in allen Zeiten eine herausragende mythische Bedeutung zu. Wahrscheinlich besteht ein ursprünglich enger Zusammenhang zwischen den beiden Aspekten. Wir wissen, dass sich die Errichtung der Maibäume in unseren Dörfern auf vorchristliche Fruchtbarkeitsriten gründet und auch das Feiern unter dem Weihnachtsbaum, obwohl in der heutigen Form erst seit etwa 200 Jahren gebräuchlich, ist die Fortsetzung der heidnischen Tradition, grüne Zweige bei der Wintersonnenwende symbolhaft zu verwenden. Die gotischen Baumeister ließen sich offenbar durch die Kronenarchitektur der Bäume inspirieren. Jedes Kind in Nordhessen lernt, dass der Missionar Bonifatius im Jahr 723 erst die dem germanischen Gott Thor geweihte Donareiche bei Geismar fällen musste, um die Chatten von der Kraft des christlichen Glaubens überzeugen und aus ihrem Holz die erste St. Peter-Kirche in Fritzlar bauen zu können.

Warum stellen empfindsame Menschen beim Nachdenken über den Sinn und das Wesen des eigenen Lebens immer wieder Vergleiche mit Bäumen an? Was verbindet, was trennt uns? Auch wenn die gegebenen Antworten stets so vielschichtig und individuell wie die Fragenden selbst sind, kann man sich der Faszination solcher Gedanken oft nicht entziehen.

Menschen und Bäume verbindet, dass beiden oft nach einem verhältnismäßig langen Leben ein natürliches Ende beschieden ist. Die vor allen Dingen in den späten Jahren zum Ausdruck kommende Unverwechselbarkeit in Form und Charakter ist immer das Resultat auch lange zurückliegender Geschehnisse. Wie sich in den Jahresringen eines alten Baumes die unterschiedlichen Saisonverläufe einprägen, hinterlassen auch die guten und die schlechten Zeiten bei den Menschen ihre Spuren. Menschen und Bäume können gleichermaßen als lebendige Geheimnisse aufgefasst werden. Mit den Sinnen wahrnehmbar ist nur das Äußere. Wie von einem Baum nur die unver-

Eiche unweit der B 450 zwischen Wolfhagen und Istha

borgene Hälfte sichtbar ist, bleibt auch ein wesentlicher Teil von uns immer im Dunklen.

Bäume erinnern uns ständig an die in der Informationsgesellschaft häufig in Gefahr geratende Beziehung zur Wirklichkeit, ihnen unterstellt niemand eine ausgefeilte Strategie. Sie wollen nichts weiter, als sie selbst sein. Also wirken sie nicht nur echt – sie sind es. Von alten Bäumen geht Ruhe aus, selbst wenn sie an unwirtlichen und verlärmten Orten stehen. Auf die eigenen Wurzeln achten, heißt sich auf die „stillen" Bezüge seines Lebens zu besinnen.

Bäume strahlen unaufdringliche Beständigkeit und Geborgenheit in einer immer unberechenbareren Welt aus. Ihr Jahresrhythmus steht im krassen Widerspruch zur immerwährenden, saisonlosen Hektik. Sie lassen Zweifel aufkommen, ob wir selbst tatsächlich das alleinige Maß aller Dinge sind. Ihre feste Verankerung an einem Ort der Erde passt so gar nicht in die gegenwärtig für unverzichtbar gehaltene Mobilitätsbereitschaft. Trotz starker Verwurzelung wachsen sie zeitlebens dem Himmel entgegen...

Der „deutsche" Baum

Das Heimatgefühl verbinden viele Völker mit bestimmten Bäumen. Wie der Kirschbaum das Wesen der Japaner zu verkörpern scheint, symbolisiert die Birke die russische Seele und der Ahorn den Nationalstolz der Kanadier. Es scheint, als ob in Deutschland zwei von Grund auf verschiedene Bäume um diesen Rang konkurrieren: Die hartholzige und derbblättrige, trutzige Eiche, Sinnbild für Standhaftigkeit, Mut und Ehre und die weiche, während der Blüte wohl duftende Linde, Baum der Sanftheit und Liebe.

Reicht nur eine Baumart nicht aus, um die deutsche Wesensart zu charakterisieren? Dass sich unter den

Die Wieseneichen am Grabmal in der Gemarkung Heiligenrode

Am südlichen Ortsrand von Ippinghausen wächst diese stattliche Linde.

Die Linde im Burghof von Gieselwerder

von den Germanen verehrten Baumriesen auch Eichen befanden, ist unbestritten. Aber ihren eigentlichen Siegeszug als Symbol der Stärke und des Sieges verdankt dieser Baum vor allem dem in Deutschland seit zweihundert Jahren mehrfach aufgeflammten Nationalismus. Mit Eichenlaub bekränzt zogen deutsche Soldaten in den letzten drei großen Kriegen zumeist in den Tod, heute etwa siebzig-jährige Solitäreichen können verdächtigt werden, zur Ehre des „Führers" gepflanzt worden zu sein.

Tausende Gasthöfe in Deutschland bezeugen, welchen Baum sich dieses Volk gewählt hat. Unter welchem Baum besang Walther von der Vogelweide die Liebe, welcher Baum steht am Brunnen vor dem Tore, unter welchem Baum sitzen die Dorfnachbarn an Sommerabenden gemeinsam vorm Haus? Die Linden erkannten unsere Vorfahren als ihren eigentlichen Baum.

Dorfbäume

An die alte Sitte, nach dem Hausbau oder der Hochzeit eine Linde zu pflanzen, wurde die Hoffnung geknüpft, Böses von diesem Ort und seinen Bewohnern fernzuhalten. Hausbäume sind also immer als Schutz- und Glücksbäume zu verstehen. Die Pflanzung dieser lebenden Hofwächter geschah als Investition für die Kinder und Enkel. Auch zum Dorfmittelpunkt, den Wegekreuzungen, dem Schul- und Pfarrhaus gehörten Bäume. Unter der Linde traf man sich schon und tanzte, als das Gasthaus noch nicht existierte.

Das eigene Gesicht jedes Dorfes resultiert aus seiner Landschaftsbezogenheit. Da die Menschen die unterschiedlichen Standortbedingungen ehemals zu deuten vermochten und ein Bauen gegen die natürlichen Gliederungselemente kaum möglich war und deshalb auch niemandem in den Sinn kam, entstanden ursprünglich individuelle Dorfanlagen, die von den

Zum geschützten Großbaumbestand an der Stiftskirche in Oberkaufungen gehört auch diese Linde.

Wie alt sind die alten Bäume wirklich?

Keine Diskussion über einen spektakulären Baum ist denkbar, ohne dass die Frage nach seinem Alter aufgeworfen wird. Wenngleich die Antwort oft nur Unwesentliches zu seiner Wertschätzung beitragen kann, stellt sie für die meisten Menschen dennoch eine Information dar, auf die sie ungern verzichten möchten. Daher wurde das Alter der vermeintlich ältesten Bäume des Landkreises Kassel aufgrund von Jahrringanalysen im Frühjahr 2005 durch einen versierten Wissenschaftler bestimmt. Hierzu war eine die Baumvitalität nicht beeinträchtigende Entnahme von 0,5 cm starken Bohrkernen im Stamm mit einem Zuwachsbohrer notwendig, wobei das dabei entstandene Loch anschließend mit einem Holzspan und Baumwachs wieder geschlossen wurde.

Selbst äußerlich kompakt wirkende Stämme erwiesen sich mit wenigen Ausnahmen als mehr oder weniger hohl, was eine exakte Altersbestimmung erschwert. Bei den in besonderer Weise zum Stockausschlag fähigen Linden kommt hinzu, dass der bisweilen mächtige Stammfuß keine konzentrisch angeordneten Jahrringe aufweist, weil der ursprünglich im Zentrum stehende, längst abgestorbene Schaft bereits natürlich abgebaut wurde. Bei dem gegenwärtig als „Stamm" erscheinenden Starkholz handelt es sich meist um ein Geflecht von aus Stockausschlägen herrührenden und mittlerweile zusammengewachsenen Ästen aus der Peripherie des Ursprungsbaumes. Deshalb darf man nicht der Versuchung unterliegen, die Zuwächse der letzten Jahre auf die teilweise enormen Durchmesser der sterbenden Bäume mit allen Knorren und Seitenästen hochzurechnen.

Der Stamm des einzigen als Naturdenkmal ausgewiesenen Apfelbaumes im Landkreis Kassel, der auf der alten Beberbecker Hute steht, weist beispielsweise nur noch einen vier Zentimeter umfassenden festen äußeren Mantel auf, an dem allerdings 80 Jahrringe zu zählen sind! Eine einfache Hochrechnung hieße, ihn 880 Jahre alt werden zu lassen, die benachbarten Eichen kämen auf über 1.500.

Eine verlässliche Datierung der untersuchten hohlen Eichen und Linden wurde dadurch begünstigt, dass

Elementen der umgebenden Landschaft durchdrungen waren. Alte Bäume stehen selten zufällig an ihrem Platz im oder am Dorf, sondern sie erfüllten selbst dann bestimmte Funktionen, wenn ihnen die erwähnten Symbolwerte zugeschrieben wurden. Linden brennen schlecht, dem Übergreifen des Feuers von einem Haus zum anderen durch Funkenflug wird durch eine breite Lindenkrone vorgebeugt. Apfel-, Kirschen-, Birnen- und Pflaumenbäume besaßen über Jahrhunderte hinweg eine große wirtschaftliche Bedeutung, weil sie für die Ernährung der Menschen unentbehrlich waren. Extremen Windverhältnissen begegnete man mit „Wetterbäumen", die vor Sturm und heftigem Regen schützten. Eine alte Dorfeiche mag ihre Existenz den Hausschweinen verdanken, die dort alljährlich im Herbst begierig Eicheln fraßen. Eine hofnahe Verfügungsmöglichkeit von Weidenruten zum Korbflechten oder jegliche Art von Brennholzgewinnung boten gleichermaßen Vorteile.

Ansetzen des Handbohrers zur Jahresring-Bestimmung eines alten Baumrecken

Ziehen des Holzspans mittels Handbohrer

die mächtigen Eichen in Windhausen und die Friedhofslinde in Obermeiser verhältnismäßig intakte Stämme mit vollständigen Jahrringgarnituren aufwiesen. Diese konnten zur Näherung an das „Jugendwachstum" der hohlen Artgenossen an anderen Orten herangezogen werden. Unter Berücksichtigung spezieller Fachliteratur ist es auf diese Weise möglich, eine relativ exakte Altersabschätzung durchzuführen. Weil sich die alte Eibe im Schlosspark Riede durch konstante Zuwachsraten im verbliebenen Festholz auszeichnet und die Gerichtseiche Gahrenberg immer noch erstaunlich hohe Zuwächse aufweist, konnte das Alter dieser beiden Bäume direkt aus den mittleren Zuwachsraten ermittelt werden.

Die Ergebnisse der Altersabschätzungen mögen zunächst etwas ernüchternd wirken, weil auch im Landkreis Kassel ein vermeintlich über tausend jähriger Riese nicht existiert. Vielmehr werden abermals zahlreiche seriöse Untersuchungen bestätigt, dass Eichen neben Linden als die langlebigsten Laubbäume in Mitteleuropa nicht älter als 600 Jahre werden können. Die Gerichtseiche Gahrenberg ist also mit etwa 550 Jahren unser ältester Baum und trotz seiner relativ unversehrten äußeren Form von seinem natürlichen Ende allenfalls einige Jahrzehnte entfernt. Mit ca. 450 Jahren folgt die Generation der stark versehrten, kronenlosen Huteeichen in der Gemarkung Beberbeck, denen ebenfalls keine lange Zukunft mehr beschieden sein wird. Auch bereits in ihrer Altersphase erwies sich die etwa 350 Jahre alte Eibe in Riede. Die Gerichtslinde in Schachten und die Linde vor der Kirche

Altersbestimmte Bäume

ND-Nr.	Baum	festgestelltes Alter (Jahre)
673	Gerichtseiche Gahrenberg	550
361	Huteeiche bei Beberbeck	450
017	Eibe in Riede	350
275	Gerichtslinde bei Schachten	350
706	Kirchenlinde in Hoof	300
582	Eichen in Windhausen	300
494	Gerichtslinde in Vollmarshausen	250
361	Apfelbaum auf der Hute Beberbeck	250
130	Friedhofslinde in Obermeiser	160
492	Wieseneiche bei Lohfelden	100

in Hoof überschreiten mit 300 und mehr Jahren seriöse Literaturangaben über das mögliche Alter von Linden beträchtlich. Der besondere Wert der etwa gleich alten Eichen in Windhausen ist ihrer guten Vitalität beizumessen. Hier reifen womöglich die später einmal ältesten Bäume des Landkreises Kassel heran.

Über 7 m Stammumfang weist diese 300-jährige Eiche beim Gut Windhausen auf.

Pyramideneiche an der Kirche in Dörnberg

Dass eine besonders hohe Jahreszahl kein alleiniges Merkmal für den besonderen Wert eines Baumes ist, wird an dem auf den ersten Blick eher unscheinbaren Wildapfelbaum (ND 361) nahe den abgängigen Huteeichen in Beberbeck deutlich. Sein Alter von 250 Jahren ist als das erstaunlichste Ergebnis aller Datierungen zu werten. Dieser Baum gehört damit ohne Zweifel zu den ältesten Geschöpfen seiner Art überhaupt.

Die Resultate der Altersbestimmungen enttäuschen also nicht. Einige Baumveteranen konnten in unserer Nachbarschaft so alt werden, wie das ihre Natur eben zulässt. Aber man kann sie an den Fingern abzählen und wenn wir unseren Nachfahren eine ebensolche Erfahrung wünschen, ist der kontinuierliche sorgsame Umgang mit jüngeren Baumgenerationen über viele Jahrzehnte hinweg notwendig.

Naturdenkmal Baum

Wenn wir unter einem der 435 im Landkreis Kassel durch ein kleines Schild als Naturdenkmal deklarierten Bäume stehen und uns die Frage nach dem vermeintlichen Grund seiner Existenz stellen, wird die Antwort manchmal unbefriedigend ausfallen müssen.

Mit Ausnahme der „Friedenseichen", die anlässlich der Beendigung der deutsch-französischen Feindlichkeiten 1871 oder kurz danach gepflanzt wurden, liegen die Ursprünge der übrigen Bäume oft im Dunklen. Und dies, obwohl davon ausgegangen werden kann, dass die Mehrzahl nicht aufgrund natürlicher Samenverbreitung entstanden sein dürfte, sondern vielmehr gepflanzt wurde.

Bei alten Eichen ist am ehesten zu vermuten, dass sie Reste der naturnahen ehemaligen Waldbedeckung darstellen und als Mastbäume bewusst von Säge und Axt verschont blieben. Die wenigen wirklich alten Linden stehen vielleicht ebenfalls auf selbst eroberten Orten und verdanken ihr langes Leben bisweilen der Tatsache, dass sie Fällungen durch Neuaustrieb überstanden und für eine Nutzholzverwertung durch das verhältnismäßig frühe Hohlwerden der Stämme bereits in ihrer Lebensmitte uninteressant wurden. Auch die Ursprünge der Buchen dürften in vielen Fällen auf Naturverjüngungen zurückzuführen sein, besonders wenn sie an Waldstandorten stehen.

Zahlreiche der als Hauptbaumarten auftretenden Naturdenkmale des Landkreises Kassel wurden seinerzeit gepflanzt. Dies trifft sicher für einen großen Anteil der

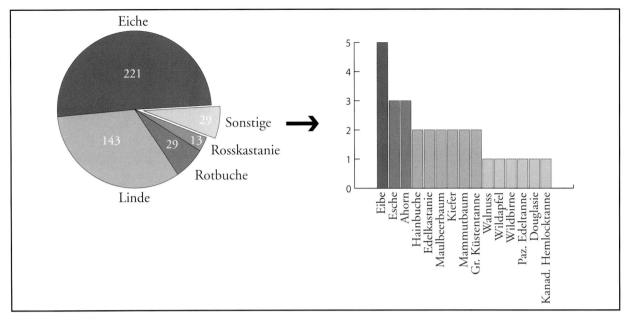

Baumartenverteilung

Eichen und Buchen zu, die häufig das Ergebnis forstlicher Maßnahmen des 18. und 19. Jahrhunderts darstellen und gilt nahezu vollständig für die Linden, die überwiegend in der Offenlandschaft und den Siedlungen stehen. Bei allen selteneren als Naturdenkmale deklarierten Bäumen kann davon ausgegangen werden, dass sie einst von unseren Vorfahren aus sehr unterschiedlichen, manchmal heute noch nachvollziehbaren Gründen an ihre Wuchsorte gesetzt wurden.

Der alte Baum, unter dem wir stehen, mag seinen Naturdenkmal-Status dem Zufall verdanken, einst vergessen worden zu sein, als sein Holz noch wertvoll war oder ihn die Förster wegen auffälliger Besonderheiten schonten. Vielleicht oblag ihm über Jahrzehnte oder gar Jahrhunderte eine bestimmte Funktion als Gerichtsbaum, Grenzbaum, Hutebaum. Denkbar ist seine ehemalige Rolle als Dorfmittelpunkt. Möglich, dass er die Religiosität damaliger Menschen verkörpert oder auch an bestimmte Ereignisse erinnert. Selbst die ursprünglichen Gründe für Namen mancher Bäume gingen bisweilen verloren. Sich vom Normalen abheben zu wollen, veranlasste schließlich manche Grundstücksbesitzer schon vor mehr als hundert Jahren, fremdländische Nadelgehölze zu pflanzen. Gemeinsam ist allen alten Bäumen, lebendige Zeugen vergangener Zeiten zu sein. Sie stellen aber nicht nur Generationen verbindende Brücken in die Vergangenheit dar, sondern leiten auch in eine von uns nicht mehr selbst erlebte Zukunft über. Ob wir in unserer Zeit den Verpflichtungen gegenüber den Enkeln gerecht werden, mögen diese einst auch an unserem Umgang mit alten Bäumen beurteilen.

Bäume mit Namen

ND-Nr.	Name
61	Wiegandslinde
92	Gerichtseiche Breuna
96	Sedans-Eiche (nicht in VO)
275	Gerichtslinde Schachten
403	Triftbuche
437	Schulze-Boeing-Eiche
438	Buddelvalten-Eiche
464	Spukeiche
492	Wieseneiche
494	Gerichtslinde Vollmarshausen
534	Fünfbrüderbuche
583	Wieseneiche
641	Befreiungseiche (= Friedenseiche?)
671	Lohengrineiche
673	Gerichtseiche Gahrenberg
732	Prinzessinbaum
767	Luthereiche
861	Schäferbuche

Friedenseiche „Auf dem Warthübel" in der Gemarkung Hombressen

Auf dem Friedhof in St. Ottilien wächst diese Pyramideneiche.

Silberlinde auf dem Friedhof in Viesebeck, die einzige als Naturdenkmal ausgewiesene Vertreterin ihrer Art

Eichen

Botanisch gehört die Eiche zu den Fagacaeen (Buchengewächsen). An heimischen Arten unterscheiden wir die Stieleiche (*Quercus robur*) und die Traubeneiche (*Quercus petraea*), wobei weltweit rund 800 Eichenarten vorkommen. Typisches Merkmal dieser Familie, zu der auch Buche und Edelkastanie gehören, ist der Fruchtbecher (Cupula), der bei Buchen und Edelkastanien stachelig ausgebildet ist und die Frucht vollständig umschließt. Bei der Eiche ist er dagegen becherförmig und umgibt nur den unteren Teil der Eichel. Bei der Stieleiche werden die Früchte von einem langen Stiel getragen, während sie bei der Traubeneiche traubenförmig an nur sehr kurzen Stielen zusammen sitzen. Dieser Tatsache haben beide Arten ihren Namen zu verdanken. Bei den buchtigen Blättern verhält es sich im übrigen umgekehrt, diejenigen der Stieleiche sitzen also unmittelbar auf den Zweigen. Tiefreichende Pfahlwurzeln verankern Eichen so fest in der Erde, dass sie sich von einem Unwetter eher abbrechen als umwerfen lassen. Unsere heimischen Arten sind ausgesprochen lichtbedürftig, wobei die Stieleiche gut wasserversorgte und nährstoffreiche Böden des Tieflandes bevorzugt. Sie ist ein typischer Vertreter der großen Flussauen, wo sie in Vergesellschaftung mit Esche, Ulme, Ahorn und Kirsche die sogenannten Hartholzauen bildet. Die Traubeneiche hingegen bevorzugt eher bodentrockene Hügellagen.

In früheren Zeiten lag der Wert der Eichen mehr in den Früchten als im Holz. Der Name Eiche leitet sich vom lateinischen „esca" (Speise) ab. Mastjahre waren Geschenke der Götter. Bei den Germanen spielte Eichelmehl eine wichtige Rolle auf dem Speisezettel. Denn die Eichel ist nach dem Entzug der Bitterstoffe sehr nahrhaft und enthält 35 % Stärke, 7 % Zucker, ca. 15 % fettes Öl und 6 % Eiweiß. In Spanien werden noch heute die süßen, bitterstoffarmen Früchte der Steineiche (*Quercus ilex*) als Fleischbeilage serviert. Auch in den beiden Weltkriegen erinnerte man sich wieder an dieses Nahrungsmittel. In Russland wurde während des 1. Weltkrieges ein Hungerbrot daraus gebacken, in Deutschland dienten geröstete Eicheln als Kaffeeersatz.

Das harte und schwere Eichenholz besitzt sehr gute Festigkeitseigenschaften und aufgrund der chemischen Zusammensetzung eine natürliche Dauerhaftigkeit. Unter Wasser ist sie nahezu unbegrenzt haltbar. Die Städte Venedig und Amsterdam wurden überwiegend auf Eichenpfählen errichtet. Auch als Bau- und Konstruktionsholz, als Bahnschwelle sowie im Landschaftsbau für Park- und Gartenmöbel findet Eichenholz Verwendung. Besonders gefragt ist es ebenso in der Möbelfertigung als Massiv-, Furnier- und Sargholz. Eine Spezialität stellen die der Geschmacksverbesserung dienenden Cognac-, Whiskey- und Weinfässer dar, in denen die Getränke jahrelang reifen.

Bereits die Kelten nutzten eichenreiche Wälder zum Masteintrieb des Viehs. Die Waldweide hielt sich bis weit in das vorletzte Jahrhundert. Der Spruch „Auf den Eichen wachsen die besten Schinken" kommt dabei nicht von ungefähr, denn mit Eicheln gemästete Schweine lieferten kerniges Fleisch und festen Speck, während Geräuchertes von Schweinen aus Buchenmast tranig schmeckte. Im Mittelalter führte die zunehmende Bedeutung als Brennstoff und Bauholz zu einer weiten Verbreitung der Eiche, die damals überwiegend mit kurzen Umtriebszeiten in Nieder- und Mittelwäldern bewirtschaftet wurde.

Welche Bedeutung die Eichen in unserer Region spielten, zeigt die Tatsache, dass die Stadt Wolfhagen,

Die Eiche „Am Bodenweg" westlich von Balhorn in der freien Feldflur

300-jährige Eiche beim Gut Windhausen in der Nähe des Affenteiches

Kultobjekt am Fuße der Gerichtseiche Gahrenberg

Von Efeu umwucherte Eiche auf dem Friedhof Beberbeck

die Gemeinden Breuna, Fuldatal, Lohfelden und Reinhardshagen sowie der Landkreis selbst noch Eichenlaub in den jeweiligen Stadtwappen führen. Auch viele Ortsnamen erinnern an ihren Stellenwert in damaligen Zeiten, so das Gut Eichenberg bei Rothwesten. Der Wortstamm „Loh" der Gemeinde Lohfelden leitet sich von der früheren Bezeichnung der Eiche ab. Unter Lohgerberei versteht man das Herstellen von Leder durch gemahlene Eichenrinde, die sogenannte Lohe.

Nach wie vor geht von alten urwüchsigen Eichen für viele Menschen eine große Faszination aus. Eine davon ist die Gerichtseiche Gahrenberg, deren dicker, knorriger Stamm längst hohl ist. Der Stammumfang beträgt, gemessen in einem Meter Höhe, 8,30 m aber nur 30 cm tiefer sind es bereits 9,40 m. Mit 15 m ist sie nicht sehr hoch und auch die Kronenschirmfläche nach Bruch eines Starkastes vor wenigen Jahren nicht weit ausladend. Dennoch geht von der alten Eiche etwas Majestätisches aus. Immer wieder zu beobachtende, mit Federn und bunten Fäden geschmückte, am Baum angebrachte Objekte weisen darauf hin, dass sie auch gegenwärtig als Kultstätte dient. Beim Anblick solcher Hinterlassenschaften kann allenfalls erahnt werden, welche Bitten, Schwüre oder Schicksale sich hinter den Symbolen verbergen.

Über die Gerichtseiche in Breuna ist leider nur sehr wenig bekannt. Wir finden sie westlich von Breuna, wo die Flurbezeichnung „Auf dem Gericht" noch heute von der damaligen Gerichtstätte zeugt. Mit einem Alter von ca. 320 Jahren ist sie deutlich jünger als die Gahrenbergeiche, auch wenn der Stammumfang von 6 m ein höheres Alter vermuten lässt.

Kaum ein Waldgebiet in Deutschland erinnert so an die ehemalige Waldhute wie der Reinhardswald. Großflächige, faszinierende alte Eichenbestände geben einen Einblick in das Leben damaliger Zeiten. Flurbezeichnungen wie Hammel-, Pferde, Schaf- und Kälberhute, Trift, Kuhtrift, Veckerhagener Trift oder Schweinseiche und Sauborn zeugen von der einstigen Nutzung. Einzigartige Eindrücke vermittelt das Naturschutzgebiet Urwald Sababurg westlich der Saba-

Mit 550 Jahren ist die Gerichtseiche Gahrenberg im Reinhardswald einer der ältesten Bäume in Hessen.

Eiche bei Beberbeck

Hinsichtlich ihrer Größe, ihres Alters und ihrer Anzahl stellen die Eichen bei Beberbeck eine Besonderheit im Landkreis Kassel dar. Einige dieser alten Hutebäume weisen ein Alter von 450 Jahren auf.

burg. Aber auch die als Naturdenkmal ausgewiesene Beberbecker Hute südöstlich der Staatsdomäne Beberbeck sowie der im Wald gelegene Englische Garten südöstlich von Helmarshausen präsentieren ca. 300-450 Jahre alte Eichen in unterschiedlich bizarren Formen. Weitere stattliche Exemplare stehen auf dem Beberbecker Friedhof und nordöstlich der Sababurg. Die mit ca. 350 Jahren ebenfalls überaus alte Lohengrin-Eiche finden wir am Junkernkopf nördlich von Holzhausen, unweit der Gerichtseiche.

Friedenseichen

An verschiedenen Orten im Landkreis wurden Friedenseichen gepflanzt, die an das Ende des deutsch-französischen Krieges 1870/71 erinnern sollen. Sie stehen als Symbol der Hoffnung nach einem lang anhaltenden Frieden. Der Name Sedans-Eiche auf dem Friedhof in Oberlistingen erinnert gleichzeitig an die entscheidende Schlacht am 1./2. September 1871 bei Sedan, wo die französischen Truppen die entscheidende Niederlage hinnehmen mussten, die wenig später zur Kapitulation Frankreichs führte. Weitere solcher Eichen befinden sich an der Grillanlage in Udenhausen, auf dem Warthübel in Hombressen sowie in den Ortschaften Wickenrode, Holzhausen, Lamerden, Niedermeiser, Ostheim, Breitenbach, Deisel, Friedrichsfeld, Gottsbüren, Langenthal, Veckerhagen (Befreiungseiche), Lippoldsberg und der Stadt Trendelburg.

Der oben links abgebildete, im Herbst 2003 noch lebende alte Riese auf der Beberbecker Hute wurde inzwischen widerrechtlich beseitigt, ohne das hierfür Verantwortliche ermittelt werden konnten. Möge den verbliebenen Veteranen dieses Schicksal erspart bleiben.

Eindrucksvolle Eichen stehen als Landmarken oder als Grenzbäume noch heute an den gültigen Gemarkungsgrenzen von Liebenau, Dörnhagen, Riede, Hohenkirchen, Crumbach, Elbenberg, Nieste, Heiligenrode, Obervellmar, Viesebeck und Wolfhagen. Die Stieleiche an der Kreisstraße 72 zwischen Langenthal und Helmarshausen dürfte zu den ältesten Bäumen des Landkreises zählen.

Wegen der von ihnen ausgehenden Faszination wurden und werden Eichen natürlich immer wieder als gestaltende Elemente in Parkanlagen gepflanzt oder zur Anlage von Alleen genutzt. Solche Exemplare finden wir noch heute z.B. im Park des Gutes Bodenhausen, wo der etwa 300 Jahre alte Baum einen Stammumfang von ca. 6,70 m aufweist. Die Eiche am Affenteich in Heiligenrode-Windhausen hat es in etwa der gleichen Zeit sogar auf 7,10 m gebracht. Beide zählen zu den zehn dicksten Bäumen des Landkreises.

Prächtige Eichenalleen finden wir um Beberbeck. Diese als Geschützte Landschaftsbestandteile ausge-

wiesenen Baumreihen dürften zeitgleich mit denen im Tierpark Sababurg angelegt worden sein und ein Alter von etwa 300 Jahren aufweisen. Nicht weniger reizvoll, wenn auch deutlich jünger ist die als Naturdenkmal ausgewiesene Eichenallee nahe des Gutes Eichenberg.

Die Sedans-Eiche auf dem Oberlistinger Friedhof erinnert an den deutsch-französischen Krieg 1870/71.

Eiche an der Warthe, nordwestlich von Wolfhagen

Friedenseichen

ND-Nr.	Gemarkung	Bemerkung
096	Oberlistingen	„Sedans-Eiche"
279	Udenhausen	
334	Wickenrode	
379	Hombressen	
401	Holzhausen	mit Linden und Kastaniengruppe „Wolfsgarten"
463	Lamerden	
469	Niedermeiser	
471	Ostheim	
641	Reinhardshagen	„Befreiungseiche"
701	Breitenbach	„Erinnerungseiche an 1870/71"
762	Deisel	
768	Friedrichsfeld	
769	Gottsbüren	
771	Langenthal	
780	Trendelburg	
832	Lippoldsberg	Gedenkstätte „Sebigs-Trift"

In der Nähe Sands am Waldrand östlich des Erzeberges wächst diese dreistämmige Eiche.

Eiche südwestlich des Hohlesteins in der Gemarkung Dörnberg

Zwei Eichen am Weg „Alte Landwehr" nördlich des Höllebachs in der Gemarkung Helmarshausen

Eiche bei Sand, nordöstlich des Läuseküppels

Eiche an der Gemarkungsgrenze zwischen Viesebeck und Wolfhagen „Am Mühlenwege"

Einige Eichen tragen Namen von Personen, wie zum Beispiel die Luthereiche in Trendelburg-Friedrichsfeld, die Lohengrineiche oder die Schulze-Boeing-Eiche und Buddelvalteneiche im Stiftwald bei Oberkaufungen. Während über die ersteren nichts mehr bekannt ist, wurde die Geschichte der letzteren bis heute überliefert. Es handelt sich bei diesem eher unscheinbaren und mit ca. 150 Jahren noch jungen Baum um eine Nachpflanzung, die an die alte, einst mächtige Eiche erinnern soll, deren wohl noch aus der Klosterzeit stammenden Reste man etwa 200 m oberhalb der jetzigen fand. Unter ihr hielt der Hirte Valentin „Valten" Neumann, aufgrund seiner Vorliebe für Schnaps und die Schnapsbuddel, die er immer mit sich führte, „Buddelvalten" genannt, regelmäßig Mittagsrast und verteidigte „seinen Baum" mit allen Mitteln gegen Berufskollegen.

Eichenallee bei Gut Eichenberg östlich von Rothwesten

Eiche südwestlich des Sportzentrums Obervellmar

Buddelvalteneiche am Wegkreuz Triftweg / Pfannkuchenweg im Wald südlich Oberkaufungen

Die Eichenalleen bei Beberbeck genießen keinen Naturdenkmalstatus, sind aber als geschützte Landschaftsbestandteile ausgewiesen.

Über 300-jährige Eiche im Park des Gutes Bodenhausen mit fast 7 Metern Stammumfang

Linden

Am Brunnen vor dem Tore
Da steht ein Lindenbaum.
Ich träumt in seinem Schatten
So manchen süßen Traum.
Ich schnitt in seine Rinde
so manches liebe Wort
Es zog in Freud und Leide
zu ihm mich immer fort.

(Volkslied von Wilhelm Müller, bekannt durch Franz Schubert)

Mit Linden verbinden wir Begriffe wie Heimat, Wärme, Geborgenheit, aber auch Wahrheit. Ihre herzförmigen, weichen Blätter, das Summen der Bienen auf der Suche nach Nektar, lassen uns an angenehme Dinge wie die Liebe denken. Dies hat die Linde zum Baum des Volkes gemacht. Dorflinden bildeten häufig den Mittelpunkt der Ortschaften. Unter ihnen spielte sich das gesellschaftliche Leben ab. Sie waren die Dorfgemeinschaftshäuser des Mittelalters. *„Unter den Linden pflegen wir zu singen, trinken und tanzen und fröhlich zu sein, denn die Linde ist uns ein Friede- und Freudebaum"*, erkannte schon Martin Luther. Auch alte Lieder berichten davon: *„...wo wir uns finden wohl unter Linden zur Abendzeit..."* oder *„Unter der Linden auf der Heiden, da unser zweier Bette war..."* (Walther von der Vogelweide). Aber nicht nur unter den Linden wurde getanzt, manchmal befand sich der Tanzboden auch in der Linde! Hierzu wurden die weit ausladenden Äste oft über Jahrzehnte hinweg zu waagerechten Astkränzen geformt, darüber Bretter befestigt, Geländer, Leitern und Stützpfosten angelegt und fertig war der Tanzboden! Welche Bedeutung die Linde einst für die Menschen hatte, zeigt noch heute die große Anzahl an Flur- und Familiennamen. Denken wir nur an die Berliner Prachtallee „Unter den Linden" und die „Lindenstraße". Linz bedeutet nichts anderes als „Lindenhain"; Leipzig leitet sich von Lipsko ab, was soviel wie „Lindenort" bedeutet. Lindner, Lindacher, Terlinden und Lindström sind nur einige Beispiele für Familiennamen, deren Ursprung auf diesen Baum zurückgeht.

Bei den Griechen galt die Linde als Baum der Aphrodite. Die Germanen weihten sie Freya, der Göttin der Liebe, des Glücks, der Fruchtbarkeit und des Hausstandes. Freya-Linden waren mitunter auch beliebte Opfer- und Thingplätze. Während nach der Christianisierung den Donar-Eichen der Garaus gemacht wurde, wurden die Freya-Linden kurzerhand der Mutter Gottes gewidmet und durften als Maria-Linden weiter wachsen. Auch in der Nibelungensage kommt einem Lindenblatt eine entscheidende Rolle zu, badete doch Siegfried im Blute des von ihm erlegten Drachen Fafnir und wurde dadurch unverwundbar. Bis auf eine Stelle zwischen den Schulterblättern, die beim Baden von einem Lindenblatt bedeckt war und ihm zum Schicksal wurde. Im Mittelalter sollten Linden das Anwesen vor Hexen und anderen schädlichen Mächten schützen. Hieran knüpfte auch der Glaube an, Stöcke aus Lindenholz seien zur Abwehr des Teufels geeignet.

Die Linden bilden systematisch eine eigene Familie, die Lindengewächse (Tiliacaeen). In Mitteleuropa ist neben der Sommerlinde (*Tilia platyphyllos*) auch die Winterlinde (*T. cordata*) heimisch. Beide Arten unterscheiden sich durch die Behaarung der Blattstiele und die Haarbüschel auf der Unterseite der herzförmigen Blätter. Linden besitzen die Fähigkeit, überaus alt zu werden. Im Gegensatz zur Eiche, die ihre hohe Alterungsfähigkeit der im Holz eingelagerten Gerbsäuren verdankt, besitzt die Linde die Eigenschaft, sich „von innen heraus" zu regenerieren. Hierbei werden neue Innenwurzeln (sog. Adventivwurzeln) gebildet, die die junge Sekundärkrone versorgen.

Der Friedhof von Balhorn wird von der über 20 m hohen Linde geprägt.

4 m Stammumfang weist die Linde im Landratsamtsgarten in Wolfhagen auf.

In Simmershausen wächst diese stattliche Linde am Ehrenmal in der Karlsstraße.

300-jährige Linde an der Kirche in Hoof

Auf dem Friedhof Obermeiser steht diese mächtige Linde mit einem Stammumfang von über 8 m.

Die Gerichtslinde von Schachten hat ein nachgewiesenes Alter von 350 Jahren und einen Stammumfang von über 9 m.

Weithin sichtbar ist die Linde in der Feldflur Zierenbergs nahe der Straße nach Friedrichsaue.

Das Wort Linde geht vermutlich auf das indogermanische „lentos" (= biegsam) zurück. Der botanische Familienname Tilia kommt vom griechischen „tilos" (Faser) und weist auf den hohen Gehalt an Bastfasern in der Rinde hin. Die Bezeichnung „lind" für weich und geschmeidig beschreibt sehr treffend die Eigenschaften des Holzes, die es zum bevorzugten Schnitzholz werden ließ. Als „Lindwurm" bezeichnen wir ein schlangenhaftes, wendiges Untier.

Auch der Begriff Linderung geht auf die heilende Wirkung dieses Baumes zurück. Lindenblütentee ist erst ab dem 17. Jahrhundert bekannt. Er findet bei grippalen Infekten Anwendung und wirkt schweißtreibend, schleimlösend und krampfstillend. Schon die Griechen verehrten die Linde als heilenden Baum und kannten die Wirkung der Lindenblüten. Eine alte Rezeptur verspricht Heilung bei vielerlei Gebrechen: *„Das Wasser aus der Blüet gebrennt wird hoch gerühmet wider die Fallende sucht der jungen Kinder: will man aber diesen Tranck etwas stärcker haben/ soll man ein drittheil Päonienwasser darzu vermischen. Es wird auch sonst gebraucht wider den Schlag/ den Schwindel und andere kalte Gebresten des Hirns. Wen der Schlag getroffen hat/ der nimm Lindenblüetwasser/ Mayenblumenwasser/ und schwartz Kirschenwasser/ vermische sie durch einander/ und trincke jederzeit ein Untz darvon. Diss Wasser getruncken/ ist gut den versehrten Därmen/ von der rohten Ruhr und wird von etlichen auch für das Bauchgrimmen geben....."* (Tabernaemontanus).

Der bereits erwähnte Rindenbast war ein anderes wichtiges Produkt der Linde. Die Germanen fertigten daraus Kleidung und Kriegsschilde. Hierzu wurde die Baumrinde zunächst ähnlich dem Flachs geröstet, d.h. solange im Wasser geweicht, bis sich der Bast von der Rinde löste. Eine solche Flachsröste befand sich auch in der Gemarkung Oberelsungen. Die Bastverarbeitung war das Handwerk der Seiler, die hieraus Bogensehnen, Schilde, Seile, Bienenkörbe und Sattelzeug herstellten. Rindenbast soll, mit Wasser als Brei angerührt, auch die Heilung von Brandwunden beschleunigen.

Das Laub der Linde fand Verwendung als Viehfutter und Einstreu. Hierzu diente das Verfahren des Schneitelns. Bäume wurden, ähnlich den Kopfweiden, in ca. 1,50 bis 2,0 m Höhe geköpft. Die bereits beschriebene enorme Regenerationsfähigkeit sorgte für neue Schösslinge, die relativ unproblematisch beerntet werden konnten. Zusätzlich erbrachte der Vorgang, der etwa alle fünf Jahre wiederholt werden musste, natürlich Brennholz.

Gleichzeitig sind Linden Lebensraum unzähliger Insekten. Im Mittelalter stand die Linde unter strengem Bann, weil eine erfolgreiche Imkerei von ihr abhing. Honig war der einzige Süßstoff, Bienenwachs für die Herstellung von Kerzen, Schreibtafeln und Siegeln unersetzlicher Rohstoff. Noch heute fordert die katholische Kirche Opferkerzen aus Bienenwachs. Auf-

Die einzige als Naturdenkmal geschützte Lindenallee im Landkreis Kassel befindet sich in der Ortslage von Wettesingen.

Linde nordöstlich der Ortslage Deisel „Am Brückenweg" rechts der Diemel

Linde nordwestlich Balhorn im Gemarkungsteil „Hinter`m Lindchen"

Linde auf dem Areal einer ehemaligen Glashütte an der alten Fahrstraße des Wesertals bei Veckerhagen

Lindengruppe südlich von Wolfhagen
an der Straße nach Ippinghausen

Linde am Friedhof Oelshausen

grund dieser vielfältigen Nahrungs- und Rohstofffunktion war die Linde bevorzugt in Siedlungsnähe anzutreffen.

Ebenso wie die Eichen dienten die Linden als Gerichtsstätten bzw. Gerichtsbäume. Die Rechtsprechung unter Bäumen ist aus vielen unterschiedlichen Kulturen bekannt. Bereits im alten Testament wird eine Priesterin im Gebirge Efraim (Israel) erwähnt, zu der die Israeliten aufstiegen, um Recht sprechen zu lassen. Die Germanen hielten zweimal im Jahr an der Thingstätte unter freiem Himmel Gericht. Die Verurteilten mussten hierzu vorher „thingfest" (dingfest) gemacht werden. Unter der Fehmlinde wurden die Verurteilten umgehend aufgehängt. Waren sie nicht anwesend, wurden sie verfehmt, also geächtet, und durften von jedermann ohne weiteres hingerichtet werden. Das „judicum sub tilia" wurde noch bis zum Ende des 18. Jahrhunderts praktiziert.

Solche alten Gerichts- und Thingstätten finden wir noch heute im Landkreis. Der Freistuhl nördlich der Schartenburg, der Wolfsgarten in Holzhausen, die Linde am Ehrenmal in Simmershausen sind nur einige Beispiele hierfür.

Besonderes Augenmerk gilt der einzigartigen Gerichtslinde in Schachten. Ihr hohler Stamm hat in der Vergangenheit schon viele Entlastungsschnitte hinnehmen müssen, die ein Auseinanderbrechen verhindern sollen. Möglicherweise wurden hier noch vom Grebensteiner Freigericht Urteile gesprochen, die auf dem in etwa 1km nordwestlich gelegenen Galgenberg vollstreckt worden sein könnten. Die Vorraussetzungen, die in damaliger Zeit an einen solchen Gerichtsplatz gestellt wurden, wie gute Erreichbarkeit, Vorhandensein von Trinkwasser für Mensch und Pferd waren offenbar gegeben, denn nach den vorliegenden Informationen befand sich in der Nähe ein Gewässer, worauf auch der Gemarkungsname „Am unteren Teich" hinweist. 1821 wurde das seit ca. 1300 bestehende Amt Grebenstein (Gericht) aufgelöst und unter ihr fortan keine Urteile mehr gesprochen. Das Alter dieses Baumes dürfte lange Zeit überschätzt worden sein.

Eine weitere Gerichtslinde befindet sich in der Ortsmitte von Vollmarshausen. Dieser Baum mit einem Stammumfang von knapp 4 m und einer Höhe von ca. 18 m weist ein Alter von etwa 250 Jahren auf. Gerichte wurden unter ihm sicherlich nicht mehr gehalten, vielmehr soll er an den alten Thingplatz erinnern, dessen Mittelpunkt wohl ebenfalls von einer großen Linde geprägt wurde.

An der historischen Kirchenruine des im 30-jährigen Krieg zerstörten Dorfes Oberhaldessen bei Grebenstein, am Teich des jetzigen Gutes Oberhaldessen, stehen eine Sommer- und eine Winterlinde, die ebenfalls unser Augenmerk verdienen. Insbesondere die Sommerlinde, deren hohler Stamm einen Umfang von 6,40 m aufweist, findet sich unter den dicksten Bäumen des Landkreises wieder.

Viele der als Naturdenkmal ausgewiesenen Linden stehen auf Friedhöfen und in der Nähe von Kirchen. Ein schönes Exemplar wächst zum Beispiel neben der Kirche in Hoof. Mit einem Stammumfang von 6,10 m gehört diese Linde zu den herausragenden Bäumen ihrer Art im Landkreis. Die mindestens 300 Jahre alte Linde besticht durch ihre harmonisch wirkende Gestalt, die sie würdevoll als Einheit mit dem Gotteshaus erscheinen lässt. Neben ihr muss auch die Linde auf dem Friedhof in Obermeiser, die mit 8,10 m Stammumfang zumindest annähernd an die Dimension der Gerichtslinde in Schachten gelangt, besondere Erwähnung finden. Nach einem früheren Blitzschaden und einem im Jahre 2003 folgenden Starkastausbruch musste sie leider drastisch eingekürzt werden, um die Sicherheit der Friedhofsbesucher nicht zu gefährden. In einiger Zeit wird sie eine neue Krone gebildet haben und das Ortsbild wieder beherrschen. Eindrucksvoll sind auch die beiden Linden auf dem Friedhof in Sielen, die mit Stammumfängen von über 4 bzw. fast 6 m und Höhen von etwa 20 m beachtliche Ausmaße erreichen. Eine über 20 m hohe Linde steht auf dem Friedhof in Balhorn. Ihre Erscheinung ist eindrucksvoll, prägt sie doch mit ihrer Größe und ihrem schönen Habitus das Bild dieses Ortsrandes.

In der freien Feldflur sind Linden heute eher selten anzutreffen. Einigen markanten Exemplaren kommt trotz ihrer geringen Wuchshöhe eine landschaftsprägende Bedeutung zu. Die Linden in der Gemarkung Deisel, rechts der Diemel „Am Brückenweg", nordöstlich der Ortslage, in der Gemarkung Zierenberg, links der Straße nach Friedrichsaue unterhalb der Autobahn und in der Gemarkung Balhorn, „Hinter´m Lindchen", nordwestlich des Ortes sind Beispiele hierfür. Knapp 6 m Stammumfang und gut 24 m Höhe weist die Linde am südlichen Ortsrand Ippinghausens in der Nähe des Wasserbehälters auf. Mit ihrer mächtigen Gestalt bestimmt auch sie das Landschaftsbild.

Neben diesen einzeln stehenden Linden, sind auch mehrere Lindengruppen als Naturdenkmal ausgewiesen. Dazu gehört unter anderem die sich aus vier Linden zusammensetzende Baumgruppe südlich von Wolfhagen an der L 3214 in Richtung Ippinghausen. Typisch für einige Lindengruppen – wie auch in diesem Fall – ist ihre Anordnung, bei der jeweils zwei Bäume an einer Gewässerkreuzung gegenüber stehen und somit ein Ensemble aus vier Exemplaren bilden.

In der Ortslage Wettesingen, am Weg von der Warburger Straße zum Gut, befindet sich unsere einzige als Naturdenkmal geschützte Lindenallee. Dreißig Bäume bilden hier das Kronendach der knapp 100 m langen Zufahrt zum Rittergut. Das Alter dieser Allee dürfte etwa 80 Jahre betragen.

Die Linde an der Kirche in Langenthal

Rotbuchen

In den überlieferten Schriften stellen viele römische Dichter die Buchenwälder Germaniens als finstere, schreckliche Orte dar, in denen wilde Horden hausen und ihre grausamen Opferrituale zelebrieren. Den Römern, die vorwiegend die lichten Eichenwälder ihrer Heimat kannten, erschienen die tiefschattigen Buchenwälder mit dem dichten Kronendach unheimlich. Diese Eindrücke lassen sich auf das Wuchsverhalten der Buche zurückführen: Nach Kronenschluss sterben die Äste im unteren Stammbereich allmählich ab und hinterlassen hohe silbergraue Stämme, von manchen Besuchern als hallenartige Bestände empfunden. Die Buchenwälder von Lyons-la-Forêt bei Rouen, Normandie, sind von besonderer Reinheit und Herrlichkeit. Die hochschaftigen, bis 30 m hohen astfreien Stämme tragen einen dichten Baldachin, durch den kaum ein Lichtstrahl fällt. Diese Wälder sollen Vorbild und Inspiration für die weltberühmten Kathedralen der Normandie sein.

Tatsächlich ist seit der Eisenzeit, um 500 v.Chr., die Buche vorherrschende Baumart in unserer Heimat und hat damit die in eher lichten Wäldern vorkommende Eiche verdrängt. Der Name Rotbuche (*Fagus sylvatica*) ist auf das rötliche Holz zurückzuführen. Ihre Blätter sind eiförmig, ganzrandig und kurz gestielt. Wegen ihres reichen Laubfalles und ihrer intensiven Durchwurzelung auch tieferer Bodenschichten gilt sie als boden- und bestandspflegende Baumart. Die Forstwirtschaft bezeichnet sie daher auch als „die Mutter des Waldes". Die Rotbuche ist im Gegensatz zur Eiche schattenverträglich, erreicht ein Alter bis zu 300 Jahren und eine Wuchshöhe bis zu 40 m. Sie bevorzugt kalk- und nährstoffreiche Böden, wie wir sie im Landkreis sehr häufig antreffen und meidet sehr saure, sehr nasse oder sehr trockene, flachgründige Standorte. Noch heute bilden Buchenwälder unterschiedlicher Ausprägungen in Hessen größtenteils die natürliche Vegetation, d. h. würden hier wieder wachsen, wenn der Mensch aufhörte einzuschreiten. Wie schnell die Buche sich ihren natürlichen Lebensraum zurück erobert, sieht man sehr gut an brachgefallenen Flächen, auf denen sich über verschiedene Stadien der Besiedlung mit Pionierarten, wie zum Beispiel Birke, Kiefer, Eberesche oder Salweide, nach einiger Zeit relativ stabile Buchen- und Buchenmischbestände einstellen.

Die Blutbuche stellt eine Kulturform der Rotbuche dar. Das rote Blattkleid ist in verschiedenen Farbtönen, vom zarten rosa bis tief violett-rot zu haben. Einige Wildlinge der Blutbuche in Mitteleuropa nährten das Gerücht, die Färbung des Laubes sei auf das Blut Ermordeter zurückzuführen, das nicht zur Ruhe kommen könne. Auf eine solche Weise missbillige die Natur diese Verbrechen.

Noch heute finden wir die Buche in vielen Wörtern und Wortstämmen wieder. Die Begriffe Buch und Buchstabe gehen vermutlich auf das germanische Runenalphabet zurück, das in Buchenstäbe geritzt wurde. Diese Stäbe wurden dann geworfen und daraus gelesen. Eine andere Theorie geht auf die ersten Druckversuche von Gutenberg zurück, der hierfür aus Buchenholz geschnitzte Lettern verwandte.

Die Buche ist seit jeher als Brennholz gefragt. Ihr Heizwert liegt über dem der Eiche, der Birke oder anderer heimischer Arten. In den Nachkriegsjahren wurden sogar Kraftfahrzeuge mit Buchenholz betrieben und Buchenöl als Speiseölersatz genommen. Buchenasche diente bis zur Erfindung des Waschpulvers zum Wäschewaschen. Zur Herstellung von Wasch- und Scheuerlauge übergoss man Buchenasche mehrfach mit lauwarmem Wasser und siebte nach einigen Stunden die überstehende Flüssigkeit durch ein engmaschiges Tuch.

Auf dem Friedhof in Oberlistingen steht diese schöne Blutbuche als Naturdenkmal unter Schutz.

Alte Hutebuche im Meimbresser Grund in der Gemarkung Calden

Triftbuche bei Holzhausen

Unter den heute hier heimischen Arten gilt die Buche als die Baumart mit den vielseitigsten Verwendungsmöglichkeiten. Aufgrund der Eigenschaft des Buchenholzes, sich unter heißem Wasserdampf biegen zu lassen, wird sie hauptsächlich in der Möbelindustrie, bevorzugt als Sitzmöbel verwendet. Beispiel dafür ist der millionenfach produzierte Wiener Kaffeehausstuhl Nr. 14. Früher wie heute werden noch viele Haushaltsgegenstände, wie Schüsseln, Wannen, Kochlöffel, Frühstücksbretter, Nudelrollen, Holzspielzeug und Wäscheklammern aus Buchenholz gefertigt. Sie liefert ebenso Holz für Parkettböden und Treppenbau, sowie für die Zellstoff-, Papier-, Span- und Faserplattenindustrie.

Zu den bekanntesten Buchen zählt heute die Bavaria-Buche bei Altmannstein im Altmühltal, die auf über 500 Jahre geschätzt wird. Nicht weniger bekannt ist auch die Judenbuche, die durch den gleichnamigen Roman von Anette von Droste-Hülshoff (1797-1848) Berühmtheit erlangte und nach neueren Erkenntnissen des Heimatforschers Siegfried Lotze möglicherweise an dem alten Handelsweg im Reinhardswald stand.

Wie die Eichen wurden auch die Buchen als Hutebuchen verwendet. Ein solches Hutewäldchen finden wir noch heute im flächenhaften Naturdenkmal Schlüsselgrund bei Wettesingen. Gruppen bzw. Reihen von Hutebuchen stehen in der Gemarkung Dörnberg, nahe des Forsthauses Haide und am Rande des Kalkmagerrasens Wacholdern bei Calden. Auch die Triftbuche bei Holzhausen diente, ähnlich wie die Schäferbuche bei Altenhasungen, als Schattenspender und Nahrungsquelle für das Vieh.

Die Fünfbrüderbuche im Wald südlich von Naumburg verdankt ihren Namen fünf eng beieinander stehenden, aufrecht wachsenden Stämmlingen. Mit einem Stammumfang von 4,35 m zählt sie, ähnlich wie der Prinzessinbaum bei Wellerode mit 4,10 m, zu den mächtigsten Exemplaren. Nur die Rotbuche bei Heisebeck und die bereits erwähnte Triftbuche weisen mit 5,80 m bzw. 5,60 m noch größere Umfänge auf. Das Alter der Heisebecker Buche wird auf ca. 200 Jahre geschätzt. Für die Triftbuche wurde im Jahre 1988 vom damaligen Hessischen Ministerium für Landwirtschaft, Forsten und Naturschutz ein Alter von 285 Jahren ermittelt. In 2003 durfte sie somit

Südwestlich von Zwergen am Rand des Sassentals wächst diese stattliche zweistämmige Rotbuche.

Bizarre Wuchsformen der Rotbuche finden sich am Nassen Wolkenbruch.

Blutbuche und Rotbuche – beide im Garten des Landratsamtes Wolfhagen

– im übertragenen Sinne – ihren 300sten Geburtstag feiern und ist sicherlich eine der ältesten Buchen im Landkreis Kassel. Bizarre Wuchsformen der Rotbuche können wir auch am Nassen Wolkenbruch bei Trendelburg entdecken. Einzelne stattliche Exemplare stehen im Staatsforst in der Gemarkung Ippinghausen, am Großen Gudenberg bei Zierenberg, am Waldrand bei Zwergen, in den Gemarkungen Nothfelden und Wenigenhasungen sowie bei der Kirche in Wahnhausen.

Stattliche Blutbuchen prägen das Bild des Friedhofes in Oberlistingen sowie im Burggarten der Kreisverwaltung in Wolfhagen. Letztere hat ein Alter von ca. 200 Jahren und einen Stammumfang von 4,0 m.

Rotbuchen sind es, die zusammen mit Eichen und Hainbuchen das Bild des sog. „Turnierplatzes", in einigen Karten auch als „Tanzplatz" angegeben, am Freistuhl nahe der Schartenburg in der Gemarkung Zierenberg prägen. Mittelpunkt des ehemals freien, jetzt zunehmend verbuschenden, runden Platzes ist eine ca. 200jährige Eiche, die von einem Ring der genannten Arten umgeben wird. Der Durchmesser des Platzes beträgt ca. 30 m, wobei die Bäume innerhalb des äußeren Ringes in einem Abstand von ca. 15 m zueinander stehen. Nach Mitteilung von Dr. Klaus Sippel vom Landesamt für Denkmalpflege Hessen wurde der Platz in seiner jetzigen Form wohl in der romantischen Zeitepoche, also in der ersten Hälfte des 19. Jahrhunderts angelegt. Vermutlich lag hier auch das 1385 gegründete Fehmegericht „Vor dem Schlosse Schartenberg".

Kastanien

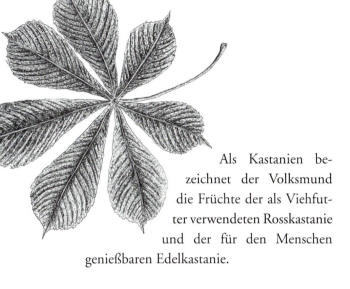

Als Kastanien bezeichnet der Volksmund die Früchte der als Viehfutter verwendeten Rosskastanie und der für den Menschen genießbaren Edelkastanie.

Lange glaubten die Botaniker, die Rosskastanie (*Aesculus hippocastanum*) stamme aus der Gegend um Konstantinopel (heute Istanbul), da man von dort den ersten Samen 1576 nach Wien einführte. Im 17. Jahrhundert brachten Reisende sie nach England, Frankreich und die Niederlande und verwendeten sie, wie auch heute noch, vornehmlich als Park- und Alleebaum. Erst Ende des 19. Jahrhunderts konnten natürliche Bestände dieser Baumart in Nordgriechenland und gar erst 1907 in Bulgarien nachgewiesen werden.

Wegen ihrer kurzen Geschichte in Mitteleuropa spielt die Rosskastanie in der Mythologie bei uns keine Rolle.

Die Rosskastanie erreicht unter guten Bedingungen eine Wuchshöhe von 25 m bei einer Stammdicke bis zu einem Meter und ein Alter bis etwa 200 Jahre. An Licht und Wärme stellt sie keine großen Ansprüche, benötigt aber lockeren, frischen und nährstoffreichen Boden.

Einige stattliche Rosskastanien stehen als Naturdenkmale im Landkreis Kassel unter Schutz. Die beiden schönen Exemplare auf dem Burghof in Trendelburg weisen jeweils eine Höhe von 20 m auf. Ihre Stammumfänge liegen bei 3 bzw. 3,80 m, für Rosskastanien wahrlich große Dimensionen. Ihr Alter beträgt 150 Jahre. Ein weiterer stattlicher Baum an der „Steinernen Brücke" in Grebenstein hat eine Höhe von 25 m und einen Stammumfang von 4,10 m. Sein Alter wird ebenfalls auf 150 Jahre geschätzt. Ein prächtiges Exemplar mitten im Ortskern von Hoof (Korbacher Straße 312) kommt auf 27 m Höhe bei einem Stammumfang von 3,50 m. Dieser markante Einzelbaum ist ca. 120 Jahre alt. An der Kirche in Frommershausen wächst eine Rosskastanie mit einer Höhe von 19 m, einem Stammumfang von 3,00 m und einem Alter von gut 100 Jahren. Einen Stammumfang von fast 4 m weist die Kastanie auf dem Gelände des Landratsamtes in Wolfhagen auf. Allen diesen Rosskastanien ist ein innerörtlicher Standort gemein. In der freien Feldflur kommen Kastanien selten bei uns vor. Eine schön geformte Kastanie mit ausladender Krone südlich von Martinhagen, eine gut 20 m hohe und fast 4 m Stammumfang messende im Bereich der Diemel (Gemarkung Eberschütz) und ein 22 m hoher Baum in der Gemarkung Grebenstein wurden wegen ihrer landschaftsprägenden Wirkung als Naturdenkmale unter Schutz gestellt.

Botanisch nicht verwandt mit der Rosskastanie ist die Edelkastanie (*Castanea sativa*), lediglich die Formen der Früchte ähneln sich. Rosskastanien gehören zu den Rosengewächsen, Edelkastanien zu den Buchengewächsen. Dieser ursprünglich aus südlichen Gefilden – Südfrankreich, Schweiz, Italien, Balkan, Kleinasien, Kaukasus und Nordafrika – stammende Baum kommt in Nordhessen so gut wie gar nicht vor. Er bevorzugt milderes Klima und wurde daher in Deutschland hauptsächlich im wärmeren Südwesten angepflanzt. Bei uns gedeiht die Edelkastanie zwar gut, kann aber wegen der Früh- und Spätfröste selten fruchten.

So ist es auch nicht verwunderlich, dass wir im Landkreis Kassel wenige Bäume dieser Art haben, die als Naturdenkmale in Frage kämen. Nur in Schachten, südlich des Ortes, steht eine als Naturdenkmal geschützte Baumgruppe, bestehend aus zwei Edelkastanien und einem Walnussbaum. Die Edelkastanien weisen einen Stammumfang von 4,70 m bzw. von 4,30 m auf.

Blühende Rosskastanie an der Kirche in Frommershausen

Auf dem Burghof Trendelburgs kann man diese schöne Rosskastanie von über 20 m Höhe bewundern.

Kastanie im Burggarten des Landratsamtes in Wolfhagen. Mit einem Stammumfang von 4 m ist dieser Baum einer der mächtigsten seiner Art im Landkreis.

In ihrer Heimat können Edelkastanien ein beachtliches Alter von 500 Jahren erreichen. Einige Exemplare sollen dort angeblich sogar über 1.000 Jahre alt sein. Ihre Höhe kann 25 bis 30 m betragen, bei einem Stammumfang von mehreren Metern. Im Gebiet des Ätna auf Sizilien existieren Edelkastanien mit Stammdurchmessern von über 6 m.

In Kastanienregionen spielen ihre Früchte – die Maronen – eine große Rolle. In manchen wärmebegünstigten Gegenden war die Kastanie durchaus Volksnahrungsmittel. Die Maronen haben immerhin einen Stärkeanteil von über 40 % und sind daher recht nahrhaft. Verschiedene Kastaniengerichte kommen aus diesen Ländern. In der Pfalz und in Baden feiert man vielerorts im Herbst die sogenannten „Keschdefeschde", bei denen Maronen in unterschiedlichsten Gerichten – gekocht oder geröstet – verzehrt werden.

Matthiolus, ein bekannter Arzt und Wundheiler wusste 1626 von den Wirkungen der Esskastanie zu berichten: *„Gebraten Kastanien zerstossen mit Honig und Saltz ubergelegt / seind nützlich denen / so von rasenden Hunden gebissen sind."* Weiterhin führte er aus: *„Ja so man sie mit Pfeffer und Saltz bestrewet / unnd isset / machen sie geyl und unkeusch."*

Auf den früheren Reichskanzler Otto von Bismarck soll die Redensart *„für jemanden die Kastanien aus dem Feuer holen"* zurück gehen. *„Wenn andere Leute sich dazu hergeben, die Kastanien für einen aus dem Feuer zu holen, warum soll man ihnen das nicht gerne überlassen?"*

Eiben

Gibt es neben den zahlreichen eingeschleppten und forstlich kultivierten Koniferen auch einheimische Nadelbäume? Wenn wir den Wacholder beiseite lassen, lautet die richtige Antwort: Nur die Eibe ist unstrittig natürlich bei uns beheimatet und allein deshalb so selten, weil über lange Zeiträume hinweg mehr Bäume gefällt wurden als nachwachsen konnten.

In unserem Landkreis stehen fünf stattliche Eiben als Naturdenkmale unter Schutz. Auf dem Gelände des Schlossparks in Riede wächst ein besonders bemerkenswerter Baum mit einem Stammumfang von gut 3,50 m. Kaum minder in ihren Dimensionen stellen auch die beiden Eiben an der Gaststätte Mündener Str. 2 in Bad Karlshafen auffällige Exemplare dar. Im ehemaligen Klostergarten in Lippoldsberg befindet sich ein Baum mit einem Stammumfang von 1,80 m und auch in unmittelbarer Nähe zur Stiftskirche in Oberkaufungen wächst eine recht große Eibe. Normalerweise erreicht diese Baumart bei uns nur eine Höhe von 7 bis 10 m und einen Stammdurchmesser von einem halben Meter.

Die Eibe ist in vielerlei Hinsicht ein bemerkenswerter Baum. *Taxus baccata* – so der wissenschaftlicher Name – kann ein Alter von 1.000 Jahren und darüber erreichen. In der Normandie existieren einige Eiben mit Stammumfängen zwischen 12 und 15 m und dürften tatsächlich ein Alter von über 1.000 Jahren aufweisen. Eiben haben ein extrem langsames Dickenwachstum. Man kann aufgrund des Durchmessers der mittlerweile längst hohl gewordenen Stämme das Alter abschätzen, eine exakte Ermittlung ist aber nicht möglich.

Das Alter der Rieder Eibe konnte aufgrund dendrochronologischer Untersuchungen auf 350 Jahre bestimmt werden. Die beiden Exemplare in Bad Karlshafen dürften ein Alter von mindestens zwei bis drei Jahrhunderten aufweisen. Die Eibe in Lippoldsberg soll immerhin fast 200 Jahren alt sein.

„Taxus" aus dem Lateinischen von „taxere" abgeleitet, bedeutet strafen. Dies steht eng mit dem griechischen Wort „toxon" in Verbindung, womit der Bogen bezeichnet wird. Das althochdeutsche „iwa" umfasst nicht nur den Begriff der Eibe, sondern steht gleichzeitig für Bogen und Armbrust. Schon in der Altsteinzeit verwendeten die Menschen das widerstandsfähige, harte und gleichzeitig elastische Eibenholz für Speere. Im Mittelalter war es das Bogenholz schlechthin und englische Langbögen aus Eibenholz waren geradezu legendär. Das Handwerk des Bogenbauers – des Bogners – war hoch angesehen. Auch Armbrüste schuf man aus diesem für die damalige Zeit äußerst wertvollen Holz. In der Nähe mittelalterlicher Burgen wuchsen die Eibenwälder sozusagen als Waffenreservoir. Durch den extrem hohen Bedarf an Eibenholz litten die natürlichen Bestände dieses Baumes, so dass sie bis auf wenige Areale ausgelöscht wurden. Im nachmittelalterlichen England musste Eibenholz sogar vom europäischen Festland eingeführt werden, um den hohen Bedarf zu decken. Einer der letzten Eibenwälder Deutschlands befindet sich in gar nicht allzu großer Entfernung des Landkreises Kassel in der Nähe von Göttingen. Neben der Waffenherstellung verwendeten die Handwerker das Holz zu vielen Gegenständen des täglichen Gebrauchs, wie beispielsweise als Griffe für Werkzeuge, Kämme sowie Wander- und Peitschenstöcke. Darüber hinaus verarbeitete man es zu Furnieren und Intarsien. Durch das Aufkommen der Feuerwaffen verlor die Eibe maßgeblich an Bedeutung, doch die einstigen Bestände waren für immer verloren.

Der Artname „baccata" bedeutet „beerentragend" und Carl von Linné bezog sich bei der Namensge-

Die Eibe im Schlosspark von Riede mit einem nachgewiesenen Alter von 350 Jahren bringt es auf einen Stammumfang von 3,50 m.

Eine der beiden Eiben in der Ortslage Bad Karlshafens

bung auf die roten, fleischigen, becherartigen Scheinbeeren, die jeweils ein hartschaliges Samennüsschen umhüllen. Als einziger heimischer Nadelbaum trägt die Eibe somit keine Zapfen. Charakteristisch für diese kalkliebende und schattenverträgliche Baumart ist die enorme Ausschlagfähigkeit, die die Gärtner vornehmlich im Rokoko zu allerlei Formschnitten nutzten. Hieraus leitet sich auch ihre Verwendung als Heckengehölz ab.

Eine weitere Besonderheit weist die Eibe auf: Als einzige heimische Baumart ist sie giftig. Mit Ausnahme des roten Samenmantels weisen sämtliche Pflanzenteile den Giftstoff Taxin auf. Eine für den Menschen tödliche Dosis soll bei etwa 50 bis 100 g Nadeln liegen. Die Giftigkeit wird schon in der griechischen Mythologie beschrieben, als sich die Jagdgöttin Artemis an den Töchtern der Niobe mit Eibengiftpfeilen rächte. Die Verwendung des Eibengiftes als Abortivum und der damit verbundenen hohen Sterblichkeit der Mütter trug der Eibe in manchen Regionen auch den Namen des verbotenen Baumes ein. Bei Pferden wirken die Giftstoffe ebenfalls sehr stark, hingegen können Rehe, Wildschweine und Hasen durchaus Eibennadeln fressen. In der modernen Medizin verwendet man Eibengiftstoffe der Pazifischen Eibe als Zellteilungsgift.

Viele alte Kulturen verehrten die Eibe als heiligen Baum. Das schon erwähnte althochdeutsche „iwa" steht möglicherweise mit „ewa", gleichbedeutend mit Ewigkeit in Verbindung und bezieht sich wohl auf die immergrünen Nadeln sowie die sich immer wieder neu bildenden Triebe, vielleicht auch auf die hohe Lebenserwartung der Eibe. Daher ist verständlich, warum so viele Eiben auch heute noch auf unseren Friedhöfen wachsen und so lassen sich auch die Worte der Hildegard von Bingen deuten, als sie vor gut 800 Jahren niederschrieb: *„De Ybenbaum ist ein Sinnbild für die Fröhlichkeit"*. An die Auferstehung nach dem Tod glaubend, symbolisiert die Eibe den Übergang zum ewigen Leben.

Eschen

„Eine Esche weiß ich, sie heißt Yggdrasil, die hohe, benetzt mit hellem Nass; von dort kommt der Tau, der in Täler fällt, immergrün steht sie am Urdbrunnen."

aus der Edda

Die Edda, eine alte Schrift nordischer Götter- und Heldensagen und wichtigste Quelle über die Mythologie und Religion der Germanen, berichtet über die Weltenesche Yggdrasil, die der schönste und heiligste unter allen Bäumen sei. Ihre Zweige weiten sich über Himmel und Erde und sie trägt die Welt. Sie verbindet das Götterland mit dem Menschenland. Ein Drache soll an ihren Wurzeln genagt, vier Hirsche in ihrem Geäst gehaust und ein Adler in ihrem Wipfel gehorstet haben. Und wenn Yggdrasil fällt, dann versinkt die Welt. Man kann nur erahnen, welch große Bedeutung die damaligen Menschen den Eschen beimaßen.

Weit weniger mythologisch oder auch religiös durchdrungen, erkannten die Menschen die hervorragenden Eigenschaften des Eschenholzes. Es zeichnet sich durch eine große Zähigkeit und Elastizität aus, wodurch es sich bestens zum Bau von Speeren und Bögen eignet. Schon Homer erwähnt den Eschenspeer und laut Vergil soll Äneas, in Latium (Italien) ankommen, als erstes Eschenholz zur Fertigung von Bögen, Pfeilen und Speeren gesucht haben. Mit einem Eschenspeer tötete Achilles den trojanischen Helden Hektor. Im Mittelalter galt Eschenholz zum Bau von Speeren als unübertroffen und man verarbeitete es bis in das 20. Jahrhundert zu vielen Gebrauchsgegenständen wie Leitern, Wagen und Reifen. Noch heute benötigt man Eschenholz zur Herstellung hochwertiger Werkzeugstiele aller Art sowie zum Bau von Sportgeräten.

Die Blätter der Eschen wurden als Tee zubereitet und sollten gegen Rheuma, als blutreinigendes Mittel und als sanft abführendes Medikament helfen. Aus der Rinde stellten die Apotheker Medikamente gegen Fieber und Syphilis her und verwendeten diese auch wegen der blutstillenden Wirkung als Wundmittel. Als Gewürz aßen unsere Vorfahren die in den Früchten der Esche enthaltenen öligen Samen. Die früheren Bauern gaben den Schafen und Ziegen Eschenlaub als Viehfutter.

Viele Flur- und Dorfnamen leiten sich von dem Namen der Esche ab, so auch bei uns im Landkreis Kassel mit Escheberg und Eschenstruth. Der deutsche Ausdruck Esche stammt vom althochdeutschen „asc" bzw. mittelhochdeutschen „asch" ab und meint damit nicht nur den Baum selbst, sondern auch den aus dessen Holz gefertigten Speer. Die nahe Verwandtschaft mit dem deutschen Wort zeigt sich auch in anderen germanischen Sprachen, wie dem niederländischen „esch", dem englischen „ash" und dem schwedischen „ask". Der wissenschaftliche Name lautet *Fraxinus excelsior*, wobei der erste Teil aus dem Griechischen (phrasso = umzäunen) kommt, da das Holz auch für den Bau von Zäunen Verwendung fand. Der lateinische Begriff „excelsior" bedeutet herausragend, höher und zielt damit auf die Wuchshöhe der Esche ab.

Über 30 m hoch kann die Esche werden und ein Alter von 250 Jahren erreichen, wird also längst nicht so alt wie Eichen. Die Art verlangt frische bis feuchte, tiefgründige, lockere und nährstoffreiche Böden und verträgt keine stehende Nässe. Die Esche benötigt viel Licht, stellt aber keine hohen Ansprüche an die Temperatur. Bevorzugt kommt die Baumart in den Niederungen, Flusstälern und -auen vor.

Große, im Sinne eines Naturdenkmals zu schützende Eschen sind im Landkreis Kassel leider selten, so dass

Esche in der Feldflur Niederelsungens im Gemarkungsteil „Bei der Hecke"

In der Diemelaue bei Eberschütz steht diese Esche.

bei uns nur drei Bäume unter den besonderen Schutzstatus fallen. Dies ist die Esche in der Gemarkung Niederelsungen, Flurbezeichnung „Bei der Hecke" mit einer Höhe von fast 20 m, einem Stammumfang von über 3 m und einem geschätzten Alter von 100 Jahren. Die Esche in der Gemarkung Vaake „Am alten Harneweg" weist eine Höhe von 19 m und einen Stammumfang von 3,10 m bei einem Alter von 80 Jahren auf. Als dritte kommt die Esche in der Gemarkung Eberschütz im Bereich der Diemelaue mit der Flurbezeichnung „Auf den Triebblättern" auf eine Höhe von 23 m, einen Stammumfang von 3,6 m und ein Alter von ca. 120 Jahren. Allen Bäumen gemeinsam ist ihre landschaftsprägende Wirkung, da sie einzeln stehen.

Der Name der botanisch nicht verwandten Eberesche (Vogelbeere) bezieht sich auf die eschenähnlichen Fiederblätter.

Ahorne

Der Ahorn mild,
von süßem Safte trächtig,
Steigt rein empor und spielt mit
seiner Last

Johann Wolfgang von Goethe

Eher als Ausnahme findet sich der Ahorn in der dichterischen Kunst wieder, so wie ihn Goethe in seinem „Faust" erwähnt. Er weist damit auf die frühere Nutzung des Ahorns hin, der im Frühjahr angebohrt wurde, um das süßliche Baumwasser zu gewinnen. Dieses dickte man über dem Feuer zu Ahornsirup ein oder ließ den Zucker auskristallisieren (Ahornzucker). In Kanada, wo das Ahornblatt die Nationalflagge ziert, ist die Sirupproduktion aus Ahorn immer noch ein wichtiger Wirtschaftszweig. Das seltene Interesse in der Literatur am Ahorn liegt sicherlich auch in der eher geringen mythologischen Bedeutung dieses Baumes begründet. Sehr wohl wurden seine Zweige aber als Schutz vor Hexen an Häusern und Ställen befestigt.

Weltweit kennt man etwa 200 Arten der Gattung Acer, von denen in Mitteleuropa drei Spezies von Bedeutung sind: Der Bergahorn (*Acer pseudoplatanus*), der Spitzahorn (*Acer platanoides*) und der Feldahorn (*Acer campestre*). Der Gattungsname *Acer* stammt vom gleichlautenden lateinischen Wort ab, das „spitz" oder auch „scharf" bedeutet und sich auf die spitz zulaufenden Blätter bezieht.

Als Naturdenkmal steht auf dem Grundstück der Stiftskirche in Oberkaufungen ein markanter Bergahorn unter Schutz. Leider kommen im Landkreis Kassel ansonsten keine größeren Bäume dieser Art vor. Der Bergahorn ist ein schöner bis zu 30, in Ausnahmefällen sogar 40 m hoch werdender Baum, der einen Stammdurchmesser von 3,5 m und ein Alter von mehreren hundert Jahren erreichen kann. Er liebt tiefgründigen, mineralkräftigen und lockeren Boden und bevorzugt eher etwas kühlere Lagen. Heutzutage wird der Bergahorn gern als Straßen- und Alleebaum gepflanzt. Sein Artname „*pseudoplatanus*" bezieht sich auf die Ähnlichkeit seiner abblätternden Rinde älterer Bäume mit denen der Platane.

Nördlich von Hofgeismar am Fuße des Westberges befindet sich ein stattlicher Spitzahorn. Dieser wurde wegen seines landschaftsprägenden Charakters als Naturdenkmal ausgewiesen. Ein weiterer sehenswerter Spitzahorn wächst am westlichen Ortsrand von Helsa in der Nähe des Bahnhofsgebäudes. Sie sind damit die einzigen Bäume ihrer Art, die im Landkreis Kassel zum Naturdenkmal erklärt wurden. Wie beim Bergahorn fehlen ansonsten auch bei dieser Art größere Exemplare, die eine Ausweisung als Naturdenkmal rechtfertigen würden. Als anspruchsloser und anpassungsfähiger Baum kommt der Spitzahorn sowohl auf nassen als auch auf trockenen Böden vor, bevorzugt aber etwas wärmere Lagen als die vorgenannte Art. Im Gegensatz zum Bergahorn erreicht er „nur" ein Alter von 150 Jahren und kann dann eine Höhe von 20 bis 30 m aufweisen. Ebenso wie den Bergahorn verwendet man den Spitzahorn gern als Park- und Alleebaum. Die Artbezeichnung „platanoides" nimmt Bezug auf die Ähnlichkeit mit Platanenblättern.

Der Feldahorn, auch Maßholder genannt, wird unter günstigen Bedingungen lediglich 12 bis 15 Meter hoch und kann ein Ausnahmealter von vielleicht 150 Jahren erreichen. Gegenüber den zuvor genannten Vertretern der Ahorne gilt der Maßholder als noch genügsamer und anpassungsfähiger, was Boden, Wärme und Licht betrifft.

Der Feldahorn besitzt ein enormes Ausschlagvermögen und man verwendet ihn daher gern als Heckengehölz. Sein Artname „campestre" enthält das lateinische Wort „campus", was Feld heißt. „Maß" leitet sich von dem altsächsischen „mat" ab und bedeutet Speise. Die Blätter des Maßholders wurden ähnlich dem Sauerkraut eingestampft und vergoren. Später, als man die Blätter nicht mehr für die menschliche Nahrung verwendete, wurden diese aber noch als Viehnahrung genutzt. In Feldgehölzen ist diese Art auch bei uns im Landkreis Kassel häufig anzutreffen.

Als mäßig hartes, festes, zähes und elastisches Holz sind Spitz- und Bergahorn in der Möbelindustrie, insbesondere für wertvolle Furniere begehrt. Darüber hinaus wird vornehmlich das etwas härtere und wertvollere Holz des Bergahorns zur Fertigung von Drechselarbeiten und zur Parkettherstellung benötigt. Besonders geeignet ist dieses Holz zur Herstellung der Resonanzböden von Saiteninstrumenten, wie Geige, Cello und Gitarre. Auch Flöten fertigt man aus Bergahorn. Das schön gemaserte Holz des Feldahorns verwenden Drechsler und Bildschnitzer für ihre Arbeiten.

Der einzige im Landkreis Kassel als Naturdenkmal ausgewiesene Bergahorn auf dem Grundstück der Stiftskirche in Oberkaufungen

Nördlich Hofgeismar steht dieser schöne Spitzahorn.

Kiefern

Schon seit 1968 steht die landschaftsprägende Kiefer in der Gemarkung Haueda nördlich des Ortes, am Hang rechts der Straße nach Übelngönne als Naturdenkmal unter Schutz. Sie hat eine Höhe von 17 m, einen Stammumfang von 3,70 m und ein Alter von vielleicht 200 Jahren. Es handelt sich um eine Gemeine Kiefer (*Pinus sylvestris*), auch Föhre genannt, die in Deutschland vornehmlich im Norden beheimatet ist.

Die Gemeine Kiefer kann unter besten Bedingungen ein Alter von 600 Jahren und dabei eine Höhe von 30 bis 40 m erreichen. Wächst sie frei, wie in Haueda, kann sich aus ihr ein bizarr aufgebauter, kurzschaftiger und breitkroniger Baum mit vielen Ästen entwickeln.

In der Gemarkung Sielen – „Auf der Bühner Seite" nordwestlich des Ortes - steht eine weitere Kiefer wegen ihrer imposanten Ausmaße als Naturdenkmal unter Schutz. Diese Schwarzkiefer (*Pinus nigra*), die ebenfalls einen guten Zustand aufweist, hat einen Stammumfang von über 3 m und eine Höhe von 15 m. Ihr Alter wird auf etwa 150 Jahre geschätzt.

Die Heimat der Schwarzkiefer liegt im Alpenraum. Sie gedeiht besonders gut auf kalkhaltigen Böden, so dass sie vielfach in Muschelkalkgebieten (z.B. in Thüringen) aufgeforstet wurde. Sie erreicht wie die Gemeine Kiefer unter optimalen Bedingungen ein ähnliches Alter und eine entsprechende Wuchshöhe und entwickelt mitunter bizarre Wuchsformen.

Die Gemeine Kiefer und die Schwarzkiefer lassen sich leicht an ihren Zapfen unterscheiden. Während der Zapfen der Gemeinen Kiefer eine eikegelförmige und relativ schlanke Form besitzt, weist der Schwarzkieferzapfen eine eher breitkegelförmige Gestalt auf und ist auch größer.

Nach der letzten Kaltphase zu Beginn des Holozäns vor etwa 11.500 Jahren begannen sich die Gemeine Kiefer zusammen mit der Birke in Mitteleuropa auszubreiten. Beide Baumarten konnten sich mit ihren leichten Flugsamen schnell vermehren und bedeckten große Flächen. Mit fortschreitender Erwärmung gingen die Bestände aber zurück und wurden durch konkurrenzfähigere Arten wie Hasel, etwas später durch Eichen, Linden, Eschen, Erlen und Ulmen verdrängt.

Aufgrund ihrer Anspruchslosigkeit begann man im ausgehenden Mittelalter, die Kiefer auf verödeten Böden anzupflanzen. Dieser Trend nahm zu und mittlerweile nimmt sie knapp 20 % der deutschen Waldflächen ein, wobei die nährstoffarmen Sandböden Norddeutschlands besonders hohe Kiefernanteile haben.

Als „Pinum" bezeichnete man früher spitze Gegenstände und brachte dies mit den spitzen Kiefernnadeln in Verbindung. Hieraus leitet sich der Gattungsname „Pinus" ab. Der Artname „sylvestris" deutet auf den Wald. Das deutsche Wort Kiefer kam erst im ausgehenden Mittelalter auf und stammt vermutlich von dem althochdeutschen Wort „kienforha", was soviel bedeutet wie „Kien tragender Nadelbaum". Unter „Kien" verstand man ein abgespaltenes Holzstück, althochdeutsch „fohra" (Föhre) war die germanische Benennung der Kiefer. Martin Luther hat in seiner Bibelübersetzung ins Deutsche als einer der ersten den Begriff „Kiefer" verwendet. Dort steht in Jesaja Kap. 41. Vers 19:

„Ich wil in der Wüste geben / Cedern / fohern / myrten vnd kyfern / ich wil auff dem Gefilde geben / tennen / buchen / vnd buchsbawn mit einander."

Der Kienspan – ein in Kiefernharz getauchtes Holzstück – war im Mittelalter die wichtigste Lichtquelle. Neben dem Harz fand vor allem das Kiefernholz vielfache Verwendung. Mit rund 100 Jahren ist die Kiefer hiebreif. Ihr leichtes Holz ist dichter und härter als das der Fichte und Tanne und hält wegen des hohen Harzgehaltes auch Nässe und Fäulnis besser stand. Als gutes Brennmaterial sammelte man auch die Zapfen (Kienäpfel).

In der Mythologie spielt die Kiefer bei uns keine große Rolle, entstanden doch ausgedehntere Kiefernwälder erst allmählich in den letzten Jahrhunderten. Hingegen haben die Kiefern in Japan eine herausragende Bedeutung, indem sie Feierlichkeit, Zeitlosigkeit, Beständigkeit und Langlebigkeit symbolisieren. Sie werden dort auch als Sitz der Götter verehrt und sind als Gartenbäume und Bonsais besonders beliebt.

Mit 3,70 m Stammumfang weist diese Kiefer in der Gemarkung Haueda beachtliche Maße auf.

Walnussbäume

Walnussbäume spielen in unserer Region, obwohl sie gut gedeihen und durchaus Früchte tragen, keine herausragende Rolle. Die Walnuss (*Juglans regia*) bevorzugt eher milde Standorte und wird daher in Deutschland hauptsächlich im Süden angepflanzt. Dort kommt sie als Bestandteil vieler Streuobstwiesen vor. Gelegentlich schätzt man bei uns den Walnussbaum als Hausbaum und gönnt ihm einen guten Platz im Garten. Im Landkreis Kassel sind große, Naturdenkmal würdige Nussbäume selten und lediglich ein mächtiger, gut 16 m hoher Baum mit einem Stammumfang von 2,70 m in der Gemarkung Schachten wurde unter besonderen Schutz gestellt.

Der Walnussbaum kann eine Höhe von 25 m und ein Alter von mehreren hundert Jahren erreichen. Sein Stammdurchmesser reicht dann bis zu 2 m. Das Durchschnittsalter liegt aber weit darunter und beträgt etwa 120 bis 150 Jahre. Als recht anspruchsvolle Art benötigt er lockeren, tiefgründigen und nährstoffreichen Boden in möglichst milden und geschützten Lagen.

Seine ursprüngliche Heimat liegt in Südosteuropa und in Vorderasien. Durch die Römer wurde der Walnussbaum in weiten Teilen Europas eingebürgert. Die heutigen großen Anbaugebiete der Welt liegen in den USA, China, der Türkei, Ungarn und Italien. Auch in Frankreich hat der Anbau der Walnuss große Tradition, so vor allem in der Dordogne und in der Umgebung von Grenoble. Besonders die Nüsse aus dem letztgenannten Herkunftsgebiet werden wegen ihres hervorragenden Aromas geschätzt.

Neben der Ernte der wohlschmeckenden Früchte, die schon früher einen hohen wirtschaftlichen Wert darstellen konnten, verwendete man das Holz als Schaft für Armbrüste und Gewehre. Daher war es in Kriegszeiten ausgesprochen begehrt. Aus dem zähen, schweren und hervorragend polierbaren Holz fertigte man auch die Ladestöcke für die Vorderlader. Heute wird das Walnussholz zu wertvollen Furnieren verarbeitet. Es gilt als eines unserer kostbarsten Hölzer überhaupt.

Früher verwendeten die einfachen Leute getrocknete und anschließend pulverisierte grüne Nussschalen und Blätter als Gewürz. Matthiolus schrieb zu Beginn des 17. Jahrhunderts dazu: *„Etliche dörren die grünen Nußschalen / stossens zu Pulver / und brauchens für Pfeffer in der Speiß / und so man ein wenig gedörrte Salben darzu nimpt / schmeckt es nicht ubel. Das junge gedörrte Laub / wenn es noch braunrot ist / mag gleicher Gestallt gebraucht werden."* Zur äußeren Anwendung hinterließ er folgende Zeilen: *„Die Welschen Nüsse zerstossen / mit Honig und Rauten vermischet / und obergelegt / seindt gut zu den Geschwären der Brust / und verruckten Gliedern. Mit Zwiebeln / Saltz und Honig vermengt / unnd aufgestrichen / heylen sie treffentlich wol / was der Mensch oder Hund gebissen hat."* In der Volksmedizin nutzten unsere Vorfahren die Walnussgerbsäure und die ätherischen Öle außerdem als Blutreinigungsmittel, zur Bekämpfung der Gicht, gegen Eingeweidewürmer und Hautkrankheiten. Aus den fetthaltigen Samen stellte man Künstlerölfarben und Firnisse her und auch die Kosmetikindustrie entdeckte längst die Vorzüge von Walnussschalenextrakt zur Herstellung von Bräunungscremes.

Der deutsche Name leitet sich von der „welschen Nuss" ab. Welsch bedeutet fremdartig und bezieht sich auf die Bewohner der romanischen Länder. Das Wort selbst geht auf den keltischen Stamm der Volken zurück.

Schon in der griechischen Mythologie taucht die Walnuss auf. Dionysos verwandelte die schöne Karya, jüngste Tochter des lakonischen Königs, nach ihrem Tod in einen Walnussbaum. Im antiken Griechenland verwandte man die Walnüsse bei Hochzeiten als Glücksbringer und

Fruchtbarkeitsförderer und verteilte diese unter den Gästen. Im Gegensatz dazu galt der Nussbaum während des Mittelalters als eher schädlich und als Unglücksbaum; er entzöge der Umgebung alles Gute und Fruchtbare und was darunter wachse tauge nichts, womit deutlich wird, dass schon früh seine hohen Nährstoffansprüche erkannt wurden. Seine wohlriechenden Blätter, die vor allem beim Zerreiben ätherische Öle in die Atmosphäre abgeben, verwendete man früher in der Nähe der Latrinen, um lästige Fliegen und andere Insekten zu vertreiben.

Walnussbaum bei Schachten

Hainbuchen

Eine Wanderung von Hümme in Richtung Osten führt uns nach zwei Kilometern zur Hümmer Hute. Hier fallen Hainbuchen von bizarrer Gestalt auf, die uns in ihren Bann ziehen. Wodurch erhielten die Bäume solch ungewöhnliche Formen und wie erreichten sie für diese Art so beeindruckende Stammdicken von fast 1,5 m? Die Antworten darauf lassen sich durch die historische Nutzung dieser Bäume als „Schneitelbuchen" erklären. Die Hainbuchen wurden früher wirtschaftlich genutzt, indem junge Zweige mit Blättern geschnitten wurden und diese in getrocknetem Zustand dem Vieh als Winterfütterung dienten. Dabei war der schnelle Austrieb neuer Äste von entscheidender Bedeutung. Alle drei bis fünf Jahre bekamen die Bäume einen Rückschnitt, der dann die bizarren Formen entstehen ließ.

Im Hofgeismarer Stadtteil Friedrichsdorf steht eine weitere Hainbuche mit einem Stammumfang von 2,3 m und einer Höhe von 14 m unter Schutz. Sie weist ein Alter von ca. 100 Jahren auf.

Auch in den als Naturdenkmalen ausgewiesenen Feldgehölzen der Chattensteine südwestlich Zierenbergs sowie am Holzbürgel und Burgberg, beide in der Gemarkung Großenritte liegend, lassen sich alte Hainbuchenbestände finden.

Hainbuchen erreichen unter besten Bedingungen eine maximale Wuchshöhe zwischen 20 und 25 m, eine Stammdicke von 1,5 m und ausnahmsweise ein Alter von 150 Jahren. Daher ist es verständlich, dass größere Bäume Ausnahmen darstellen. Die Hainbuche gilt als Charakterart der Eichen-Hainbuchen-Mischwälder und beansprucht mittlere Bodenverhältnisse. Sie gedeiht auf sandigen, steinigen, lehmigen und auch auf kalkigen Böden. Ihre Heimat reicht von Frankreich und Südengland über Mitteleuropa, Südschweden bis Weißrussland. Weiter südlich kommt sie von Italien über den Balkan bis nach Kleinasien vor.

Die Hainbuche verfügt über ein außerordentliches Ausschlagvermögen und kann den Rückschnitt bestens vertragen. Diese Eigenschaft machten sich schon früher die Menschen zu Nutze, indem sie die Eichen-Hainbuchen-Mischwälder als Niederwälder zur Brennholzgewinnung bewirtschafteten. Nach zehn bis zwanzig Jahren wurden die Bäume „auf den Stock gesetzt". Dabei schnitt man den Stamm etwas oberhalb des Bodens ab, so dass aus dem Wurzelstock wieder ein neuer, meist mehrstämmiger Baum austreiben konnte. Aufgrund ihrer Ausschlagfähigkeit gilt die Hainbuche als eines der besten Heckengehölze. Auch heute noch kommt ihr als Gartenhecke große Bedeutung zu.

Schon um die Zeitenwende nutzten die Menschen die Hainbuchen auf ganz andere Weise. Manche Germanenstämme schützten sich mit Landwehren gegen die Römer. Hierbei ließ man Hainbuchen meterdick ineinander wachsen, um so ein undurchdringbares Dickicht zu erzielen. Auch während der Karolingerzeit umwuchsen Hainbuchen die Fliehburgen, so dass diese nur schwer einzunehmen waren. Im Dreißigjährigen Krieg hatten solche Wehrhecken immer noch große Bedeutung. Neben der Hainbuche verwendeten unsere Vorfahren hierzu auch andere Gehölze, wie Weißdorn und Schlehe.

Die Hainbuche, auch als Weißbuche bezeichnet, hat ein helles, weißliches Holz, im Gegensatz zu dem rötlichen der Rotbuche. Das Holz der Hainbuche war über Jahrhunderte hoch begehrt, da es schnell trocknet, sehr hart und feinfaserig ist. Hieraus fertigte man Gegenstände, die einer hohen mechanischen Belastung Stand halten mussten, wie Werkzeugstiele, Schusterleisten und Hackbretter. Der Drechsler nutzte es gern zu allerlei Arbeiten. Aufgrund seiner Eigenschaften lässt es sich gut polieren. Zu Beginn der Buchdruckerei verwendeten die Drucker neben dem Holz der Rotbuche auch das der Hainbuche als Lettern. Darüber hinaus hat das schwere Holz einen sehr guten Brennwert und liefert hervorragende Holzkohle.

Ein weiterer Name der Hainbuche lautet Hagebuche, der sich vom althochdeutschen Begriff „haganbuoche" ableitet. Hain und Hag haben eine gemeinsame sprachliche Wurzel. „Hag" stammt vom mittelhochdeutsch „hac" und bedeutet soviel wie Umzäunung, Gehege, Gebüsch, Dorngesträuch und (umfriedeter) Wald. Das althochdeutsche „hag" ist die Bezeichnung für Einhegung oder Stadt und wir finden dies in Ortsnamen wie Wolfhagen, Martinhagen, Elmshagen, Dörnhagen, Eiterhagen, Knickhagen und Veckerhagen bei uns im Landkreis wieder.

Mit dem Wort „hanebüchen" bezieht man sich u.a. auf derbe oder auch grobe Handlungen oder Tatbestände bzw. entsprechende dumme Äußerungen. Das Wort leitet sich vom mittelhochdeutschen „hagenbüechin", aus Hagebuchenholz bestehend, ab. Damit wird also auf die Derbheit des knorrigen Holzes angespielt.

Ihr wissenschaftlicher Name *Carpinus betulus* rührt von den Römern, die dieses Gehölz bereits „Carpinus" nannten. Der Artname *betulus* nimmt Bezug auf die Ähnlichkeit der kätzchenartigen Blüten mit denen der Birke (Gattungsname *Betulus*).

Alte und dickstämmige Hainbuche auf der Hümmer Hute in der Gemarkung Hümme.
Die bizarre Wuchsform wurde durch das „Schneiteln" der Bäume hervorgerufen.

Apfelbäume

Einst hatt ich einen schönen Traum.
Da sah ich einen Apfelbaum.
Zwei schöne Äpfel glänzten dran.
Sie reizten mich, ich stieg hinan.

Johann Wolfgang von Goethe

Welch andere Frucht eines Baumes hat den Symbolgehalt und die mythologische Bedeutung wie der Apfel? Die Frage lässt sich klar beantworten: Keine! In unterschiedlichsten alten und heutigen Kulturen galt und gilt der Apfel als Symbol der Vollkommenheit, der Unsterblichkeit, der Fruchtbarkeit, der Liebe, aber auch der Verführung und der Sünde. Wir kennen ja die Geschichte von Adam und Eva. Schon die Babylonier verehrten die Apfelträgerin Ischtar, die Griechen sprachen den Apfel ihrer Liebesgöttin Aphrodite zu und die Germanen glaubten an Idun, die über die goldenen Äpfel des Lebens herrschte. Fortwährende Jugend war den Asen, dem mächtigsten Göttergeschlecht der germanischen Mythologie, vergönnt, weil sie Iduns Zauberäpfel verzehrten.

Hatte der Apfel im Altertum eine hohe Wertschätzung, so kehrte sich dies im Mittelalter durch den Einfluss der Kirche um, die in dieser Frucht vornehmlich die Sünde symbolisiert sah, und die Menschen sagten: Alles Unheil kommt vom Apfel – malum ex malo. Das lateinische Malum bedeutet sowohl „Apfel" als auch „böse". Selbst der wissenschaftliche Name des Holzapfels – *Malus sylvestris* – erinnert daran.

Dennoch genoss der Apfel als Tee oder Saft zubereitet in der Volksmedizin großes Ansehen, indem er als harntreibendes Mittel bei Blasen-, Nierenerkrankungen, Gicht und Rheuma Verwendung fand. Äpfel beinhalten wichtige Vitamine und Mineralstoffe. Der Apfel war und ist auch heute noch wichtiger Bestandteil der Nahrung und lässt sich nicht mehr wegdenken.

Das harte, schwere, weiße und im Kern rötliche Holz nutzten Drechsler und Tischler gern für ihre Arbeiten; hingegen wird es heute kaum noch verwendet.

Der Holzapfel, dessen Verbreitungsgebiet vom gemäßigten Europa bis nach Westasien reicht, kann als relativ kleinwüchsiger Baum sieben bis maximal 10 m hoch werden oder aber strauchartig wachsen. Er bevorzugt tiefgründige, nährstoffreiche, humose und frische Lehm- und Steinböden und kommt in Hecken und Gebüschen vor. Darüber hinaus findet sich die Art vornehmlich in Auen-, Laubmisch- und feuchten Eichenwäldern.

Die ersten Wildäpfel wurden bei uns bereits in der Jungsteinzeit vor gut 6.000 Jahren kultiviert. Inwieweit diese Stammformen unserer heutigen Kulturäpfel (*Malus domestica*) darstellen, ist nicht vollkommen geklärt. Wahrscheinlich spielen Kreuzungsprodukte südwestasiatischer Wildäpfel dabei eine bedeutende Rolle. In der Antike waren es die Römer, die zuerst Kulturäpfel züchteten. Durch sie gelangten sie bis nach Germanien.

Schon Jahrhunderte lang ist der Apfel unser wichtigstes Obst und bereits im ausgehenden Mittelalter kannten unsere Vorfahren unzählige Sorten. Dass der Apfel nichts Besonderes war, zeigt sich in der noch heute üblichen Redewendung „für einen Apfel und ein Ei", die für eine Kleinigkeit steht. Heute existieren mehrere tausend Kultursorten und die jährliche Weltproduktion liegt bei etwa 25 Millionen Tonnen. Im Gegensatz zu den wärmeliebenderen Birnen und Walnussbäumen gedeihen viele Apfelsorten in unserem kühleren nordhessischen Klima recht gut und so fehlt in kaum einem Garten ein Apfelbaum. Aus naturschutzfachlicher Sicht sind die dem traditionellen Obstbau entstammenden und extensiv bewirtschafteten Streuobstwiesen von Bedeutung. Die mit hochstämmigen Gehölzen ausgestatteten Obstwiesen bieten zahlreichen Tierarten Brut- und Wohnstätten. Zwar wurden in den letzten Jahren einige großflächige Streuobstwiesen im Landkreis Kassel neu begründet, doch geht die Zahl der alten und daher ökologisch besonders wertvollen Bestände deutlich zurück.

Als rückläufig muss leider auch der Bestand an Wildapfelbäumen bedauert werden, die mittlerweile kaum noch anzutreffen sind. Um so bemerkenswerter ist ein östlich der Domäne Beberbeck befindliches Exemplar, das einen für die Art unglaublichen Stammumfang von 2,85 m aufweist. Er ist der einzige Wildapfelbaum, der als Naturdenkmal im Landkreis Kassel unter Schutz steht.

Aber Klagen hilft im Naturschutz nichts und ein Handeln im Sinne des bekannten Ausspruchs von Martin Luther ist sicher hilfreich: *„Und wenn ich wüsste, dass morgen die Welt untergeht, so würde ich heute einen Apfelbaum pflanzen."*

Dieser Wildapfelbaum bei Beberbeck stellt eine absolute Rarität dar. Mit seinen 2,85 m Stammumfang und einem nachgewiesenen Alter von 250 Jahren ist das Geschöpf vielleicht das älteste seiner Art überhaupt.

Birnbäume

Herr von Ribbek auf Ribbek
Im Havelland,
Ein Birnbaum in seinem
Garten stand,
Und kam die goldene Herbsteszeit
Und die Birnen leuchteten
Weit und breit ...

Wer kennt es nicht, wer musste dieses wohl bekannteste Gedicht Theodor Fontanes nicht in der Schule lesen oder gar auswendig lernen? Selten wurde einer Baumart mit ihren Früchten ein entsprechendes dichterisches Denkmal gesetzt.

Sicherlich haben in unserer klimatisch etwas rauen nordhessischen Heimat Birnbäume nicht die Bedeutung, die ihnen in den wärmebegünstigten Regionen, vornehmlich Süd- und Südwestdeutschlands oder gar Frankreichs zukommt. Dennoch existieren in unseren Gärten zahlreiche Birnbäume. Aber wirklich große Exemplare sind im Landkreis Kassel doch selten geworden, nicht zuletzt, weil viele von ihnen auf Privatgrundstücken in den letzten Jahrzehnten zu Gunsten kleinwüchsiger Obstbäume gefällt wurden. In der Gemarkung Ochshausen steht noch so ein Baum mit 12 m Höhe und einem Stammumfang von 2,50 m unter dem besonderen Schutz des Gesetzes.

Wir müssen zwei Arten unterscheiden: Die in zwei Rassen vorkommende Holzbirne (*Pyrus pyraster*) und die Kulturbirne (*Pyrus communis*). Zusammen mit verschiedenen südosteuropäischen und westasiatischen Wildformen gilt unsere heimische Holzbirne als direkter Vorfahr der Kulturbirne. Beide Formen lassen sich nur schwer auseinander halten, da alle erdenklichen Übergangsstadien verwilderter Kulturbirnen und Wildbirnen auftreten. Reine Wildbirnen, deren Früchte kleiner und wesentlich herber im Geschmack als die der Kulturbirnen sind, stellen mittlerweile eine Seltenheit in unseren Wäldern dar.

Mit einer Höhe von 20 m und einer Stammdicke bis zu einem Meter können Birnbäume stattliche Ausmaße erreichen. Die Lebenserwartung liegt unter günstigen Umständen zwischen 100 und 150 Jahren.

Kulturbirnen können aufgrund von Ausgrabungsfunden in Mitteleuropa bis in die Bronzezeit nachgewiesen werden. Von Westasien kamen Kultursorten über die Türkei und Griechenland nach Europa. So erwähnte schon Homer um 600 v. Chr. den Birnbaum. Tantalos, Sohn des Zeus, täuschte die Götter, die ihn darauf hin in die Unterwelt verdammten, wo er ewigen Durst und Hunger leiden sollte. Wenn er trinken wollte, wich der See zurück und die über ihm hängenden Zweige voller Birnen schnellten zurück, wenn er nach ihnen griff.

Die Römer übernahmen die veredelten Birnensorten der Griechen und züchteten daraus zahlreiche neue Sorten. Einige davon kamen bis nach Mitteleuropa und die Sortenvielfalt wurde mit den hier bereits bestehenden Kulturformen vergrößert. Aus der Zeit der Karolinger wird der „birabaum" bzw. der „birnboum" belegt. Im 16. Jahrhundert kannte man in Deutschland mindestens 50 Sorten. Weltweit existieren heute ca. 1500 Birnensorten. Hauptanbaugebiete der Birne sind Italien, Frankreich, China und die USA. Die Birne ist dem Apfel in der Weltproduktion deutlich unterlegen; sie erreicht nur ein Drittel der Apfelernte. Birnbäume sind wesentlicher Bestandteil der auch ökologisch bedeutsamen, extensiv genutzten Streuobstwiesen, die aber heute mehr und mehr aus unserer Landschaft verschwinden.

Das harte, schwere und gut polierbare Holz des Birnbaums verwendeten die Handwerker zu allerlei verschiedenartigen Gegenständen, wie Messinstrumente, Blockflöten und Fruchtpressen. Da es sich schwarz einfärben lässt, benutzte man es auch als Ebenholzersatz, beispielsweise zur Fertigung von Klaviertasten. Wegen dieser Eigenschaften und der gleichmäßigen Maserung des Holzes war es besonders bei den Holzschnitzern beliebt. Druckstöcke für den Holzstich und auch den Holzschnitt, der zu Beginn des 16. Jahrhunderts (Dürer, Cranach, Altdorfer) enorm an Bedeutung gewann und in der deutschen Kunst auch im zwanzigsten Jahrhundert („Blauer Reiter", „Brücke"-Künstler) einen herausragenden Stellenwert einnahm, fertigten die Künstler großenteils aus Birnenholz.

Auch in der Volksmedizin hatte die Birne ihren Platz. Matthiolus wusste im 17. Jahrhundert über sie: *„Das Wasser aus den Holzbirnen distilliert / und offt davon getrunken / ist gut wider die uberflüssigen hämorrhoides."* Weiterhin schrieb er den Birnen zu: *„Die wilden Birnen / oder auch die zahmen sauren und herben / sonderlich die gebackene / stopffen den Durchlauff / rote Ruhr / und allerley Bauchflüsse."*

Östlich der Ortslage von Ochshausen wächst dieser Birnbaum.

Exoten

Wegen ihrer Seltenheit in unserem Raum wurden auch einige exotische Baumarten als Naturdenkmale unter Schutz gestellt. Hierunter fallen zwei Maulbeerbäume im Lohfeldener Ortsteil Crumbach, ein Mammutbaum in der Nähe des Gutes Waldhof in der Gemarkung Elben und die Koniferengruppe am „Waldlehrpfad Rottebreite" bei Nieste.

Maulbeerbäume (*Morus alba* und *M. nigra*) gelten als altes Kulturgehölz, das in Deutschland seit dem 16. Jahrhundert vornehmlich in der Pfalz, im Rheingau und in Rheinhessen angepflanzt wurde. Griechen und Römern war dieser Baum, der ursprünglich aus Asien kam, schon bekannt. Bei den Griechen war er dem Gott Pan geweiht und galt als Sinnbild der Klugheit. Der bis 15 m Höhe erreichende Baum bringt hartes und dauerhaftes Holz hervor, das bei Drechslern Verwendung findet. Seit mehreren tausend Jahren werden Maulbeerbäume in Ostasien für die Seidenraupenzucht kultiviert.

Im Zusammenhang mit der Seidenraupenzucht stehen auch die beiden Crumbacher Maulbeerbäume, die die ältesten ihrer Art in ganz Nordhessen sein dürften. Mehrfach gab es in Hessen seitens des jeweiligen Landesherrn Bemühungen, die Fabrikation der äußerst wertvollen Seide aufzubauen. Die Blätter der Maulbeerbäume dienten als Futter für die Seidenraupen. Im März 1854 wurden dem in Crumbach ansässigen Baumwollweber Jacob Becker im Rahmen einer solchen Förderung des Landes 15 achtjährige und 60 dreijährige Maulbeerbäume überstellt. Die nunmehr noch existierenden zwei Bäume stammen wahrscheinlich aus dieser Lieferung.

Aus der Sierra Nevada im Westen der USA stammen die Mammutbäume (*Sequoiadendron giganteum*), die dort in Höhenlagen zwischen 1.800 und 2.200 Metern wachsen. Der Mächtigste unter ihnen weist eine Höhe von über 80 m, einen Stammumfang von 30 m und ein Volumen von fast 1.500 m^3 auf. Dagegen würde das Exemplar in der Gemarkung Elben mit knapp 30 m Höhe und einem Stammumfang von fast 6 m geradezu zierlich wirken. Aber dieser Baum dürfte auch erst etwa 100 Jahre alt sein; die ältesten Mammutbäume in Kalifornien erreichen Alter zwischen 1.800 und 2.700 Jahren. Eine weitere Art ist der zwischen San Francisco und Süd-Oregon in einem schmalen Küstenstreifen beheimatete Küstenmammutbaum (*Sequoia sempervirens*). Die auch „Redwoods" genannten Bäume gehören mit 112 m zu den höchsten der Erde. Wie viele andere ungewöhnliche Geschöpfe sind auch diese Bäume durch den Menschen stark bedroht. Die Abholzung der letzten verbliebenen Bestände setzt sich weiter fort und lediglich in relativ kleinen Nationalparks bleiben sie verschont.

Mammutbäume gehören wie der in China beheimatete und bei uns häufig in Parks und Friedhöfen gepflanzte Urweltmammutbaum (*Metasequoia glyptostroboides*) sowie die nordamerikanische Sumpfzypresse (*Taxodium distichum*) zu den Taxodiengewächsen, einer Familie der Nadelhölzer. Ihre wenigen Arten sind als Relikte einer ehemals größeren Pflanzengruppe anzusehen, die ihre Hauptverbreitung in der Kreidezeit und im Tertiär hatte.

Die Koniferengruppe Rottebreite bei Nieste setzt sich aus sechs Bäumen mehrerer Nadelholzarten zusammen. Darunter befinden sich neben einem Mammutbaum noch eine Kanadische Hemlocktanne (*Tsuga canadensis*), eine Douglasie (*Pseudotsuga menziesii*), eine Pazifische Edeltanne (*Abies nobilis*) und zwei Große Küstentannen (*Abies grandis*), die allesamt aus

Maulbeerbaum in Crumbach. Der Baum dürfte Mitte des 19. Jahrhunderts dem Baumwollweber Jacob Becker im Rahmen der Seidenraupenzucht geliefert worden sein.

Nordamerika stammen. Mit ihren beachtlichen Höhen von gut 40 m sind die „Niester Riesen" die höchsten als Naturdenkmal ausgewiesenen Bäume im Landkreis Kassel.

Mammutbaum südwestlich des Gutes Waldhof in der Gemarkung Elben

Ulmen

Die Sorgenkinder unter den Bäumen stellen derzeit die Ulmen dar. Denn alle drei bei uns heimischen Ulmenarten – die Bergulme (*Ulmus glabra*), die Feldulme (*U. minor*) und die Flatterulme (*U. laevis*) – leiden unter der Ulmenkrankheit. Mittlerweile hat diese 1919 zuerst in Holland registrierte Schädigung in Europa über 90 % aller Ulmen dahingerafft bzw. stark in Mitleidenschaft gezogen.

Auch die als Naturdenkmal geschützte Ulme auf dem jüdischen Friedhof in Wolfhagen musste Anfang der neunziger Jahre bedauerlicherweise gefällt werden. Die Krankheit an dieser Bergulme wurde 1988 festgestellt und schon zwei Jahre später war der Baum vollkommen trocken.

Ähnlich erging es der zweihundertjährigen Feldulme in der Nähe des Gutshofes Ellenbach, die vor einigen Jahren wegen dieser Krankheit ebenfalls gefällt werden musste. Somit stehen im Landkreis Kassel keine größeren Ulmen als Naturdenkmal unter Schutz und überhaupt sind sie mittlerweile sehr selten anzutreffen.

Welche Gründe führen nun zum Absterben der Ulmen? Ein im Splintholz lebender Pilz verstopft die Wasserleitgefäße, so dass der Wassertransport behindert wird und der Baum letztlich trocken fällt. Gelbe Zweigpartien sind die ersten Anzeichen der Ulmenkrankheit; sehr schnell welken dann größere Kronenbereiche und der betroffene Baum stirbt alsbald ab. Zwei Käferarten, der Kleine Ulmensplintkäfer und der Große Ulmensplintkäfer übertragen den Pilz. Dabei bohren die Weibchen die Borke kranker Ulmen an und legen ihre Eier ab. Von den Larven werden neue Gänge bis in die Teile der äußeren Jahresringe angelegt, in denen sich die Pilze befinden. Larven bzw. geschlechtsreife Käfer infizieren sich dann mit dem Pilz. Die Käfer fliegen danach auf gesunde Ulmen und übertragen hierdurch die Pilzsporen. Schließlich legen die Weibchen wieder Eier an der Borke bereits angesteckter Bäume ab.

Geradezu passend, stellen Ulmen in der griechischen Mythologie ein Symbol für Tod und Trauer dar. Zum Gedenken an gefallene Helden pflanzten die Nymphen Ulmen und den Tod der geliebten Gattin Eurydike beklagte Orpheus unter einer Ulme. Herkules stahl den Hesperiden die goldenen Äpfel durch eine List, wonach diese sich in die Bäume der Trauer – Ulme, Weide und Pappel – verwandelten. Der Kasseler Herkules hält übrigens die Äpfel der Hesperiden in seiner rechten Hand. In der germanischen Mythologie waren es Ask und Embla, also Esche und Ulme, aus denen die Götter die Menschen schufen – aus der Esche wurde der Mann und aus der Ulme die Frau. In Südfrankreich übernimmt die Ulme den Status der deutschen Linde; dort wurde unter ihr Gericht gehalten.

Die Bergulme bevorzugt höhere Lagen, kommt aber auch in den Ebenen vor. Dagegen erweist sich die Flatterulme als typische Art der Hartholzaue, wo sie sich mit Stieleiche, Esche, Schwarzerle und Spitzahorn vergesellschaftet. Die Feldulme ist ein wichtiges Feldgehölz der Kulturlandschaft. Bis zu 400 Jahre alt können sowohl Bergulme als auch Feldulme werden und dabei Größen von über 30 m erreichen. Flatterulmen bringen es „nur" auf 250 Jahre. Das zähe, besonders stoß- und druckfeste Holz der Ulmen macht es zur Herstellung von Möbeln und Furnieren sowie als Parkett begehrenswert. Darüber hinaus verwendet man das Holz zur Herstellung von Sportgeräten.

Man kann nur hoffen, dass das Ulmensterben bald überwunden ist und sich die Menschen wieder an diesen schönen Bäumen erfreuen können. Vielleicht befassen sich dann auch erneut Dichter mit den Ulmen, so wie es im 19. Jahrhundert Ludwig Uhland tat, als er folgende Worte niederschrieb:

Zu Hirsau in den Trümmern da wiegt ein Ulmenbaum
Frisch grünend seine Krone hoch überm Giebelsaum.
Er wurzelt tief im Grunde vom alten Klosterbau;
Er wölbt sich statt des Daches hinaus ins Himmelsblau

Ausblick

Karl Friedrich Schinkel, einem Architekten des 19. Jahrhunderts, verdanken wir die Einsicht, dass Denkmal-Pflege nicht bedeutet, historische Gebäude für die Nachwelt nur zu konservieren, sondern Maßnahmen zu ergreifen, wodurch Geschichte fortgesetzt wird.

Auch hinsichtlich der Naturdenkmale kann man eine solche Auffassung nur bekräftigen. Noch stärker als Bauwerke sind sie einem ständigen Wandel unterworfen, der unsere kontinuierliche fürsorgliche Beobachtung und auch aktives Handeln erfordert. Wer einwenden mag, Felsen und andere geologische Objekte würden sich extrem langsam verändern, sollte berücksichtigen, dass ihre Lebensraumfunktion für viele spezialisierte Lebewesen oft von der vollen Einwirkung des Sonnenlichtes abhängen. Wenn sie durch Samenanflug zu verwalden drohen, muss also entschieden werden, ob Freistellungsmaßnahmen aus Artenschutzgründen oder auch wegen gewünschter Sichtbeziehungen durchgeführt werden sollen.

Auf den übrigen flächenhaften Naturdenkmalen laufen ständig mehr oder weniger rasante natürliche Entwicklungsvorgänge ab, die die jeweiligen Schutzziele gefährden können. Übernutzte Magerrasen verarmen an Kleinstrukturen und büßen viele ihrer Pflanzen- und Tierarten aufgrund der für sie nicht verkraftbaren Stressbedingungen ein. Unterbleibt die Weidenutzung völlig oder erfolgt zu sporadisch, hat das ungebremste Aufkommen von wuchskräftigen Pflanzenarten den gleichen Effekt. Eine naturschutzorientierte Verwaltung der Magerrasen erfordert also eine stetige, zwischen Über- und Unternutzung ausbalancierte Nutzungspraxis.

Stillgewässer unterliegen der ständigen Gefahr, zu verlanden und trocken zu fallen. Auch hier bedarf es viel Fingerspitzengefühls, ihre ökologischen und ästhetischen Funktionen aufrecht zu erhalten und wei-

Alles vergeht – die abgestorbene Eiche am Waldrand nördlich des Sensensteines

ter zu entwickeln. Entkrautungs-, Abdichtungs- und Vertiefungsmaßnahmen stellen oft harte, aber unvermeidliche Eingriffe dar, deren Negativwirkung vor allem durch die Wahl richtiger Zeitpunkte minimiert werden kann.

Verantwortungsbewusste Behandlung flächenhafter Naturdenkmale bedeutet auch eine immer wiederkehrende Auseinandersetzung mit einer möglichen Ausweisung neuer Gebiete und der Entlassung solcher, die die Kriterien nicht mehr erfüllen. Wenngleich das Potenzial hierfür sicher nicht beliebig vermehrbar ist, sollten sich bietende Gelegenheiten nicht

Zur Pflege der Naturdenkmale bringt der Landkreis Kassel jährlich 12.500 Euro auf.

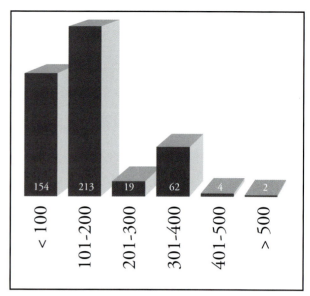

Altersstruktur der Naturdenkmal-Bäume

versäumt werden. So laufen bei Nutzungsaufgabe von Steinbrüchen und unrentablen oder schwierig bewirtschaftbaren anderen Flächen oft natürliche Entwicklungen an, die bei sensibler Beobachtung und fachgerechter Förderung zum Naturdenkmal-Status führen können. Das Bemühen um Akzeptanz, auch alle in Privatbesitz befindlichen, die Kriterien erfüllenden wertvollen Kleinflächen gesetzlich zu schützen, darf ebenfalls nicht erlahmen.

Als Naturdenkmale deklarierte Bäume erfordern unsere besondere Aufmerksamkeit. Trotz der Langlebigkeit unterliegen auch sie einer Begrenztheit ihres Daseins. Einige der wirklich alten Bäume des Landkreises gelangten im Laufe der letzten Jahre an ihr natürliches Ende. Wie die mächtige Eiche am Nordrand der Jugendburg Sensenstein ragen nun ihre bizarren Gestalten auch im Sommer kahl in den Himmel. Aus europäischen Urwaldrelikten wissen wir, dass abgestorbene Bäume oft viele Jahrzehnte stehen können, bevor sie im Sturm fallen. Trotz der inzwischen erkannten ökologischen Bedeutung, die stehendem Totholz beizumessen ist, werden Umsturz gefährdete Bäume wegen des damit verbundenen Sicherheitsrisikos meist gefällt, vor allem wenn sie an Wegen stehen.

Bei alten Bäumen mit einer besonderen kulturellen Bedeutung dürfen aber auch weiterhin kostenintensive Maßnahmen nicht gescheut werden, die eine Existenzverlängerung ermöglichen. Die vollkommen hohle Gerichtslinde in Vollmarshausen verdankt ihr Dasein dem aufwändigen Einbau eines eisernen Korsetts, die vielstämmige Linde auf dem Friedhof in Obermeiser war nur durch einen drastischen Rückschnitt zu retten.

Wirklich alte Bäume stehen im Landkreis Kassel lediglich an einem Dutzend Standorte. Sie zu erhalten, solange es möglich ist, gehört zu den vordringlichsten Aufgaben. Denn bereits ein flüchtiger Blick auf die Altersstruktur aller ND-Bäume verdeutlicht das überraschend geringe Alter der meisten Naturdenkmale. Ein Großteil der Bäume ist gegenwärtig der Zeitspanne zwischen 100 und 200 Jahren zuzurechnen. Im Landkreis Kassel findet man mehr unter hundertjährige Naturdenkmale als in der Klasse zwischen 200 und 300 Jahren. Bäume über 400 Jahre zählen bereits zu den Raritäten.

Da die Hauptbaumarten Linde und Eiche zur natürlichen Gehölzausstattung unseres Raumes gehören und

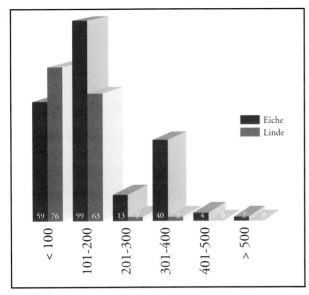

Altersvergleich zwischen Eichen und Linden

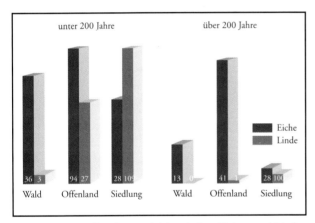

Standortvergleich zwischen Eichen und Linden

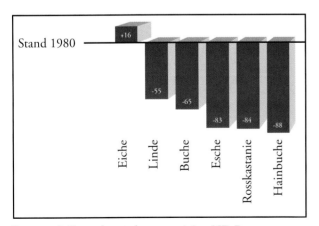

Prozentuale Bestandsveränderungen einiger ND-Baumarten zwischen 1980 und 2005

beide langlebig sind, verwundert das eher geringe Alter des überwiegenden Teils dieser Naturdenkmale angesichts des nun schon viele Jahrzehnte währenden Schutzes.

Manches deutet darauf hin, dass im Verlauf der letzten Jahrzehnte zahlreiche alte Bäume der Säge aus sehr unterschiedlichen Gründen zum Opfer fielen. Der gegenwärtige Stand von ca. 450 deklarierten ND-Bäumen lag noch 1980 bei 879! In nur 25 Jahren wurde der Bestand also fast halbiert. Einer geringfügigen Eichenzunahme stehen drastische Verluste bei Linden, Buchen, Eschen, Kastanien und Hainbuchen gegenüber. Wo sind diese ehemaligen Naturdenkmale geblieben?

Alte Akten belegen, dass in der Vergangenheit großzügig Fällungsgenehmigungen erteilt wurden, um beabsichtigte Bauvorhaben realisieren zu können. In der Regel wurde dabei verfügt, die alten Bäume durch Neuanpflanzungen andernorts zu ersetzen. Dass der Naturdenkmal-Verlust besonders die Siedlungen betraf, wird auch bei einem aktuellen Standortvergleich zwischen unterschiedlich alten Eichen und Linden deutlich. Während unter 200jährige Eichen und Linden in den Siedlungen noch in angemessener Größenordnung zu finden sind, beträgt ihre Gesamtzahl bei den über 200jährigen lediglich sieben.

Selbst Linden als traditionelle Charakterbäume der Siedlung haben also offensichtlich schlechte Chancen, dort alt zu werden. Im Offenland und im Wald erging es ihnen in der Vergangenheit allerdings nicht besser. 27 jüngere und lediglich eine ältere Linde bilden den Naturdenkmal-Bestand in der freien Landschaft. Die offensichtlich geringe Bedeutung, die alten Linden im Wald zuteil wurde, spiegelt der ND-Bestand eindrucksvoll wider.

Die Bereitschaft, den traditionellen Mastbaum Eiche wachsen und alt werden zu lassen, scheint generell größer. Dies gilt nicht nur für den Wald selbst, sondern besonders für das Offenland, in der die Schwundrate im Vergleich mit den Linden deutlich geringer ist.

Den alten Huteeichen-Beständen um Beberbeck ist eine herausragende Bedeutung beizumessen. Dort steht ein Ensemble 34 bizarrer Baumriesen in der Offenlandschaft, für das es im mittleren Bundesgebiet wenig Vergleichbares gibt. Gemeinsam mit einigen anderen Einzelbäumen gehören sie zu den wertvollsten Naturdenkmal-Bäumen des Landkreises Kassel.

Das Ziel, den Bestand alter Riesen vom Kaliber der Gerichtsbäume am Gahrenberg und in Schachten im Landkreis Kassel langfristig vergrößern zu wollen, hängt vor allen Dingen davon ab, ob den zahlreichen, relativ jungen Naturdenkmal-Bäumen Chancen eingeräumt werden, in diese Dimensionen hineinwachsen zu können. Dazu bedarf es eines langen Atems über Generationen hinweg.

Auch einheimische Gehölze, die von Natur aus weder die Ausmaße noch das Alter von Eiche und Linde erreichen können, stellen bisweilen ökologische und kulturhistorische Besonderheiten dar. Die Naturdenkmal-Ausweisung einer knorrigen Elsbeere auf einem südexponierten Trockenhang, eines Obstbaumes auf einer alten, inzwischen verbrachten Kulturterrasse oder die eines isoliert am Waldrand stehenden Wacholders könnten das Bewusstsein hierfür schärfen.

Um den Überblick über die außerordentlichen Bäume des Landkreises zu vervollständigen, ist die Einbeziehung der ausgewiesenen Naturschutzgebiete sinnvoll. Wenngleich sie dort am besten geschützt sein dürften, trügen zusammengefasste Informationen über besondere Baumindividuen in Naturschutzgebieten dazu bei, das vorhandene Potenzial noch exakter einschätzen zu können.

Das Projekt „Junge Riesen"

Die Idee reifte um die Jahrtausendwende unter der Gerichtseiche Gahrenberg im Reinhardswald. Immer wieder von diesem zu allen Jahreszeiten imposanten Geschöpf angezogen, begannen hier stets nahe liegende Gedanken zu kreisen. Wie alt mag dieser Methusalem tatsächlich sein? Er war Zeitgenosse der Weltkriege, sicher auch von Goethe, vielleicht lagerten aber unter ihm schon Menschen des ausgehenden Mittelalters. Was mag manche Menschen heutzutage bewegen, die hier immer wieder Amulette und andere seltsame Zeichen hinterlassen?

Die Magie des Ortes rührt von einem im Winter skulpturhaft wirkendem Getüm, das aller Verwittertheit zum Trotz im Frühling stets wieder ergrünt, die Zeichen des Verfalls schlicht ignorierend. Es scheint beinahe, als müsse dieser Baum schon immer da gewesen sein, die Schnelllebigkeit unserer Zeit gerät in seiner Nähe zur Groteske.

Eine im Herbst unter seiner Krone aufgelesene kleine Eichel erschien wie ein Geschenk oder vielleicht eine Botschaft? Junges Leben, von diesem Riesen, das sich erneut auf einen solch langen Weg machen könnte... Und sie keimte wirklich und trieb im Frühling zu einer kleinen Stieleiche aus, vermutlich mit einer ihr innewohnenden ähnlichen Kraft, die dem großartigen Mutterbaum nicht nachsteht.

Warum fallen uns die naheliegendsten Notwendigkeiten bisweilen nicht ein? Besondere Bäume durch eine Verordnung zu schützen ist vernünftig, aber die Beschilderung am Wuchsort keineswegs die einzige Möglichkeit, unserer Wertschätzung Ausdruck zu verleihen. Ehren wir die alten Riesen nicht am ehesten dadurch, dass wir ihnen im Sinne von der heute zu Recht geforderten Nachhaltigkeit bei ihrer Fortpflanzung helfen?

Denn diese geschieht so gut wie nirgends von allein. Selbst unter Jahrhunderte alten Bäumen findet sich kein einziger Nachfahre. In den Wäldern warten zahlreiche Tiere ab dem Spätsommer auf die reifen Früchte als begehrtes Futter. Die wenigen Überlebenden fallen dann dem Fraßdruck im Sommer oder letztlich den dann herrschenden Schattenbedingungen zum Opfer. Das Offenland, wo die Lichtverhältnisse günstiger sind, wird beinahe flächendeckend von der Landwirtschaft genutzt und im Siedlungsbereich beugen neben dem fehlenden Platz die herbstlichen Reinigungsaktivitäten einer Vermehrung vor.

In Kooperation zwischen der Universität Kassel und der Unteren Naturschutzbehörde des Landkreises Kassel wurde im Jahr 2003 begonnen, die als Naturdenkmale deklarierten Bäume zu vermehren. Inzwischen sprießen schon einige „Junge Riesen" aus im Freiland aufgestellten Blumentöpfen, um sich bei fachgerechter gärtnerischer Behandlung binnen weniger Jahre zu auspflanzungsfähigen Bäumen zu entwickeln.

„Junge Riesen" – ein Modellprojekt im Landkreis Kassel zur Sicherung der genetischen Ressourcen alter Bäume. Die Fotos zeigen das Sammeln von Eicheln unter der Gerichtseiche Gahrenberg sowie einen erfolgreich gekeimten Jungen Riesen dieses ältesten Baumes unserer Region.

Denn bei dem Erreichen dieses Stadiums, sollen sie in die Landschaft gepflanzt werden, aus der die Samen auch stammen. Vorrangiges Ziel ist dabei, wo immer dies möglich erscheint, einem direkten Nachfahren in gebührender Nähe seines Mutterbaumes einen Wuchsplatz zuzugestehen, wo er so lange umhegt werden soll, bis die Nachfolge aus eigener Kraft gewährleistet ist.

Öffentlich organisierte Pflanzaktionen, die Aufnahme dieser Jungen Riesen in die Naturdenkmal-Schutzverordnung und eine sensible Beschilderung vor Ort böte die

Chance, die ansässige Bevölkerung für das Projekt zu gewinnen. Späteren Besuchern gegenüber könnte mit dem vorgeschlagenen kleinen Hinweisschild das Bemühen um eine lange vorausschauende Erhaltungsstrategie der als wichtig erachteten alten Bäume demonstriert werden.

Die Zielrichtung einer möglichst langen Erhaltung der alten Riesen bleibt dabei unverändert, denn bis die anvisierte Ablösung Wirklichkeit werden kann, werden mehrere Menschengenerationen vergehen müssen. Die Jungen Riesen sind also als eine in die weite Zukunft überleitende, vor allen Dingen moralische Investition zu verstehen.

Wer kritisiert, dass über Samen vermehrte Bäume nur die Hälfte der Erbanlagen des jeweiligen Mutterbaumes enthalten, hat recht. Aber auch die Hälfte des genetischen Potentials von Bäumen, die manchmal Jahrhunderte lang an einem Standort überleben konnten, in andere Zeiten zu retten, ist der Mühe wert und ohnehin der naturgemäße Fortpflanzungsverlauf. Wenn, wie bei Eiben, eine alle Gene enthaltene Stecklingsvermehrung ohne größeren technischen Aufwand möglich ist, wird sie auch praktiziert.

Weil auch die Naturdenkmale manchmal jahrelang keine oder sehr wenige Früchte bilden und auch sehr unterschiedliche Keimungsraten zur Normalität gehören, bedarf es sicher eines langen Atems und erheblicher Anstrengungen, bis das vorgegebene Ziel, von jedem Naturdenkmal fünfzig Nachfolger zu erzeugen, erreicht sein wird. Alle sollen irgendwann einmal im Landkreis Kassel wachsen und besonders zur Erhaltung und Entwicklung der Offenlandschaft beitragen. Es bleibt genügend Zeit, hierfür gute Konzepte zu entwickeln.

Wenn es glückt, das Projekt überregional bekannt zu machen, könnte die Idee auch in anderen Gegenden nachgeahmt werden. Die Hoffnung auf einen solchen „Flächenbrand" und die damit verbundenen vielfältigen positiven Wirkungen bilden einen zusätzlichen Ansporn zum Gelingen dieses Modell-Vorhabens im Landkreis Kassel.

Integration oder Segregation?

Welche der beiden seit vielen Jahren kontrovers diskutierten grundsätzlichen Strategien ist die geeignetere zur Bewältigung unserer Naturschutzprobleme? Die Befürworter einer „integrativen" Betrachtungsweise fordern Schutzbemühungen unterschiedlicher Intensitäten auf allen Flächen, unabhängig von deren Nutzung. Die Verfechter einer strikten räumlichen Trennung von Naturnutzungsbereichen einerseits und Naturschutzflächen andererseits („Segregation") verweisen darauf, dass nur dieser Ansatz angesichts des Anteils an bebauter und versiegelter Fläche, der Verkehrstrassen und der landwirtschaftlichen Intensivnutzung der Wirklichkeit Rechnung trägt.

Forderungen nach integrativem Naturschutz mögen als idealistisch und weltfremd abgetan werden. Die seit Jahrzehnten praktizierte Trennung von Nutzen und Schutz konnte jedoch den Artenverlust nicht bremsen, was besonders für die Offenlandschaft zutrifft.

Die in den gesamten Landkreis Kassel unabhängig von der umgebenden Nutzung eingestreuten Hunderten Naturdenkmale können als integrativer Naturschutzansatz gewertet werden. Die naturschutzfachliche Bedeutung der Einzelbäume und kleinflächigen sonstigen Naturdenkmale ist dabei im Detail schwierig nachweisbar und eher als begrenzt zu werten. Dennoch stellen sie an zahlreichen Orten Brückenköpfe dar, von denen aus umfassendere Schutzkonzepte zukünftig ihren Ausgang nehmen könnten. Denn genauso, wie wir verhindern müssen, unsere Landschaft durch immer neue kleine Eingriffe an vielen Orten ihres Charmes zu berauben, darf die Überzeugung nicht schwinden, dass sich selbst bescheidene Beiträge zahlreicher Einzelner für eine lebendige Heimat gleichermaßen positiv aufsummieren. Also pflanzen wir im nächsten Vorfrühling einen Baum, aber bitte dorthin, wo er unstrittig fehlt.

Der Prinzessinbaum in der Gemarkung Wellerode ist mit über 4 m Stammumfang eine der stärksten Rotbuchen im Landkreis.

Literatur

AMANN, G. (1984): Bäume und Sträucher des Waldes (14. Aufl.). - 232 S.; Melsungen (Neumann).

ALBRECHT, K. (1999): Sonnenwenden am Riesenstein. - Jahrbuch des Landkreises Kassel 2000, Hrsg. Kreisausschuss des Landkreises Kassel; S.119 -122, 1 Abb., 2 Farbt.; Kassel.

BAAS, F.-K. (1978): Statistisches aus dem Naturdenkmalbuch. - Jahrbuch des Landkreises Kassel 1978, Hrsg. Kreisausschuss des Landkreises Kassel; S.119 -120; Kassel.

BACKHAUS, E., GRAMANN, F., KAEVER, M., LEPPER, J., LOHMANN, H.H., MEIBURG, P., PREUSS, H., RAMBOW, D. & RITZKOWSKI, S. (1980): Erläuterungen zur geologischen Karte des Reinhardswaldes 1:50 000. - 32 S., 10 Abb.; Wiesbaden.

BERGMANN, J. (1977): Urgeschichte des Wolfhager Landes (2. Aufl.). - 57 S., Hessisches Landesmuseum Kassel; Kassel.

BLAB, J. (1986): Grundlagen des Biotopschutzes für Tiere. Ein Leitfaden zum praktischen Schutz der Lebensräume unserer Tiere. - 257 S.; Bonn - Bad Godesberg (Kilda).

BLATT, H., GRUBE, A. & SCHULZ, H. (1983): Verbreitung und Gefährdung der Orchideen in Hessen. - 129 S.; Frankfurt a.M. (Reichenberger Typo Knauer).

BÖS, W. & KUNZ, R. (ohne Jahresangabe): Geologische Sehenswürdigkeiten im Wolfhager Land. Hrsg. Kreisausschuss des Landkreises Kassel, Faltblatt; Wolfhagen.

BOTANISCHE VEREINIGUNG FÜR NATURSCHUTZ IN HESSEN E.V. (Hrsg.) (1991): Lebensraum Magerrasen. - Herausgegeben zum „Biotop des Jahres 1991": Magerrasen. - 104 S.; Lahnau.

EGGMANN, V. & STEINER, B. (2000): Baumzeit. Magier, Mythen und Mirakel. - 288 S.; Zürich (Werd).

ELDREDGE, N. (1991): Fossilien - Umwelt und Evolution des Lebens. - 220 S.; Stuttgart/Zürich (Belser).

ELLENBERG, H. (1996): Vegetation Mitteleuropas mit den Alpen in ökologischer, dynamischer und historischer Sicht. (5. Aufl.). - 1059 S.; Stuttgart (Ulmer).

DEMATHIEU, G. & FICHTER, J. (1989): Die Karlshafener Fährten im Naturkundemuseum der Stadt Kassel - Ihre Beschreibung und Bedeutung. - Philippia, 6 (2): S. 111-154, 13 Abb., 3 Tab., 4 Taf.; Kassel.

FICHTER, J. & LEPPER, J. (1997): Die Fährtenplatte vom Heuberg bei Gieselwerder. - Philippia, 8 (1): S. 35-60, 17 Abb., 1 Tab.; Kassel.

FICHTER, J., HEGGEMANN, H. & KUNZ, R. (1999): Neue bzw. bisher nicht veröffentlichte Tetrapodenfährten-Lokalitäten im Mittleren Buntsandstein Nordhessens und Südniedersachsens. - Geologisches Jahrbuch Hessen, 127: S. 33-55, 25 Abb.; Wiesbaden.

FICHTER, J. & KUNZ, R. (2004): New Genus and Species of Chirotheroid Tracks in the Detfurth-Formation (Middle Bunter, Lower Triassic) of Central Germany. - Ichnos, 11: S. 183-193, 13 Abb.; Philadelphia.

FIEDLER, L. (1994): Alt- und mittelsteinzeitliche Funde in Hessen. Führer zur hessischen Vor- und Frühgeschichte 2. - 302 S., 166 Abb.; Stuttgart (Theiss).

FIEDLER, L. (1997): Jäger und Sammler der Frühzeit - Alt- und Mittelsteinzeit in Nordhessen (2. Aufl.). - Vor- und Frühgeschichte im Hessischen Landesmuseum in Kassel 1; 159 S., 127 Abb.; Kassel.

FIEDLER, L. & BRAUN, R.-J. (2000): Endneolithikum unter dem Riesenstein. - S. 41, Archäologie in Deutschland, Heft 2.

FINDLING, D. (2000): Botschaft der Bäume. Ein keltisches Baumorakel. - 160 S.; Stuttgart (Franckh-Kosmos).

FRÖHLICH, H.J. (1984): Alte liebenswerte Bäume in Hessen. - 272 S.; München (Pro Terra).

FRÜHAUF, S. (2004): Flächenhafte Naturdenkmale im LK Kassel - vegetationskundliche Untersuchungen; unveröffentlicht.

GERKEN, B. (1988): Auen - verborgene Lebensadern der Natur. - 132 S.; Freiburg (Rombach).

GERKEN, B. (1983): Moore und Sümpfe - bedrohte Reste der Urlandschaft. - 107 S.; Freiburg (Rombach).

HAGDORN, H. & SEILACHER, A. (1993): Muschelkalk - Schöntaler Symposium 1991. - 288 S., 231 Abb., 16 Tab.; Korb (Goldschneck).

HAUSCHKE, N. & WILDE, V. (1999): Trias - Eine ganz andere Welt. Mitteleuropa im frühen Erdmittelalter. - 647 S.; München (Pfeil).

HECKER, U. (1985): Laubgehölze - Wildwachsende Bäume, Sträucher und Zwerggehölze. - 319 S.; München, Wien, Zürich (BLV).

HEINTZE, G. (1966): Landschaftsrahmenplan Naturpark Meißner-Kaufunger Wald. - Institut für Naturschutz Darmstadt, Schriftenreihe VIII, 4, 115 S., 57 Abb., 16 Kten; Darmstadt.

HEINTZE, G. (1971): Landschaftsrahmenplan Naturpark Habichtswald. - Institut für Naturschutz Darmstadt, Schriftenreihe X, 3, 114 S.; 19 Abb., 20 Kten; Darmstadt.

HENNINGSEN, D. & KATZUNG, G. (1998): Einführung in die Geologie Deutschlands. - 244 S., 97 Abb., 9 Tab.; Stuttgart (Enke).

HESSE, H. (1984): Bäume. Betrachtungen und Gedichte. - 142 S.; (Insel).

HORN, M. (1971): Erläuterungen zur geologischen Karte Hessen 1:25 000, Blatt 4721 Naumburg. - 285 S., 29 Abb., 10 Tab., 1 Beibl.; Wiesbaden.

HORN, M. (1976): Erläuterungen zur geologischen Karte Hessen 1.25 000, Blatt 4620 Arolsen. - 225 S., 35 Abb., 9 Tab., 1 Taf., 1 Beibl.; Wiesbaden.

HORN, M. (1982): Erläuterungen zur geologischen Karte Hessen 1:25 000, Blatt 4520 Warburg. - 238 S., 28 Abb., 32 Tab., 1 Taf., 1 Beibl.; Wiesbaden.

HORN, M. & KULICK, J. (1969): Erläuterungen zur geologischen Karte Hessen 1.25 000, Blatt 4720 Waldeck. - 227 S., 35 Abb., 8 Diagr., 15 Tab., 1 Beibl.; Wiesbaden.

HUTTER, C.P. (1994): Schützt die Reptilien. - 118 S.; Stuttgart, Wien (Weitbrecht).

JANTZEN, H. & JANTZEN, F. (1985): Naturdenkmale Hessens. - 238 S.; Hannover (Landbuch).

JEDICKE, E. (1992): Die Amphibien Hessens. - 152 S.; Stuttgart (Ulmer).

KAHLERT C. (1990): Naturdenkmale im Landkreis Kassel. - Hrsg. Kreisausschuss des Landkreises Kassel; 54 S., 40 Abb., 6 Karten; Wolfhagen.

Kappel, I. (1978): Steinkammergräber und Menhire in Nordhessen. - Führer zur nordhessischen Ur- und Frühgeschichte 5; 72 S., 64 Abb.; Kassel.

Kellner, K. (2004): Qualitative Erfassung der Amphibien in den als flächenhaften Naturdenkmalen ausgewiesenen Feuchtgebieten im Landkreis Kassel. - keine Seitenangabe; unveröffentlicht.

Koenis, H., Frühauf, S., Krettek, R., Bornhold, G., Maiwald, S. & Lucan, V. (2005): Biotopverbund - eine sinnvolle Naturschutzstrategie in der Agrarlandschaft? Erfahrungen mit einem E+E-Vorhaben in Nordhessen. - Natur und Landschaft 80 (1); S. 16-21; Stuttgart.

Kovar, J. & Walther, H. (1986): 350 Millionen Jahre Wald. - Hrsg. Naturhistorisches Museum Wien; 43 S; Wien.

Krettek, R. (2004): Libellen und Heuschrecken von ausgewählten flächenhaften Naturdenkmalen im Landkreis Kassel. - 43 S., 43 Abb., 30 Tab.; unveröffentlicht.

Kunz, R. (1993): Die Geologie des Dörnberggebietes. - Jahrbuch des Landkreises Kassel 1994, Hrsg. Kreisausschuss des Landkreises Kassel; S. 7-14, 7 Abb., 2 Taf.; Kassel.

Kunz, R. (1995): Schützenswerte geologische Objekte im Landkreis Kassel. - Hrsg. Kreisausschuss des Landkreises Kassel; keine Seitenangaben, 13 Abb.; Wolfhagen.

Kunz, R. (1999): Muschelkalkfossilien aus der Umgebung Wolfhagens. - Jahrbuch des Landkreises Kassel 2000, Hrsg. Kreisausschuss des Landkreises Kassel; S. 47-50, 2 Abb., 2 Farbtaf.; Kassel.

Kunz, R., Halfar, W., Hoffmann, R. & Schröder, A. (1992): Geologie des Wolfhager Landes. - Schriftenreihe des Vereins Regionalmuseum Wolfhagen - Reihe Museumsführer, 10: 100 S., 56 Abb., 8 Farbtaf.; Wolfhagen.

Kunz, R. & Fichter, J. (2000): Die Wolfhager Saurierfährten - Schriftenreihe des Vereins Regionalmuseum Wolfhagen - Reihe Forschungen, 9: 16 S., 14 Abb.; Wolfhagen.

Kunz, R. & Fichter, J. (2005): Saurier – Panzerfische - Seelilien. Fossilien aus der Mitte Deutschlands.- 140 S., zahlreiche Abb.; Wiebelsheim (Quelle & Meyer - Edition Goldschneck).

Kupfahl, H.-G. (1981): Erläuterungen zur geologischen Karte Hessen 1.25 000, Blatt 4723 Oberkaufungen. - 212 S., 15 Abb., 17 Tab., 3 Taf., 1 Beibl.; Wiesbaden.

Laudert, D. (1998): Mythos Baum - was Bäume uns Menschen bedeuten. - 224 S.; München, Wien, Zürich (BLV).

Lehmann, A. (1999): Von Menschen und Bäumen. Die Deutschen und ihr Wald. - 350 S.; Reinbek bei Hamburg (Rowohlt).

Lepper, J. (2002): Ein Sockel aus Sandstein - die Geologie des Reinhardswaldes. - In RAPP, H.-J. (Hrsg.): Reinhardswald - Eine Kulturgeschichte: S. 103-133, 13 Abb.; Kassel (Euregio).

Linstow, O. V. & Breddin, H. (1929): Erläuterungen zur geologischen Karte Preußen 1:25 000, Blatt 2590 Hofgeismar. - 38 S.; Berlin.

Lockley, M. (1993): Auf den Spuren der Dinosaurier. - 313 S.; Basel (Birkhäuser).

Lockley, M. & Meyer, C. (2000): Dinosaur tracks and other fossil footprints of Europe. - 323 S.; New York (Columbia University Press).

Lotz, K. (1995): Einführung in die Geologie des Landes Hessen. - 267 S., 148 Abb., 1 Kte.; Marburg (Hitzeroth).

Meiburg, P. (1983): Erläuterungen zur geologischen Karte Hessen 1: 25 000, Blatt 4521 Liebenau. - 175 S., 27 Abb., 13 Tab., 2 Beibl.; Wiesbaden.

Mengel, K. (1987): Sonderausstellung Basalt . - Hrsg. Stadt Kassel, Naturkundemuseum; keine Seitenangaben, 2 Abb., 2 Tab.; Kassel.

Nitsche, S. & Nitsche, L. (1994): Extensive Grünlandnutzung. - 247 S.; Radebeul (Neumann).

Nitsche, L. & Nitsche, S. (2003): Naturschutzgebiete in Hessen, Band 2, Stadt Kassel, Landkreis Kassel und Schwalm-Eder-Kreis. - 256 S.; Niedenstein (cognitio).

Penndorf, H. (1926): Geologische Wanderungen im Niederhessischen Bergland. - 345 S., 41 Abb., 4 Taf.; Melsungen (Bernecker).

Press, F. & Siever, R. (1995): Allgemeine Geologie. - 602 S.; Heidelberg, Berlin, Oxford (Spektrum).

Raetzel-Fabian, D. (1988): Die ersten Bauernkulturen - Jungsteinzeit in Nordhessen. - Vor- und Frühgeschichte im Hessischen Landesmuseum in Kassel 2; 168 S., 224 Abb.; Kassel.

Rapp, H.-J. (2002): Reinhardswald - Eine Kulturgeschichte. - 250 S., 73 Abb.; Kassel (Euregio).

Rösing, F. (1966): Erläuterungen zur geologischen Karte Hessen 1:25 000, Blatt 4621 Wolfhagen. - 246 S., 13 Abb., 8 Tab., 2 Diagr.; Wiesbaden.

Rösing, F. (1969): Erläuterungen zur geologischen Karte Hessen 1:25 000, Blatt 4622 Kassel-West (3. Aufl.). - 205 S., 9 Abb., 4 Tab.; Wiesbaden.

Rothe, P. (2000): Erdgeschichte - Spurensuche im Gestein. - 240 S., zahlreiche Abb.; Darmstadt (Wissenschaftliche Buchgesellschaft).

Schachtschabel, P., Blume, H.-P., Brümmer, G., Hartge, K.H. & Schwertmann, U. (1998): Lehrbuch der Bodenkunde. - 494 S.; Stuttgart (Enke).

Schaffer, U. (2002): Verwurzelt oder wachsen wie der Baum ins Leben. - 121 S.; Freiburg im Breisgau (Herder).

Schumann, G. (2002): Der Urwald Sababurg. Lebensbilder einer zauberhaften Waldlandschaft. - Hrsg. Verein für hessische Geschichte und Landeskunde e.V. 1834, 5. Aufl.; 76 S.; Hofgeismar.

Siever, R. S. (1989): Sand - ein Archiv der Erdgeschichte. - 254 S., Heidelberg (Spektrum der Wissenschaften).

Sippel, K. (1993): Zum Hohlestein. - Jahrbuch des Landkreises Kassel 1994, Hrsg. Kreisausschuss des Landkreises Kassel; S. 20-22; Kassel.

Sippel, K. (1993): Der Schacht auf der Firnskuppe. - Jahrbuch des Landkreises Kassel 1994, Hrsg. Kreisausschuss des Landkreises Kassel; S. 23-32, 3 Abb., 1 Taf.; Kassel.

Stanley, S. M. (1994): Historische Geologie - Eine Einführung in die Geschichte der Erde und des Lebens. – 632 S.; Heidelberg, Berlin, Oxford (Spektrum).

Turek, V., Marek, J. & Benes, J. (1990): Fossilien - Handbuch für den Sammler. - 496 S.; Augsburg (Natur).

Vescoli, M. (1995): Der keltische Baumkalender. Über den Menschen, die Zeit und die Bäume. - 159 S.; München (Hugendubel).

Vinx, R. (1972): Vulkanische Senkungsstrukturen westlich Hofgeismar (Nordhessen). - Notizbl. hess. L.-Amt Bodenforsch. 100; S. 194-206, 4 Abb., 1 Tab.; Wiesbaden.

Vinx, R. & Jung, D. (1977): Pargasitic-Kaersutitic Amphibole From a Basanitic Diatreme at the Rosenberg, North of Kassel (North Germany). - Contrib. Mineral. Petrol. 65; S. 135-142; Heidelberg

Walter, R. (1995): Geologie von Mitteleuropa (6.Aufl.). - 566 S., 151 Abb., 12 Tab.; Stuttgart (Schweizerbart).

Wegener, U. (1998): Naturschutz in der Kulturlandschaft - Schutz und Pflege von Lebensräumen. - 456 S.; Jena, Stuttgart, Lübeck, Ulm (Gustav Fischer).

Wittmann, R. (2003): Die Welt der Bäume. - 159 S., 200 Abb.; Stuttgart (Ulmer).

Anhang

Flächenhafte Naturdenkmale

Rohrköppel bei Oberelsungen

Vor den Hängen bei Wettesingen

Die Angaben zur Artenausstattung der flächenhaften Naturdenkmale gründen sich auf im Jahr 2004 durchgeführten Erhebungen. Genannt werden charakteristische, besonders auffällige und gesetzlich geschützte Pflanzenarten. Die zoologischen Kartierungen umfassen die Amphibien und Libellen der Feuchtgebiete sowie die auf dem Magerrasen lebenden Heuschrecken. Für flächenhafte Naturdenkmale, die erst im Februar 2005 ausgewiesen wurden, liegen lediglich lückenhafte Informationen vor.

Die Kennziffer der einzelnen Naturdenkmale (z.B. 6.33.001) setzt sich zusammen aus:
6 = Regierungsbezirk Kassel
33 = Landkreis Kassel
001 = laufende Nummer.
In der Auflistung der flächenhaften Naturdenkmale wurde auf die Nennung der ersten drei Ziffern verzichtet.

Legende:

 Pflanzen

 Pilze

 Libellen

 Heuschrecken

 Amphibien

 § besonders geschützte Arten

Ahnatal

ND Oberes Rinnbachtal, Gem. Heckershausen (001), ca. 3 ha

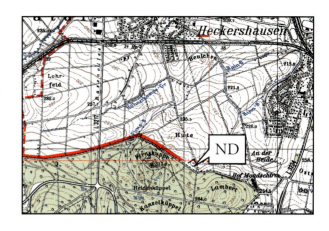

Geländeeinschnitt mit Bachauenwald (Stellario-Alnetum) und Fließgewässer (Rinnbach), quelliger Hangbereich mit ausgedehnter Pestwurzflur, nach Nordosten Auflockerung des Gehölzbestandes mit Feuchtbrache (Großseggenried mit Sumpf-Segge (*Carex acutiformis*) und Rispen-Segge (*C. paniculata*)) und einzelnen uferbegleitenden Gehölzen. Nordwestlich verfüllte Quellmulde mit nitrophytischer Hochstaudenvegetation. Intensive ackerbauliche Nutzung bis an den Biotoprand.

- Gewöhnliche Pestwurz *Petasites hybridus*
- Rispen-Segge *Carex paniculata*
- Sumpf-Segge *Carex acutiformis*
- Große Schlüsselblume *Primula elatior*
- § Breitblättriges Knabenkraut *Dactylorhiza majalis*
- § Gelbe Schwertlilie *Iris pseudacorus*
- § Großes Zweiblatt *Listera ovata*

- § Erlengrübling *Gyrodon lividus*

- Blaugrüne Mosaikjungfer *Aeshna cyanea*

- Gemeiner Grashüpfer *Chorthippus parallelus*
- Gew. Strauchschrecke *Pholidoptera griseoaptera*
- Grünes Heupferd *Tettigonia viridissima*
- Roesels Beißschrecke *Metrioptera roeselii*

- Bergmolch *Triturus alpestris*

Ahnatal

ND Basaltkegel Hohlestein, Gem. Weimar (003), ca. 1,1 ha

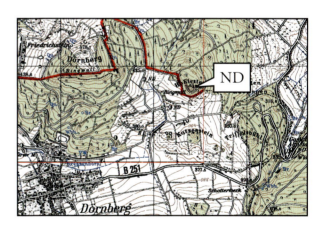

Basaltkegel mit Basaltschuttflächen. Am Hangfuß mit Altbuchenbestand (Galio-Fagetum), auf Blockschuttfeldern strukturreicher Edellaubholzwald (Aceri-Fraxinetum). Größere Auflichtungen durch abgestorbene Bergulmen. Totholzreichtum. Basaltkegel mit Felsspalten-Gesellschaft (Polypodium vulgare-Gesellschaft).

- Ährige Teufelskralle *Phyteuma spicatum*
- Arznei-Schlüsselblume *Primula veris*
- § Knöllchen-Steinbrech *Saxifraga granulata*

Bad Emstal
ND Basaltkuppe Erzeberg, Gem. Sand (024), ca. 0,42 ha

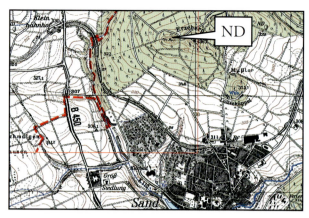

Basaltkegel mit Basaltschuttfläche, partienweise mit Felsspalten-Tüpfelfarn-Gesellschaft (Polypodium vulgare-Gesellschaft). Vegetationskundliche Kartierung liegt noch nicht vor (Naturdenkmalstatus erst seit 28.02.2005).

Baunatal
ND Basaltkuppe des Burgberges, Gem. Großenritte (065), ca. 4 ha

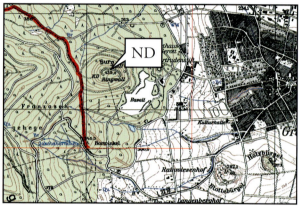

Basaltkuppe mit wechselnder, vielgestaltiger Vegetationsausprägung. Kuppe in Plateaulage mit Waldmeister-Buchenwald (Galio Fagetum), z.T. ausgehagert. Pflanzungen von standortgerechten Gehölzen: Mehlbeere (*Sorbus aria*), Elsbeere (*Sorbus torminalis*), Bergulme (*Ulmus glabra*), Spitzahorn (*Acer platanoides*). Abhänge mit anstehenden Felsformationen, offener Blockhalde, Edellaubwald (Aceri-Fraxinetum) und Windwurfsukzession. Totholz- und Pilzreichtum. Individuenreiche Bestände von der Deutschen Hundszunge (*Cynoglossum germanicum*).

- Christophskraut *Actaea spicata*
- § Eibe *Taxus baccata*

Baunatal
ND Holzbürgel, Gem. Großenritte (066), ca. 4 ha

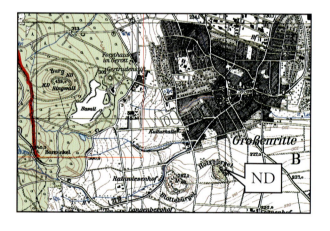

Kleine Basaltkuppe mit Eichen-Hainbuchenwald (Galio-Carpinetum), vermutlich aus Mittelwaldwirtschaft hervorgegangen. Zahlreiche krummschaftige, gleichaltrige Hainbuchen, vereinzelt mit Beimischungen von Stieleiche und Rotbuche. Geophyten- und Totholzreichtum. An Südseite, dem Wald vorgelagert, junger Streuobstbestand mit magerer, artenreicher Glatthaferwiese (Arrhenatherion).

- Heil-Ziest *Betonica officinalis*
- § Eibe *Taxus baccata*
- § Karthäuser-Nelke *Dianthus carthusianorum*
- § Türkenbund-Lilie *Lilium martagon*

- Brauner Grashüpfer *Chorthippus brunneus*
- Gemeiner Grashüpfer *Chorthippus parallelus*
- Gew. Strauchschrecke *Pholidoptera griseoaptera*
- Grünes Heupferd *Tettigonia viridissima*
- Nachtigall-Grashüpfer *Chorthippus biguttulus*
- Zwitscherschrecke *Tettigonia cantans*

Breuna
ND Feuchtgebiet Hinterm Eichenbeutel, Gem. Breuna (094), ca. 3,1 ha

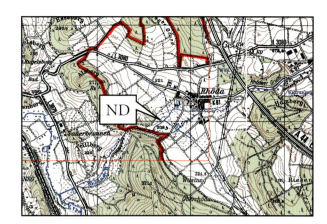

Nitrophytische Hochstaudenflur mit Großseggenried (Magnocaricion) und Bachlauf (Rhödaer Bach). Dominanzbestand von Sumpf-Segge (*Carex acutiformis*). Großflächige Pestwurzflur. Geschwungener Gewässerverlauf mit Prall- und Gleithängen, kleine Kiesbänke. Uferbegleitender Baumbestand standortgerecht, jedoch sehr lückig. Einziges bekanntes nordhessisches Vorkommen der Schlanken Windelschnecke (*Vertigo angustior*).

- Gewöhnliche Pestwurz *Petasites hybridus*
- Indisches Springkraut *Impatiens glandulifera*

- Bergmolch *Triturus alpestris*
- Grasfrosch *Rana temporaria*

- Blaugrüne Mosaikjungfer *Aeshna cyanea*

- Gemeiner Grashüpfer *Chorthippus parallelus*
- Gew. Strauchschrecke *Pholidoptera griseoaptera*
- Sumpfgrashüpfer *Chorthippus montanus*
- Wiesengrashüpfer *Chorthippus dorsatus*
- Zwitscherschrecke *Tettigonia cantans*

Breuna
ND Schlüsselgrund, Gem. Wettesingen (099), ca. 5 ha

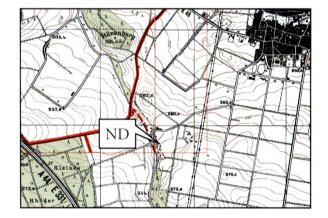

Westexponierte Geländestufung mit regeneriertem Enzian-Schillergrasrasen (Gentiano-Koelerietum), freistehenden Wacholdern, Hute-Bäumen und Heckenzügen. Überführung ehemals stark verbuschter Flächen in offene, kurzrasige Huteflächen, sehr guter Pflegezustand (Schafbeweidung). Wiederfund ehemals vorkommender Orchideen-Arten: Mücken-Händelwurz (*Gymnadenia conopsea*), Fliegen-Ragwurz (*Ophrys insectifera*). Neufund des Dreizähnigen Knabenkrauts (*Orchis tridentata*).

- Büschel-Glockenblume *Campanula glomerata*
- Genfer Günsel *Ajuga genevensis*
- Großer Ehrenpreis *Veronica teucrium*
- Knollen Platterbse *Lathyrus tuberosus*
- Später Roter Zahntrost *Odontites vulgaris*
- § Deutscher Enzian *Gentianella germanica*
- § Dreizähniges Knabenkraut *Orchis tridentata*
- § Echtes Tausendgüldenkraut *Centaurium erythraea*
- § Fliegen-Ragwurz *Ophrys insectifera*
- § Gefranster Enzian *Gentianella ciliata*

- Brauner Grashüpfer *Chorthippus brunneus*
- Bunter Grashüpfer *Omocestus viridulus*
- Gemeiner Grashüpfer *Chorthippus parallelus*
- Gew. Strauchschrecke *Pholidoptera griseoaptera*
- Nachtigall-Grashüpfer *Chorthippus biguttulus*
- Roesels Beißschrecke *Metrioptera roeselii*

Breuna

ND Basaltkegel Vor den Hängen, Gem. Wettesingen u. Oberlistingen (100), ca. 0,6 ha

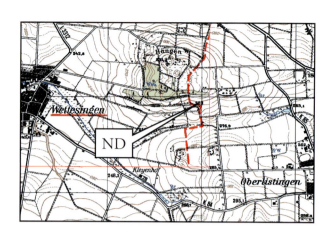

Landschaftsprägender Basaltkegel mit sehr gut ausgebildeter Felsflur (Sedo-Scleranthetea), Magerrasen (Mesobromion) und Streuobstbestand. Westseitig aufgelassener Steinbruch, Sohle mit Grillstelle. Rückseitig alter Hutebaumbestand mit Rot- und Hainbuche. Gebiet wird durch Schafbeweidung offen gehalten. Guter Pflegezustand.

    Ausdauerndes Knäuelkraut *Scleranthus perennis*
    Großer Ehrenpreis *Veronica teucrium*
    Mehlige Königskerze *Verbascum lychnitis*
  § Büschel-Nelke *Dianthus armeria*
  § Knöllchen-Steinbrech *Saxifraga granulata*

    Brauner Grashüpfer *Chorthippus brunneu*
    Gemeiner Grashüpfer *Chorthippus parallelus*
    Gew. Strauchschrecke *Pholidoptera griseoaptera*
    Nachtigall-Grashüpfer *Chorthippus biguttulu*
    Roesels Beißschrecke *Metrioptera roeselii*
    Wiesengrashüpfer *Chorthippus dorsatus*

Breuna

ND Orchideenwiese, Gem. Niederlistingen (101), ca. 0,13 ha

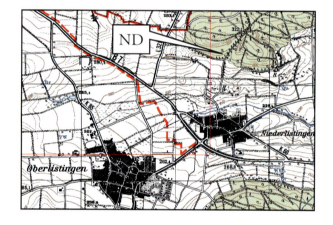

Kleine Magerrasenfläche auf Muschelkalk. Verbreitetes Vorkommen des Dreizähnigen Knabenkrauts (Orchis tridentata). Vegetationskundliche Kartierung liegt noch nicht vor (Naturdenkmalstatus erst seit 28.02.2005).

  § Dreizähniges Knabenkraut *Orchis tridentata*

Calden

ND Die Wacholdern, Gem. Calden (123), ca. 1,41 ha

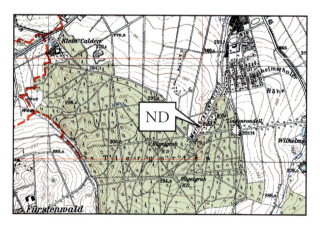

Geländeeinschnitt mit oberflächlich versauertem Kalkmagerrasen (Gentiano-Koelerietum). Freigestellte Wacholder, am Südrand alter Hutebaumbestand mit Rotbuche (*Fagus sylvatica*), in Wald übergehend. Größerer Bestand der Waldhyazinthe (*Platanthera chlorantha*). Hoher Freizeitdruck durch nahe gelegenes Schwimmbad bzw. Freizeitsport (Reitsport, Radsport).

- Arznei-Schlüsselblume *Primula veris*
- § Berg-Waldhyazinthe *Plantanthera chlorantha*

- Bunter Grashüpfer *Omocestus viridulus*
- Gemeiner Grashüpfer *Chorthippus parallelus*
- Gew. Strauchschrecke *Pholidoptera griseoaptera*
- Nachtigall-Grashüpfer *Chorthippus biguttulus*
- Roesels Beißschrecke *Metrioptera roeselii*

Calden

ND Feuchtgebiet Calder Wiese, Gem. Calden und Ehrsten (125), ca. 2,5 ha

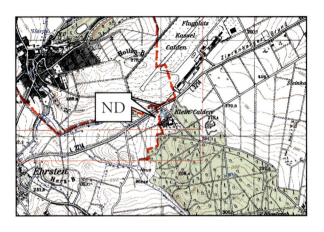

Teich mit permanent wasserführendem, verzweigtem Grabenlauf. Vorkommen der stark gefährdeten Gesellschaft der Knotenbinse (Juncus subnodulosi-Gesellschaft, Calthion) mit zahlreichen seltenen und gefährdeten Arten. Zwischen Grabenläufen Übergang zu wechselfeuchtem Grünland (Molinion). Pferdeweide unmittelbar angrenzend, südlicher Teil als Magerweide ausgeprägt.

- Blaues Pfeifengras *Molinia caerulea*
- Breitblättriger Rohrkolben *Typha latifolia*
- Dreifurchige Wasserlinse *Lemna triscula*
- Dreizahn *Danthonia decumbens*
- Gift-Hahnenfuß *Ranunculus sceleratus*
- Knoten-Binse *Juncus subnodulosus*
- Rispen-Segge *Carex paniculata*
- Kümmel-Silge *Selinum carvifolia*
- Teufelsabbiß *Succisa pratensis*
- § Breitblättriges Knabenkraut *Dactylorhiza majalis*
- § Großes Zweiblatt *Listera ovata*
- § Mücken-Händelwurz *Gymnadenia conopsea*
- § Seerose *Nymphaea ssp.*
- § Sumpf-Herzblatt *Parnassia palustris*
- § Sumpf-Stendelwurz *Epipactis palustris*
- § Deutscher Enzian *Gentianella germanica*

- Becher-Azurjungfer *Enallagma cyathigerum*
- Blaugrüne Mosaikjungfer *Aeshna cyanea*
- Blutrote Heidelibelle *Sympetrum sanguineum*
- Glänzende Binsenjungfer *Lestes dryas*
- Großer Blaupfeil *Orthetum cancellatum*
- Große Königslibelle *Anax imperator*
- Große Pechlibelle *Ischnura elegans*
- Hufeisen-Azurjungfer *Coenargion puella*

- Bunter Grashüpfer *Omocestus viridulus*
- Gemeine Dornschrecke *Tetrix undulata*
- Gemeiner Grashüpfer *Chorthippus parallelus*
- Gew. Strauchschrecke *Pholidoptera griseoaptera*
- Grünes Heupferd *Tettigonia viridissima*
- Roesels Beißschrecke *Metrioptera roeselii*
- Weißr. Grashüpfer *Chorthippus albomarginatus*

- Erdkröte *Bufo bufo*
- Grasfrosch *Rana temporaria*
- Grünfrosch-Komplex *Rana esculenta*-Komplex

Calden

ND Die Kopfsteine, Gem. Fürstenwald (126), ca. 0,72 ha

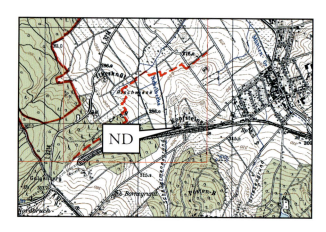

Markante Basaltstele auf Basaltkuppe mit Felsflur und Magerrasen, am Hangfuß mit Apfel-Streuobst und standortgerechten Gehölzen. Felsflur nur kleinflächig vorhanden, Pflege durch Schafbeweidung.

- Heil-Ziest *Betonica officinalis*
- Pfirsichbltrg. Glockenblume *Campanula persicifolia*

- Brauner Grashüpfer *Chorthippus brunneus*
- Gemeiner Grashüpfer *Chorthippus parallelus*
- Gew. Strauchschrecke *Pholidoptera griseoaptera*
- Nachtigall-Grashüpfer *Chorthippus biguttulus*

Calden

ND Hollenberg, Gem. Meimbressen (128), ca. 2,1 ha

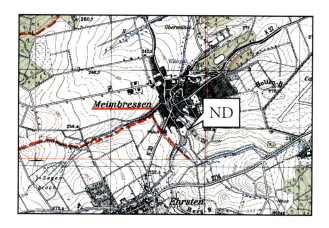

Südexponierte, steil abfallende Hangkante am Ortsrand von Meimbressen mit artenreichem, sehr gut gepflegtem Enzian-Schillergras-Rasen (Gentiano-Koelerietum), umgeben von standortgerechten Gehölzen. Am Hangfuß Bachlauf der Nebelbeeke mit Kopfweidenbestand. Nordwestlich, zum Ortsrand hin, aufgelassener Kalksteinbruch mit Eschen-Vorwald.

- Futter-Esparsette *Onobrychis viciifolia*
- Arznei-Schlüsselblume *Primula veris*
- § Berg-Waldhyazinthe *Platanthera chlorantha*
- § Fliegen-Ragwurz *Ophrys insectifera*
- § Mücken-Händelwurz *Gymnadenia conopsea*
- § Gefranster Enzian *Gentianella ciliata*

- Bergmolch *Triturus alpestris*
- Erdkröte *Bufo bufo*
- Fadenmolch *Triturus helveticus*
- Feuersalamander *Salamandra salamandra*
- Grasfrosch *Rana temporaria*
- Grünfrosch-Komplex *Rana esculenta-* Komplex
- Teichmolch *Triturus vulgaris*

- Mosaikjungfer *Aeshna spec.*

- Brauner Grashüpfer *Chorthippus brunneus*
- Gemeiner Grashüpfer *Chorthippus parallelus*
- Gew. Strauchschrecke *Pholidoptera griseoaptera*
- Grünes Heupferd *Tettigonia viridissima*
- Heidegrashüpfer *Stenobothrus lineatus*
- Langfühler-Dornschrecke *Tetrix tenuicornis*
- Nachtigall-Grashüpfer *Chorthippus biguttulus*
- Roesels Beißschrecke *Metrioptera roeselii*
- Weißrdg. Grashüpfer *Chorthippus albomarginatus*
- Zwitscherschrecke *Tettigonia cantans*

Calden

ND Feuchtgebiet Quellarm der Lohbeeke, Gem. Meimbressen, (129), ca. 2,1 ha

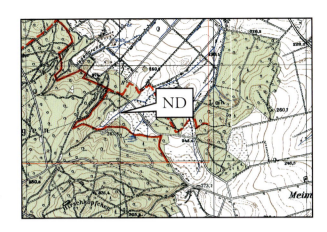

Quellarm der Lohbeeke mit Bachauenwald, Fließgewässer (Lohbeeke) und Hochstaudenflur. Dominanzbestand des Gewöhnlichen Gilbweiderichs (*Lysimachia vulgaris*). Quellfassung am Oberlauf.

- Bach-Nelkenwurz *Geum rivale*
- Einbeere *Paris quadrifolia*
- Kümmel-Silge *Selinum carviflora*
- Rispen-Segge *Carex paniculata*
- Arznei-Schlüsselblume *Primula veris*
- § Gelbe Schwertlilie *Iris pseudacorus*
- § Großes Zweiblatt *Listera ovata*

- Bergmolch *Triturus alpestris*
- Grasfrosch *Rana temporaria*

- Blauflügel-Prachtlibelle *Calopteryx virgo*

- Brauner Grashüpfer *Chorthippus brunneus*
- Gemeiner Grashüpfer *Chorthippus parallelus*
- Gew. Strauchschrecke *Pholidoptera griseoaptera*
- Roesels Beißschrecke *Metrioptera roeselii*
- Wiesengrashüpfer *Chorthippus dorsatus*
- Weißrdg. Grashüpfer *Chorthippus albomarginatus*
- Zwitscherschrecke *Tettigonia cantans*

Calden

ND Feuchtgebiet Der Weiße Born, Gem. Westuffeln (132), ca. 1,76 ha

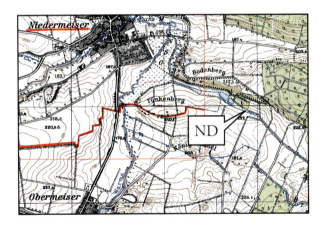

Amphibienschutzgebiet. Feuchtbrache mit Grabenlauf, Tümpeln, Großseggenried (Magnocaricion) und Gehölzen. Dominanzbestand von Sumpf-Segge (*Carex acutiformis*). Tümpel teilweise trockengefallen. Gelände ist drainiert. Nordwestlich Fischteiche angrenzend. Südwestlich intensive ackerbauliche Nutzung bis an den Biotoprand.

- Rispen-Segge *Carex paniculata*
- Breitblättriger Rohrkolben *Typha latifolia*

- Erdkröte *Bufo bufo*
- Teichmolch *Triturus vulgaris*
- Fadenmolch *Triturus helveticus*

- Frühe Adonislibelle *Pyrrhosoma nymphula*
- Hufeisen-Azurjungfer *Coenargion puella*

- Grünes Heupferd *Tettigonia viridissima*

Fuldabrück

ND Feuchtgebiet Rinderplatz, Gem. Dörnhagen (214), ca. 0,6 ha

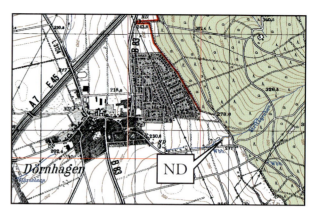

Gehölze feuchter bis nasser Standorte mit periodisch wasserführendem Grabenlauf (Stritzgraben). Teiche mit Schilfröhricht und Schwimmblattvegetation. Ortsrandnahe Lage.

- § Gelbe Schwertlilie *Iris pseudacorus*
- § Gelbe Teichrose *Nuphar lutea*

- Bergmolch *Triturus alpestris*
- Erdkröte *Bufo bufo*
- Fadenmolch *Triturus helveticus*
- Grasfrosch *Rana temporaria*
- Grünfrosch-Komplex *Rana esculenta*- Komplex
- Teichmolch *Triturus vulgaris*

- Blaugrüne Mosaikjungfer *Aeshna cyanea*
- Blutrote Heidelibelle *Sympetrum sanguineum*
- Hufeisen-Azurjungfer *Coenargion puella*
- Weidenjungfer *Chalcolestes viridis*

Fuldatal

ND Feuchtgebiet Die Bruchwiesen im Rohrbach, Gem. Ihringshausen und Simmershausen (241), ca. 3 ha

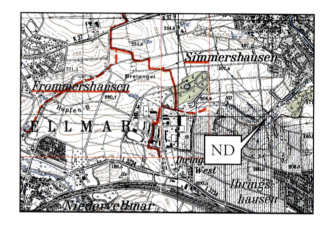

Feuchtbrache mit Großseggenried, Sumpf-Segge (*Carex acutiformis* – Dominanzbestand), angepflanzten Gehölzen, Kopfweiden, Tümpeln und Galeriewald. Fließgewässer (Rohrbach) durch gelöstes Eisen bräunlich verfärbt. Repräsentanz verschiedener Biotope feucht-nasser Standorte. Kleinräumiger Wechsel zwischen stark quelligen Bereichen (Quellsümpfe), Hochstaudenfluren, Galeriewäldern und Großseggenbeständen. Vorbildliche Beschilderung mit Lehrtafeln. Betreuung durch Nabu-Gruppe Fuldatal.

- Rispen-Segge *Carex paniculata*
- § Gelbe Schwertlilie *Iris pseudacorus*

- Bergmolch *Triturus alpestris*
- Erdkröte *Bufo bufo*
- Fadenmolch *Triturus helveticus*
- Grasfrosch *Rana temporaria*
- Teichmolch *Triturus vulgaris*

- Blaugrüne Mosaikjungfer *Aeshna cyanea*
- Blutrote Heidelibelle *Sympetrum sanguineum*
- Hufeisen-Azurjungfer *Coenargion puella*
- Weidenjungfer *Chalcolestes viridis*

- Gemeine Eichenschrecke *Meconema thalassinum*
- Gemeiner Grashüpfer *Chorthippus parallelus*
- Gew. Strauchschrecke *Pholidoptera griseoaptera*
- Roesels Beißschrecke *Metrioptera roeselii*
- Wiesengrashüpfer *Chorthippus dorsatus*

Helsa

ND Basaltkegel Bielsteinskirche, Gem. Helsa (331), ca. 1,8 ha

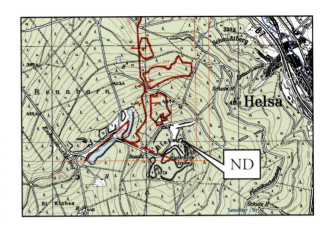

Mächtige nordostexponierte Basaltfelsen, umgeben von mesotrophem Buchenwald mit ausgehagerten Standorten, Auflichtungen durch abgestorbene Bergulmen. Felsen mit Felsspaltengesellschaften, z.T. mit Moosen bewachsen. Am Hangfuß größere Bestände des Eichenfarnes (*Gymnocarpium dryopteris*). Rückwärtig (Südseite) aufgelassener Basaltsteinbruch, im gesamten Gebiet starke Abbautätigkeit.

Helsa

ND Sandgrube Tiefenbach, Gem. Wickenrode (335), ca. 0,58 ha

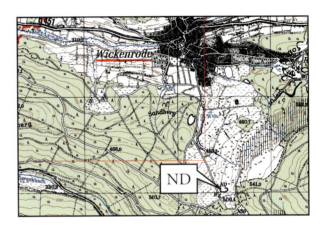

Ehemalige Sandgrube (tertiäre Sande) mit fortgeschrittener Gehölzsukzession (Vorwald), ruderalem Grünland und Zwergstrauchvegetation. Östliche Abbruchkanten z.T. mit Offenböden. Ablagerung von Grünschnitt. Oberhalb der Grube kleine Grünfläche mit Sitzgruppe.

- Borstgras *Nardus stricta*
- Ährige Teufelskralle *Phyteuma spicatum*

- Brauner Grashüpfer *Chorthippus brunneus*
- Bunter Grashüpfer *Omocestus viridulus*
- Gemeiner Grashüpfer *Chorthippus parallelus*
- Gew. Strauchschrecke *Pholidoptera griseoaptera*
- Roesels Beißschrecke *Metrioptera roeselii*

Hofgeismar

ND Offenberg, Gem. Carlsdorf, (367), ca. 4,8 ha

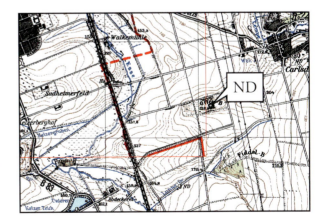

Landschaftsprägende Kalksteinkuppe im Übergangsbereich zum Röt mit Enzian-Schillergras-Rasen (Gentiano-Koelerietum) und Heckenzügen. Nordhang zum Teil verfilzt, Dominanzbestand von Fieder-Zwenke (*Brachypodium pinnatum*). Osthang verbracht und stark verbuscht. Ansonsten größere baum- und strauchfreie Offenflächen, sehr guter Pflegezustand durch regelmäßige Beweidung. Gelegentliche Freizeitnutzung (Reiten, Modellflug). ND mit größter Magerrasenfläche im LK.

❀ Futter-Esparsette *Onobrychis viciifolia*
Wiesen-Salbei *Salvia pratensis*
Großer Ehrenpreis *Veronica teucrium*
Gew. Zwergmispel *Cotoneaster integerrimus*
§ Fliegen-Ragwurz *Ophrys insectifera*
§ Helm-Knabenkraut *Orchis militaris*
§ Deutscher Enzian *Gentianella germanica*
§ Gefranster Enzian *Gentianella ciliata*

🦗 Brauner Grashüpfer *Chorthippus brunneus*
Bunter Grashüpfer *Omocestus viridulus*
Gemeiner Grashüpfer *Chorthippus parallelus*
Gew. Strauchschrecke *Pholidoptera griseoaptera*
Grünes Heupferd *Tettigonia viridissima*
Heidegrashüpfer *Stenobothrus lineatus*
Langfühler-Dornschrecke *Tetrix tenuicornis*
Nachtigall-Grashüpfer *Chorthippus biguttulus*
Roesels Beißschrecke *Metrioptera roeselii*

Hofgeismar

ND Hünsche Burg, Gem. Hofgeismar (373), ca. 5 ha

Geländeeinschnitt mit vielgestaltigem Vegetationsmosaik aus Heckenzügen, Schaftriften, Kalkmagerrasen und ruderalem Grünland. Reste einer alten Wallanlage. Südexponierter, durch Viehtritt degenerierter Kalkmagerrasen mit Massenvorkommen des Kelch-Steinkrautes (*Alyssum alyssoides*).

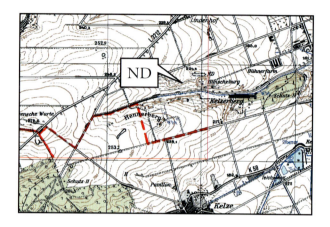

❀ Büschel-Glockenblume *Campanula glomerata*
Genfer Günsel *Ajuga genevensis*
Großer Ehrenpreis *Veronica teucrium*
Gew. Reiherschnabel *Erodium cicutarium*
Kelch-Steinkraut *Alyssum allysoides*
Gew. Natternkopf *Echium vulgare*
Arznei-Schlüsselblume *Primula veris*
§ Fliegen-Ragwurz *Ophrys insectifera*

🦗 Brauner Grashüpfer *Chorthippus brunneus*
Gemeiner Grashüpfer *Chorthippus parallelus*
Gew. Strauchschrecke *Pholidoptera griseoaptera*
Grünes Heupferd *Tettigonia viridissima*
Heidegrashüpfer *Stenobothrus lineatus*
Langfühler-Dornschrecke *Tetrix tenuicornis*
Nachtigall-Grashüpfer *Chorthippus biguttulus*
Roesels Beißschrecke *Metrioptera roeselii*
Zwitscherschrecke *Tettigonia cantans*

Hofgeismar

ND Heidefläche Hümmer Hute, Gem. Hümme (380), ca. 4,3 ha

Ehemalige Hutefläche mit landschaftsprägenden Gehölzgruppen und alten Hutehainbuchen (*Carpinus betulus*). Zwei Teilflächen: nördlicher Teil mit offener, brachliegender Sukzessionfläche (degenerierter Borstgrasrasen mit *Calluna*-Resten), südlicher Teil mit fortgeschrittener Gehölzsukzession, Hutebuchen stark eingewachsen, z.T. Fichtenaufforstung.

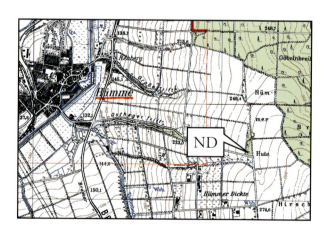

Geschlängelte Schmiele *Deschampsia flexuosa* Borstgras *Nardus stricta*	Bunter Grashüpfer *Omocestus viridulus* Gemeiner Grashüpfer *Chorthippus parallelus* Gew. Strauchschrecke *Pholidoptera griseoaptera* Grünes Heupferd *Tettigonia viridissima* Nachtigall-Grashüpfer *Chorthippus biguttulus* Roesels Beißschrecke *Metrioptera roeselii* Wiesengrashüpfer *Chorthippus dorsatus* Weißrdg. Grashüpfer *Chorthippus albomarginatus*

Hofgeismar

ND Basaltkegel Gribbelsberg mit Steinbruch, Gem. Sababurg (381), ca. 1,98 ha

Ehemaliger Basaltsteinbruch mit Abbauwand, starker Aufwuchs von verschiedenen Laubbaumarten, durchdrungen von Sträuchern. Insgesamt sehr verwachsen und unzugänglich. Steinbruchsohle sehr feucht, temporäre Tümpel.

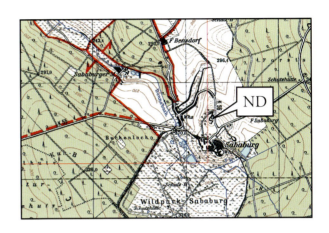

Immenhausen

ND Das Große Loh, Gem. Immenhausen (405), < 0,1 ha

Sagen umwobene Quarzitblöcke tertiären Alters (Oligozän), umgeben von Altbaumbestand ohne nennenswerte Krautschicht. Freizeitdruck durch Ortsrandlage und nahegelegenen Grillplatz. Errichtung eines Gedenksteines auf Quarzitblock. Infotafel vorhanden.

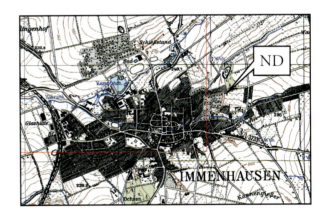

Immenhausen

ND Der Kampteich, Gem. Immenhausen (406), ca. 4,57 ha

Teich an der Holzkape mit Schilfröhrichtgürtel, umstanden mit standortgerechten Gehölzen. Nordöstlich, durch schmalen Damm getrennt, weiterer Teich mit Schwimmblattvegetation (*Ranunculus peltatus*). Südlich, im Bereich der Holzkape, Reste eines Bachauenwaldes. Ortsrandlage, Zentrum der Naherholung, gute Infrastruktur mit Infotafel und Ruhebänken.

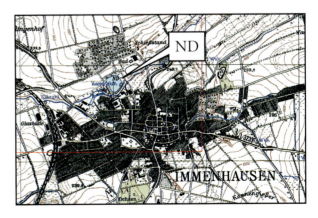

Schilfrohr *Phragmites australis*
Schild-Wasser-Hahnenfuß *Ranunculus peltatus*
§ Gelbe Schwertlilie *Iris pseudacorus*

Erdkröte *Bufo bufo*

Becher-Azurjungfer *Enallagma cyathigerum*
Blaugrüne Mosaikjungfer *Aeshna cyanea*
Großer Blaupfeil *Orthetum cancellatum*
Große Pechlibelle *Ischnura elegans*
Weidenjungfer *Chalcolestes viridis*

Liebenau

ND Rosenberg, Gem. Niedermeiser (467), ca. 2,8 ha

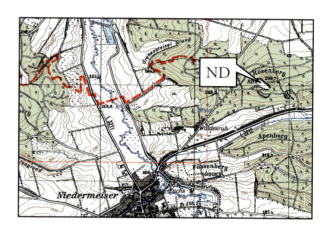

Aufgelassener großer Basaltsteinbruch mit mächtiger Felswand, Felsflur, Geröllhalde, Vorwald und Ruderalfluren. Bemerkenswertes Vorkommen des Großblütigen Fingerhutes (*Digitalis grandiflora*). Sohle verdichtet, wechselnde Standortbedingungen von trocken-frisch-feucht. Oberhalb der Hangkante in Nordexposition artenreicher Perlgras / Bärlauch-Buchenwald (Galio-Fagetum). Zauneidechsen-Vorkommen.

Mehlige Königskerze *Verbascum lychnitis*
Färberkamille *Anthemis tinctoria*
Wald-Hundszunge *Cynoglossum germanicum*
§ Großblütiger Fingerhut *Digitalis grandiflora*
§ Stattliches Knabenkraut *Orchis mascula*

Lohfelden

ND Sandgrube, Gem. Vollmarshausen (497), ca. 0,37 ha

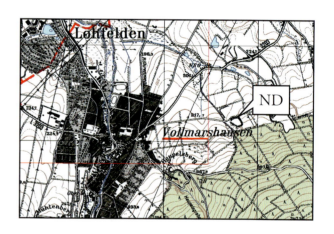

Aufgelassene Sandgrube (tertiäre Sande) mit fortgeschrittener Gehölzsukzession und einzelnen Tümpeln. Vegetationskundliche Kartierung liegt noch nicht vor (Naturdenkmalstatus erst seit 28.02.2005).

Bergmolch *Triturus alpestris*
Fadenmolch *Triturus helveticus*
Kammmolch *Triturus cristatus*
Grünfrosch *Rana temporaria*
Teichmolch *Triturus vulgaris*

Naumburg
ND Riesenstein, Gem. Heimarshausen (528), ca. 1 ha

Solitär stehender Buntsandsteinfelsen. Unmittelbare Umgebung stark forstwirtschaftlich geprägt (Fichtenforst). Felskuppe z.T. mit Besenheide (*Calluna vulgaris*) bewachsen, dem Ausgangsgestein entsprechend artenarm, typische Artenzusammensetzung nur rudimentär vorhanden, viele Arten der Schlagfluren.

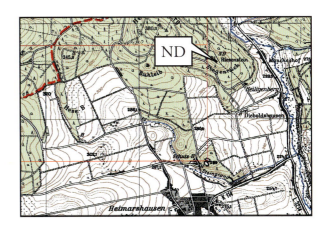

Naumburg
ND Am Ochsenkopf, Gem. Heimarshausen (531), ca. 0,83 ha

Kalkmagerrasenkuppe mit Wacholdern. Fortgeschrittene Gehölzsukzession, Wacholder z.T. eingewachsen, offene Bereiche nur sehr kleinflächig vorhanden, verfilzt/verbracht, mit hoher Beschattung durch umgebende Gehölze. Westlich Streuobstbestand mit magerer Glatthaferwiese.

Kragen-Erdstern *Geastrum striatum*

Brauner Grashüpfer *Chorthippus brunneus*
Gemeiner Grashüpfer *Chorthippus parallelus*
Gew. Strauchschrecke *Pholidoptera griseoaptera*
Nachtigall-Grashüpfer *Chorthippus biguttulus*
Roesels Beißschrecke *Metrioptera roeselii*

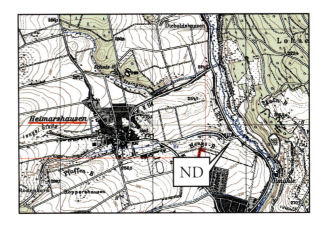

Naumburg
ND Sandsteinkuppe Bielstein, Gem. Naumburg (532), ca. 0,7 ha

Buntsandsteinklippen mit Felsspalten-Vegetation (Polypodium-vulgare-Gesellschaft) und bodensaurem Buchenwald (Luzulo-Fagetum).

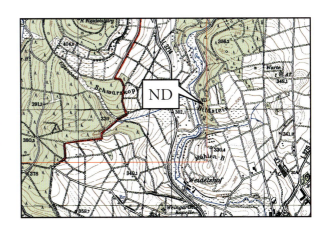

Naumburg

ND Kalkmagerrasen, Gem. Altendorf (536), ca. 0,8 ha

Magerrasen auf Muschelkalk, teilweise Steilhanglage, mit starken Verbuschungstendenzen. Vegetationskundliche Kartierung liegt noch nicht vor (Naturdenkmalstatus erst seit 28.02.2005).

Reinhardswald (Forstgutsbezirk)

ND Straußfarnbestände, Gem. Oberförsterei. Gahrenberg (672), ca. 0,6 ha

Lichter Erlensumpfwald mit Sickerquelle und Quellsumpf. Größerer Bestand des Straußfarnes (*Matteuccia struthiopteris*).

- § Straußfarn *Matteuccia struthiopteris*
- Blaugrüne Mosaikjungfer *Aeshna cyanea*

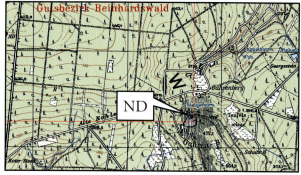

Bunter Grashüpfer *Omocestus viridulus*
Gemeine Dornschrecke *Tetrix undulata*
Gemeiner Grashüpfer *Chorthippus parallelus*
Gew. Strauchschrecke *Pholidoptera griseoaptera*

Reinhardswald (Forstgutsbezirk)

ND Trockener Wolkenbruch, Gem. Trendelburg (674), ca. 1 ha

Erdfall natürlichen Ursprungs (Subrosionstrichter). Trichter mit Dominanzbestand des Wurmfarnes (*Dryopteris filix-mas*), Trichterrand mit bodensaurem Buchenwald (Luzulo-Fagetum). Vgl. auch ND 778 (Nasser Wolkenbruch).

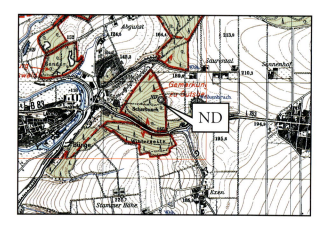

Reinhardswald (Forstgutsbezirk)

ND Buntsandsteinbruch Königsberg, Gem. Oberförsterei Bad Karlshafen (675), ca. 1,3 ha

Aufgelassener Buntsandsteinbruch mit mächtiger Steilwand und vorgelagerter Geröllhalde, höhlen- und spaltenreich. Steinbruchsohle mit fortgeschrittener Gehölzsukzession. In unmittelbarer Umgebung treten natürliche, z.T. noch in Rutschung befindliche Blockhalden auf.

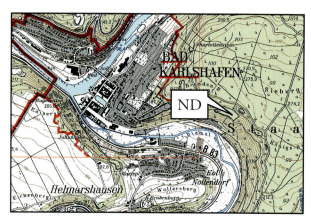

Reinhardswald

ND Buntsandsteinbruch Zelle, Gem. Oberförsterei Bad Karlshafen (677), ca. 1,06 ha

Aufgelassener Buntsandsteinbruch mit terrassierter, von Gehölzen zugewachsener Steilwand. Sohle sehr unzugänglich, mit Schutthalde und fortgeschrittener Gehölzsukzession.

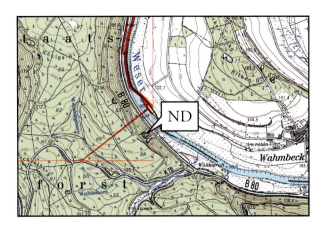

Schauenburg

ND Steinberg, Gem. Elmshagen (704), ca. 1,5 ha

Basaltkegel mit Edellaubholzwald (Aceri-Fraxinetum) und offener, vegetationsarmer, südwest exponierter Basaltblockhalde. Standorttypische Ausprägung der Vegetation mit hohem Anteil der Sommerlinde (Altbäume), starker Aufwuchs von Bergulmen (Strauchschicht), mehrschichtiger Waldaufbau, hoher Totholzanteil, Dürrbäume, Höhlenreichtum. Blockhalde z.T. mit div. Moosen überwachsen.

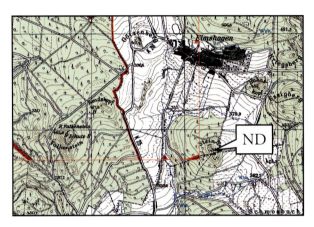

 Christophskraut *Actaea spicata*
Schattenblümchen *Maianthemum bifolia*

Schauenburg

ND Martinstein, Gem. Martinhagen (708), ca. 0,07 ha

Basaltfelsen mit Felsgrusflur (Sedo-Scleranthetalia) und Felsspaltengesellschaft. Z.T. bunte Flechtenüberzüge. ND liegt mitten im Ort an der Kirche. Bebaute Grundstücke mit Kleingärten schließen mit dem ND ab. Offener Zugang gegenüber der Kirche, mäßige Trittbelastung/Eutrophierung. Interessante Mischung von Arten der Trittgesellschaften und Arten der Felsfluren, durchsetzt mit Gartenflüchtlingen.

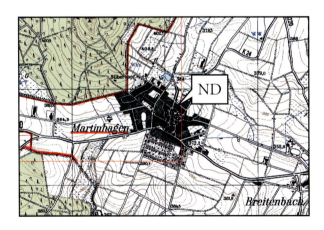

 Ausdauerndes Knäuelkraut *Scleranthus perennis*
Büschel-Glockenblume *Campanula glomerata*
Kornblume *Centaurea cyanus*
Mäuseschwanz-Federschwingel *Vulpia myuros*
Nordischer Streifenfarn *Asplenium septentrionale*

Söhrewald

ND Basaltfelsen Lenzigskeller, Gem. Wellerode (733), ca. 0,8 ha

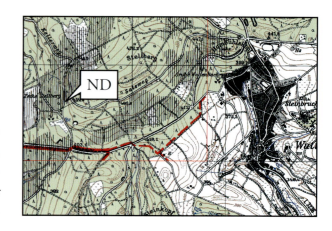

Westexponierter Hang mit Basaltsäulen und kleinräumigen, weitgehend konsolidierten Schutthalden. Strukturreicher Edellaubbaumwald (Aceri-Fraxinetum) mit starkem Aufwuchs der Berg-Ulme (*Ulmus glabra*). Charakteristische Baumartenzusammensetzung. Totholzreichtum.

Trendelburg

ND Buntsandsteinbruch Stein-Berg, Gem. Deisel (765), ca. 3,49 ha

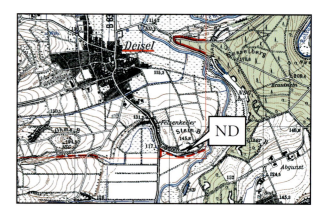

Aufgelassener Buntsandsteinbruch mit mächtiger Steilwand, Schutt- und Geröllhalden, Felsflur, Vorwald und Ruderalfluren. Rohböden vorherrschend, daher verlangsamte Gehölzsukzession, hohe Standortvariabilität. Zauneidechsen-Vorkommen.

- Färberkamille *Anthemis tinctoria*
  Salbei-Gamander *Teucrium scorodonia*
  Gewöhnliche Zwergmispel *Cotoneaster integerrimus*

- § Karthäuser-Nelke *Dianthus carthusianorum*
- § Knöllchen-Steinbrech *Saxifraga granulata*

Trendelburg

ND Nasser Wolkenbruch, Gem. Trendelburg (778), ca. 1,93 ha

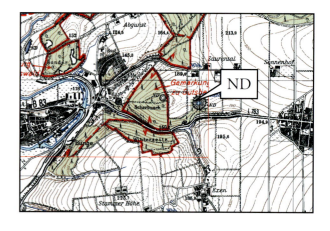

Natürlich entstandener wassergefüllter Erdfall (Subrosionstrichter) mit Wasserlinsen-Gesellschaft (Lemnetalia). Trichter bestockt mit farnreichen, bodensaurem Buchenwald (Luzulo-Fagetum). Totholzreich, dickstämmiges stehendes und liegendes Totholz, z.T. im Wasser treibend. Beliebtes Ausflugsziel mit Parkplatz, Infotafel und Ruhebänken.

- Kleine Wasserlinse *Lemna minor*
  Rippenfarn *Blechnum spicant*
  Schattenblümchen *Maianthemum bifolium*

- Blaugrüne Mosaikjungfer *Aeshna cyanea*
  Weidenjungfer *Chalcolestes viridis*

- Erdkröte *Bufo bufo*
  Kammmolch *Triturus cristatus*
  Teichmolch *Triturus vulgaris*

Trendelburg

ND Diemelaltwasser Deesenfeld, Gem. Trendelburg (779), ca. 1 ha

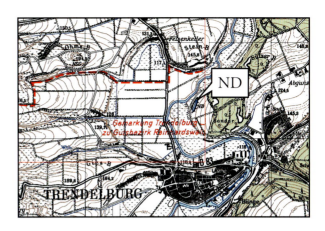

Altwasser (Totarm) der Diemel mit starker Verlandungstendenz. ND wird durch Radweg (ehemaliger Bahndamm) zerschnitten. Östlicher Bereich mit offener Wasserfläche und umgebendem Röhricht. Westliche Teilfläche bereits verlandet mit vorgelagerter Hochstaudenflur. Intensive ackerbauliche Nutzung bis an den Biotoprand (Eutrophierung).

 Wasserkresse *Rorippa amphibia*
 § Gelbe Schwertlilie *Iris pseudacorus*

 Blaugrüne Mosaikjungfer *Aeshna cyanea*
 Gebänderte Prachtlibelle *Calopterix splendens*
 Weidenjungfer *Chalcolestes viridis*

 Erdkröte *Bufo bufo*
 Feuersalamander *Salamandra salamandra*
 Grasfrosch *Rana temporaria*
 Grünfrosch-Komplex *Rana esculenta*-Komplex

Vellmar

ND Dreiangel, Gem. Niedervellmar (803), ca. 1,03 ha

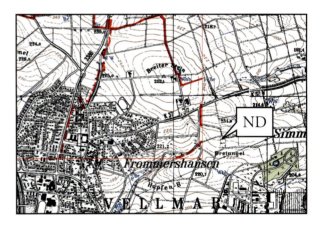

Gehölzinsel mit Tümpeln, Feuchtbrachen und Ruderalfluren. Tümpel z.T. nur temporär wasserführend. Mächtige alte Silber-Weiden (*Salix alba*), teilweise in Zerfallsphase. Bruchwaldartiger Charakter. Kleinräumig wechselnde Standortbedingungen (trocken-frisch-feucht-nass). Betreuung Nabu-Gruppe Fuldatal. Grünschnittablagerung, Wildfütterung (Futterkrippe, Salzsteine), Hochsitz.

 § Gelbe Schwertlilie *Iris pseudacorus*

 Gemeiner Grashüpfer *Chorthippus parallelus*
 Gew. Strauchschrecke *Pholidoptera griseoaptera*
 Nachtigall-Grashüpfer *Chorthippus biguttulus*
 Roesels Beißschrecke *Metrioptera roeselii*
 Weißrdg. Grashüpfer *Chorthippus albomarginatus*

Wolfhagen
ND Basaltkegel Bilstein, Gem. Istha (864), ca. 0,35 ha

Basaltkegel mit gut ausgebildeter Felsflur, z.T. beschattet durch starke Verbuschung der Hangfußbereiche, geringe Anteile an ruderalisiertem Grünland. An Westseite ehemalige Abbautätigkeit.

- ❀ Nickendes Leimkraut *Silene nutans*
- § Heide-Nelke *Dianthus deltoides*

Wolfhagen
ND Rohrberg, Gem. Wenigenhasungen (873), ca. 4,9 ha

Basaltkuppe mit zwei voneinander getrennten Basaltschuttkegeln mit Felswänden, Steilhängen, Blockschuttfeldern und Blockhalden, am Hangfuß in eutraphenten Buchenwald (Galio-Fagetum) übergehend. Kuppenlage mit arten- und strukturreichem Edellaubholzwald (Totholzreichtum, Krummschaftigkeit, Tiefbeastung), ausgesprochene Trockenstandorte. Felsen mit Felsspaltengesellschaften, Felsnasen und Felsköpfe mit arten- und aspektreichen Felsfluren/Therophytenfluren. Block- und Schutthalden nahezu vegetationsfrei, mit Moosen überwachsen.

- ❀ Arznei-Schlüsselblume *Primula veris*
- § Knöllchen-Steinbrech *Saxifraga granulata*
- § Stattliches Knabenkraut *Orchis mascula*

Christophskraut *Actaea spicata*
Färberkamille *Anthemis tinctoria*
Nordischer Streifenfarn *Asplenium septentrionale*
Schwarzstieliger Streifenfarn *Asplenium trichomanes*
Pfirsichbltrg. Glockenblume *Campanula persicifolia*
Zerbrechlicher Blasenfarn *Cystopteris fragilis*
Gemeine Pechnelke *Lychnis viscaria*
Salbei-Gamander *Teucrium scorodonia*

Wolfhagen
ND Rauenstein, Gem. Wolfhagen (875), ca. 0,5 ha

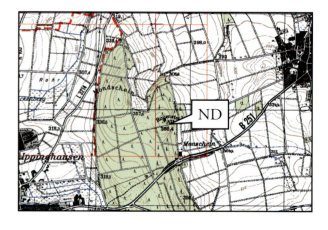

Zerklüftete Buntsandsteinfelsen in Kuppenlage mit Felsspaltengesellschaft (Polypodium vulgare-Gesellschaft). Entsprechend dem Ausgangsgestein artenarme Krautschicht mit Säurezeigern, Mischwald mit hohem Anteil von Europäischer Lärche (*Larix decidua*) und Gemeiner Kiefer (*Pinus sylvestris*).

Wolfhagen

ND Hoher Rücken, Gem. Wolfhagen (879) ca. 3,5 ha

Artenreicher südexponierter Enzian-Schillergras-Rasen (Gentiano-Koelerietum), sehr kurzrasig, an Böschungen einzelne Felsbänder mit größerem Vorkommen des Trauben-Gamanders (*Teucrium botrys*).

- Genfer Günsel *Ajuga genevensis*
- Große Braunelle *Prunella grandiflora*
- Großer Ehrenpreis *Veronica teucrium*
- Hügel-Meister *Asperula cynanchica*
- Tauben-Skabiose *Scabiosa columbaria*
- Trauben-Gamander *Teucrium botrys*
- Arznei-Schlüsselblume *Primula veris*
- § Fliegen-Ragwurz *Ophrys insectifera*

Wolfhagen

ND Sandgrube, Gem. Wolfhagen (886), ca. 0,5 ha

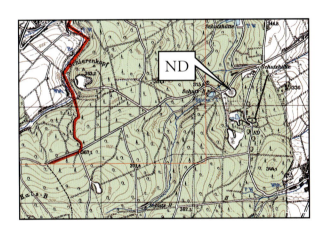

Aufgelassener Steinbruch mit Schichten des Buntsandsteins, in denen Funde von Saurierfährten gemacht wurden. Im tiefsten Teil des Areals mit kleinem Tümpel. Vorkommen der Waldeidechse. Einzige ND- Fläche mit dem Vorkommen der Geburtshelferkröte. Vegetationskundliche Kartierung liegt noch nicht vor (Naturdenkmalstatus erst seit 28.02.2005).

- Bergmolch *Triturus alpestris*
- Erdkröte *Bufo bufo*
- Fadenmolch *Triturus helveticus*
- Teichmolch *Triturus vulgaris*
- Kammmolch *Triturus cristatus*
- Geburtshelferkröte *Alytes obstetricans*
- Feuersalamander *Salamandra salamandra*

- Hufeisen-Azurjungfer *Coenargion puella*
- Große Pechlibelle *Ischnura elegans*
- Blaugrüne Mosaikjungfer *Aeshna cyanea*

Wolfhagen

ND Basaltbrüche Plattenkopf u. Schierenkopf, Gem. Wolfhagen (887), ca. 2,35 ha

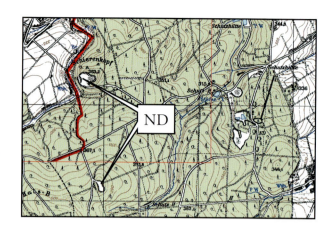

Ehemalige Steinbrüche mit Basaltsäulen. Im Areal des Plattenkopfes einige kleine Tümpel. Vorkommen von Waldeidechse und Blindschleiche. Vegetationskundliche Kartierung liegt noch nicht vor (Naturdenkmalstatus erst seit 28.02.2005).

- Bergmolch *Triturus alpestris*
- Kammmolch *Triturus cristatus*
- Teichmolch *Triturus vulgaris*
- Fadenmolch *Triturus helveticus*
- Grasfrosch *Rana temporaria*

- Hufeisen-Azurjungfer *Coenargion puella*
- Frühe Adonislibelle *Pyrrhosoma nymphula*
- Blaugrüne Mosaikjungfer *Aeshna cyanea*
- Große Königslibelle *Anax imperator*
- Vierfleck *Libellula quadrimaculata*
- Plattbauch *Libellula depressa*
- Heidelibelle *Sympetrum spec.*

Zierenberg

ND Heiliger Hain, Gem. Burghasungen (901), ca. 0,62 ha

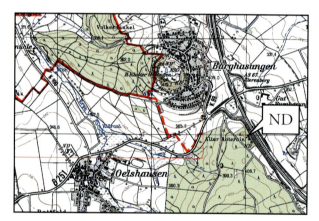

Basaltfelsen mit Altbuchenbestand in unmittelbarer Nähe zur BAB 44. Bodensaurer Buchenwald (Luzulo-Fagetum) mit standortgerechter Vegetation.

Zierenberg

ND Rohrköppel, Gem. Oberelsungen (904), ca. 0,6 ha

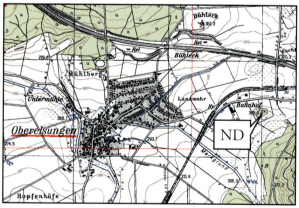

Aufgeforstete, ehemals offene Kalksteinkuppe mit Magerrasenrelikt. Kuppe größtenteils mit Mischwald bestockt, südwestexponierte kleinere offene Magerrasenfläche (ca. 30 m^2) mit eingewachsenen Wacholdern, von Hecken vollständig umschlossen. Hohe Beschattungseffekte. Am Hangfuß (Südwestseite) artenreicher, magerer Saum mit hohem Anteil an Korbblütlern (hier Exemplare des Kaisermantels), übergehend in extensiv genutzte Mähwiese, im Nordwesten überalterter Streuobstbestand.

- Färberkamille *Anthemis tinctoria*
- Genfer Günsel *Ajuga genevensis*
- Große Braunelle *Prunella grandiflora*
- Knollen-Platterbse *Lathyrus tuberosus*
- Arznei-Schlüsselblume *Primula veris*

Zierenberg

ND Flachsröste, Gem. Oberelsungen (905), ca. 1 ha

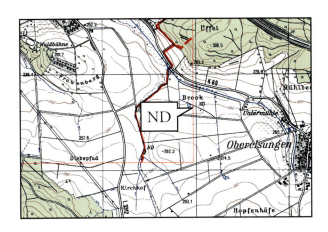

Feuchtbrache mit Hochstaudenflur und temporär wasserführenden Tümpeln inmitten ausgeräumter Agrarlandschaft. Nordwestlich zwei Teiche mit Flachwasserzonen, ausgeprägter Röhrichtgürtel (Phragmitetea), Schwimmblattvegetation, periodisch trocken fallend, umstanden mit standortgerechten Gehölzen (z.T. gepflanzt), vereinzelt Kopfweiden. Teiche und Tümpel 1978 künstlich angelegt. Betreuung und Pflege durch Nabu-Ortsgruppe Oberelsungen.

- Breitblättriger Rohrkolben *Typha latifolia*
- Gift-Hahnenfuß *Ranunculus sceleratus*
- Sumpf-Segge *Carex acutiformis*
- Wasserdost *Eupatorium cannabinum*
- Arznei-Schlüsselblume *Primula veris*
- § Gelbe Schwertlilie *Iris pseudacorus*
- § Gelbe Teichrose *Nuphar lutea*

- Große Pechlibelle *Ischnura elegans*
- Blaugrüne Mosaikjungfer *Aeshna cyanea*
- Heidelibelle *Sympetrum ssp.*

- Grasfrosch *Rana temporaria*
- Erdkröte *Bufo bufo*

Zierenberg

ND Chattensteine, Gem. Zierenberg (910), ca. 0,64 ha

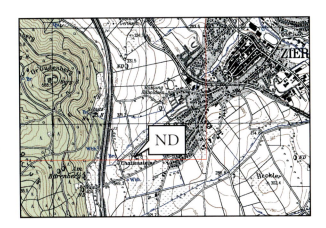

Basaltkuppe mit anstehendem Fels und gut ausgebildeter Felsflur/Felsspalten-Gesellschaft (Polypodium vulgare-Gesellschaft). Strukturreicher Eichen-Hainbuchenwald (Carpinion). Vorgelagerter Streuobstbestand.

- Schwarzstieliger Streifenfarn *Asplenium trichomanes*
- Arznei-Schlüsselblume *Primula veris*
- § Knöllchen-Steinbrech *Saxifraga granulata*

Zierenberg

ND Die Blauen Steine, Gem. Zierenberg (912), ca. 2 ha

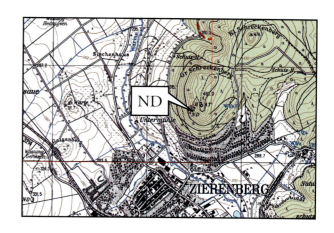

Großflächiges Basaltschuttfeld in steiler, südwestexponierter Hanglage. Schutthalde selbst nahezu vegetationsfrei, vereinzelt mit Linden bestanden, durch kleinen Wanderpfad erschlossen. Im Übergang zum Wald gut ausgebildete Säume mit Massenvorkommen von *Teucrium scorodonia*. Umgebung mit artenreichem, mesotraphentem Buchenwald (Galio-Fagetum), u.a. mit Vorkommen von *Cephalanthera longifolia*. Östlich angrenzend abgestorbener Ulmenbestand.

- Ährige Teufelskralle *Phyteuma spicatum*
- Pfirsichblättr. Glockenblume *Campanula persicifolia*
- Wald-Hundszunge *Cynoglossum germanicum*
- § Schwertbltrg. Waldvögelein *Cephalanthera longifolia*

Zierenberg

ND Basaltkuppe Die Warte, Gem. Zierenberg (916), ca. 3 ha

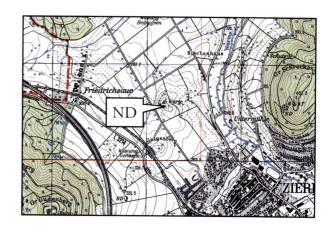

Basaltkuppe mit Felsgrus-Trockenrasen, Trespen-Halbtrockenrasen und Gehölzen trockener bis frischer Standorte. Gut ausgebildete Felsrasen in steiler, südwestexponierter Hanglage auf offenem, grusig-steinigem Boden, z.T. mit kleineren Felsköpfen. Im Nordwesten aufgelassener Basalt-Steinbruch, von Gehölzen eingewachsen. Abhänge im Nordosten mit Übergängen zum Oberen Buntsandstein (Röt), von Heckenkomplexen durchdrungen, einzelne Schaftriften.

- Färberkamille *Anthemis tinctoria*
- Gewöhnlicher Reiherschnabel *Erodium cicutarium*
- Große Braunelle *Prunella grandiflora*
- Großer Ehrenpreis *Veronica teucrium*
- Hasen-Klee *Trifolium arvense*
- Sprossende Felsennelke *Petrorhagia prolifera*
- Pfirsichbltrg. Glockenblume *Campanula persicifolia*
- Arznei-Schlüsselblume *Primula veris*
- § Stattliches Knabenkraut *Orchis mascula*

- Brauner Grashüpfer *Chorthippus brunneus*
- Gemeiner Grashüpfer *Chorthippus parallelus*
- Gew. Strauchschrecke *Pholidoptera griseoaptera*
- Grünes Heupferd *Tettigonia viridissima*
- Nachtigall-Grashüpfer *Chorthippus biguttulus*
- Roesels Beißschrecke *Metrioptera roeselii*

Zierenberg
ND Hundsberg,
Gem. Oelshausen (917), ca. 2,0 ha

Großer Basaltfelsen mit Basaltblockhalden. Vegetationskundliche Kartierung liegt noch nicht vor (Naturdenkmalstatus erst seit 28.02.2005).

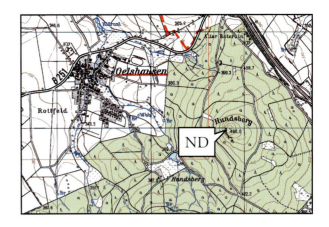

Zierenberg
ND Helfenstein,
Gem. Zierenberg (918), ca. 4,5 ha

Markante, weithin sichtbare Basaltfelsen mit Basaltblockhalden. Vegetationskundliche Kartierung liegt noch nicht vor (Naturdenkmalstatus erst seit 28.02.2005).

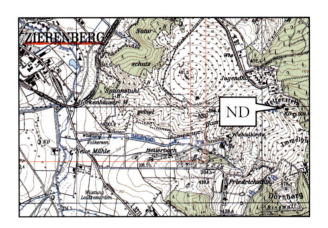

Zierenberg
ND Kasseler Meeressand,
Gem. Zierenberg (920), ca. 0,22 ha

Abgeglittenes Teilstück einer Hangscholle des Kasseler Meeressandes am Wegrand, bewaldet. Vegetationskundliche Kartierung liegt noch nicht vor (Naturdenkmalstatus erst seit 28.02.2005).

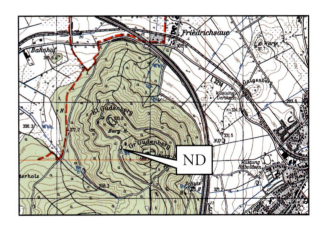

Bäume

Kennziffer	Bezeichnung, Art, Anzahl, Gemarkung, Lage	Messtischblatt-Nr. Rechtswert / Hochwert	Flur, Flurstück	Baumart, Stammumfang (in 1m Höhe), Höhe, Alter * Bäume mit dendrochronologischer Untersuchung
AHNATAL				
6.33.002	2 Linden, Gem. Weimar, auf dem Friedhof, östl. Ortsrand	Nr. 4622, R 352770, H 569252	Flur 7 Flstck. 66	Winterlinden, STU: 2,95 m / 3,45 m Höhe: 26 m, Alter: ca. 120 J.
BAD EMSTAL				
6.33.010	3 Eichen, Gem. Balhorn, südwestl. des Ortes, „Die Landwehr"	Nr. 4721, R 351566, H 568100	Flur 12 Flstck. 87/1	Stieleichen, STU: 3,75 / 3,90 / 4,70 m Höhe: 22 m, Alter: ca. 150 J.
6.33.011	1 Eiche, Gem. Balhorn, „Am Bodenweg", südwestl. des Ortes	Nr. 4721, R 351528, H 568168	Flur 11 Flstck. 85/1	Stieleiche, STU: 3,90 m Höhe: 23 m, Alter: ca. 120 J.
6.33.012	1 Linde, Gem. Balhorn, „Hinter`m Lindchen", nordwestl. des Ortes	Nr. 4721, R 351536, H 568316	Flur 21 Flstck. 71/1	Winterlinde, STU: 2,25 m Höhe: 17 m, Alter: ca. 80 J.
6.33.013	1 Eiche, Gem. Balhorn, südl. der Kirche, im Ort	Nr. 4721, R 351657, H 568208	Flur 16 Flstck. 54/1	Stieleiche, STU: 3,60 m Höhe: 20 m, Alter: ca. 150 J.
6.33.014	1 Linde, Gem. Balhorn, auf dem alten Friedhof, nördl. Ortsrand	Nr. 4721, R 351642, H 568232	Flur 18 Flstck. 46	Winterlinde, STU: 3,50 m Höhe: 22 m, Alter: ca. 120 J.
6.33.015	1 Eiche, Gem. Merxhausen, ca. 50 m östl. der Straße nach Sand, am Waldweg	Nr. 4721, R 351814, H 567786	Flur 1 Flstck. 163/1	Stieleiche, STU: 5,80 m Höhe: 28 m, Alter: ca. 300 J.
6.33.016	3 Linden, Gem. Riede, am Weg zum Klauskopf, ca. 100 m westl. des Schlosses	Nr. 4721, R 351766, H 567480	Flur 3 Flstck. 79	Sommerlinden, STU: bis 4,30 m Höhe: 24 m, Alter: ca. 120 J.
6.33.017	1 Eibe, Gem. Riede, im Schlosspark	Nr. 4721, R 351773, H 567488	Flur 5 Flstck. 6	Eibe, STU: 3,50 m Höhe: 12 m, Alter: 350 J.*
6.33.018	2 Eichen, Gem. Riede, „Im Stellbach" westl. der Straße nach Merxhausen	Nr. 4721, R 351794, R 351822, H 567616, H 567606	Flur 1 Flstck. 12/1, 15	Stieleichen, STU: 4,95 / 3,80 m Höhe: 24 / 22 m, Alter: ca. 200 J.
6.33.019	1 Eiche, Gem. Riede, „Die alten Wiesenörter", westl. der Str. nach Elbenberg, am alten Wasserbeh.	Nr. 4721, R 351766, H 567554	Flur 1 Flstck. 141	Traubeneiche, STU: 4,05 m Höhe: 24 m, Alter: ca. 150 J.
6.33.020	1 Linde, Gem. Riede, östl. des Klauskopfes, am Waldrand	Nr. 4721, R 351768, H 567530	Flur 1 Flstck. 121/4	Winterlinde, STU: 4,70 m Höhe: 22 m, Alter: ca. 150 J.
6.33.021	1 Eiche, Gem. Sand, „Tonkaute", am Waldrand östl. des Erzeberges	Nr. 4721, R 351874, H 568068	Flur 4 Flstck. 50/11	Traubeneiche, STU: 5,00 m Höhe: 30 m, Alter: ca. 150 J.
6.33.023	1 Wieseneiche, Gem. Sand, nordöstlich des Läuseküppel	Nr. 4721, R 351857, H 568023	Flur 8 Flstck. 64	Stieleiche, STU: 3,90 m Höhe: 8 m, Alter: ca. 120 J.
BAD KARLSHAFEN				
6.33.031	1 Eiche, Gem. Helmarshausen, rechts der Straße nach Langenthal, „Unter der Eiche"	Nr. 4322, R 353018, H 572118	Flur 3 Flstck. 119/1	Stieleiche, STU: 7,70 m Höhe: 25 m, Alter: ca. 500 J.
6.33.032	1 Linde, Gem. Helmarshausen, am Osteingang der Ev. Kirche, im Ort	Nr. 4322, R 353156, H 572188	Flur 9 Flstck. 7/1	Sommerlinde, STU: 4,15 m Höhe: 32 m, Alter: ca. 120 J.
6.33.033	2 Eichen, Gem. Helmarshausen, am Weg „Alte Landwehr", nördlich des Höllebachs	Nr. 4322, R 352903, H 572052	Flur 17 Flstck. 7	Stieleichen, STU: 4,25 / 4,30 m Höhe: 22 / 24 m, Alter: ca. 120 J.
6.33.035	2 Eiben, Gem. Karlshafen, an der oberen Grundstücksgrenze der ehem. Gaststätte Mündener Str. 2, in der Stadt	Nr. 4322, R 353166, H 572337	Flur 8 Flstck. 44/5	Eiben, STU: 3,25 / 2,95 m Höhe: 15 m, Alter: ca. 300 J.
BAUNATAL				
6.33.061	1 Linde „Wiegandslinde", Gem. Altenbauna, auf dem Meierküppel, nordwestl. Ortsrand	Nr. 4722, R 352880, H 568080	Flur 1 Flstck. 130/16	Winterlinde, STU: 2,10 m Höhe: 10 m, Alter: ca. 100 J.
6.33.062	2 Linden, Gem. Altenritte, vor der Kirche, Ritterstraße	Nr. 4722, R 352782, H 568074	Flur 5 Flstck. 25	Sommerlinden, STU: 3,45 / 3,50 m Höhe: 26 m, Alter: ca. 120 J.
6.33.064	1 Eiche, Gem. Altenritte, am Wendeplatz „Schlehenweg", nordwestl. Ortsteil	Nr. 4722, R 352768, H 568131	Flur 2 Flstck. 65/27	Stieleiche, STU: 3,20 m Höhe: 23 m, Alter: ca. 120 J.
6.33.067	4 Eichen „Am Spielplatz", Gem. Hertingshausen, im Ort	Nr. 4722, R 352956, H 567718	Flur 2, Flstck. 46/14, 46/17	Stieleichen, STU: 2,60 - 3,85 m Höhe: 24 - 27 m, Alter: ca. 150

Kennziffer	Bezeichnung, Art, Anzahl, Gemarkung, Lage	Messtischblatt-Nr. Rechtswert / Hochwert	Flur, Flurstück	Baumart, Stammumfang (in 1m Höhe), Höhe, Alter * Bäume mit dendrochronologischer Untersuchung
BREUNA				
6.33.091	2 Eichen, Gem. Breuna, am Sportplatz, nördl. der Ortslage, „Im Knick"	Nr. 4521, R 351288, H 569908	Flur 14 Flstck. 2/1	Stieleichen, STU: 3,70 / 3,50 m Höhe: 18 / 18 m, Alter: ca. 200 J.
6.33.092	1 Eiche „Gerichtseiche", Gem. Breuna, westl. des Ortes, vor der Autobahn, „Auf dem Gericht"	Nr. 4521, R 351163, H 569770	Flur 35, Flstck. 30/1	Stieleiche, STU: 6,00 m Höhe: 16 m, Alter: ca. 320 J.
6.33.093	1 Eiche, Gem. Breuna, an der Autobahn, nordwestl. des Ortes, „Auf dem Schoren"	Nr. 4520, R 351143, H 569813	Flur 9 Flstck. 21/1	Stieleiche, STU: 2,75 m Höhe: 10 m, Alter: ca. 80 J.
6.33.096	1 Blutbuche, 1 Eiche, Gem. Oberlistingen, auf dem Friedhof	Nr. 4521, R 351624, H 570122	Flur 11 Flstck. 229, 230/1	Blutbuche / Stieleiche, STU: 3,50 / 4,10 m Höhe: 16 m, Alter: ca. 130 J.
6.33.097	Lindenallee, Gem. Wettesingen, am Weg von der Warburger Straße zum Gut	Nr. 4521, R 351320, H 570213	Flur 6 Flstck. 51/2	30 Sommerlinden, STU: 2,40 - 2,80 m Höhe: 22 - 25 m, Alter: ca. 80 J.
6.33.098	2 Linden, Gem. Wettesingen, auf dem Friedhof am südl. Ortsausgang	Nr. 4521, R 351320, H 570176	Flur 8 Flstck. 66/1	Sommerlinden, STU: 3,50 / 3,60 m Höhe: 25 m, Alter: ca. 120 J.
CALDEN				
6.33.122	1 Eiche, Gem. Calden, auf dem Hofgelände Klein-Calden	Nr. 4522, R 352602, H 569616	Flur 32 Flstck. 6	Stieleiche, STU: 4,55 m Höhe: 24 m, Alter: ca. 150 J.
6.33.130	1 Linde, Gem. Obermeiser, auf dem Friedhof, im Ort, links der Straße nach Niedermeiser	Nr. 4521, R 352100, H 570084	Flur 7 Flstck. 20	Winterlinde, STU: 8,10 m Höhe: 35 m (vor Kappung), Alter: 160 J. *
6.33.133	1 Eiche, Gem. Westuffeln, „Die Muldhaufen", südwestl. des Ortes	Nr. 4521, R 352212, H 569924	Flur 15 Flstck. 11	Stieleiche, STU: 4,50 m Höhe: 20 m, Alter: ca. 150 J.
6.33.134	1 Eiche, Gem. Westuffeln, südl. des Ortes, „Distelbreite"	Nr. 4521, R 352239, H 569880	Flur 15 Flstck. 138/71	Stieleiche, STU: 3,45 m Höhe: 20 m, Alter: ca. 100 J.
6.33.135	1 Wieseneiche, Gem. Ehrsten, südl. d. Sportplatzes, „Stammwiesen"	Nr. 4622, R 352413, H 569480	Flur 6 Flstck. 87/1	Stieleiche, STU: 4,25 m Höhe: 17 m, Alter: ca. 100 J.
ESPENAU				
6.33.181	1 Eiche, Gem. Hohenkirchen, südöstl. der Ortslage, „Abraham", am Lohbach	Nr. 4622, R 353444, H 569454	Flur 10 Flstck. 218/66	Stieleiche, STU: 2,95 m Höhe: 20 m, Alter: ca. 90 J.
6.33.182	1 Eiche, Gem. Hohenkirchen, östlich von Hohenkirchen, in den Altenfelder Wiesen	Nr. 4622, R 353472, H 569594	Flur 4 Flstck. 50	Stieleiche, STU: 5,40 m Höhe: 22 m, Alter: ca. 150 J.
FULDABRÜCK				
6.33.211	1 Linde, Gem. Bergshausen, im Ort, Kasseler Straße 41	Nr. 4722, R 353460, H 568132	Flur 6 Flstck. 20	Winterlinde, STU: 4,00 m Höhe: 27 m, Alter: ca. 130 J.
6.33.212	1 Eiche, Gem. Dörnhagen, südöstl. Ortsrand im „Söhregraben"	Nr. 4723, R 353526, H 567680	Flur 13 Flstck. 47/29	Stieleiche, STU: 5,70 m Höhe: 26 m, Alter: ca. 250 J.
6.33.213	1 Eiche, Gem. Dörnhagen, nordwestl. Ortsrand	Nr. 4722, R 353435, H 567722	Flur 17 Flstck. 20/2	Stieleiche, STU: 2,60 m Höhe: 20 m, Alter: ca. 120 J.
6.33.215	1 Eiche, Gem. Dörnhagen, „Söhre", östl. der Bundesstr. Am Weg, ca. 300 m nördl. der Ortslage	Nr. 4723, R 353510, H 567810	Flur 8 Flstck. 58/6	Stieleiche, STU: 3,20 m Höhe: 21 m, Alter: ca. 150 J.
FULDATAL				
6.33.242	1 Eiche, Gem. Rothwesten, nordöstl. des Gutes Eichenberg	Nr. 4623, R 353812, H 569438	Flur 10 Flstck. 44/1	Stieleiche, STU: 3,40 m Höhe: 19 m, Alter: ca. 100 J.
6.33.243	1 Eiche, Gem. Rothwesten, am Weg zum Gut Winterbüren	Nr. 4623, R 353622, H 569550	Flur 3 Flstck. 126	Stieleiche, STU: 4,30 m Höhe: 23 m, Alter: ca. 180 J.
6.33.244	1 Linde, Gem. Simmershausen, am Ehrenmal in der Karlstraße	Nr. 4623, R 353624, H 569302	Flur 11 Flstck. 48/4	Winterlinde, STU: 3,55 m Höhe: 16 m, Alter: ca. 130 J.
6.33.245	1 Eiche, Gem. Simmershausen, „Die Rohrbachs-wiesen", südwestl. des Ortes	Nr. 4623, R 353551, H 569212	Flur 16 Flstck. 96	Stieleiche, STU: 4,05 m Höhe: 20 m, Alter: ca. 120 J.
6.33.246	1 Buche, Gem. Wahnhausen, an der Kirche	Nr. 4623, R 353962, H 569238	Flur 8 Flstck. 508/172	Rotbuche, STU: 3,60 m Höhe: 26 m, Alter: ca. 150 J.
6.33.247	Eichenallee, Gem. Rothwesten, nordöstlich Gut Eichenberg, am Friedhof	Nr. 4623, R 353845, H 569435	Flur 10 Flstck. 50	53 Stieleichen, STU: 1,50 - 2,80 m Höhe: 20 m, Alter: 80 - 100 J.
GREBENSTEIN				
6.33.271	1 Linde, Gem. Grebenstein, „Molkenbreite", östl. der Stadt, nordöstl. des Giedenhofes	Nr. 4522, R 353122, H 570246	Flur 12 Flstck. 48	Winterlinde, STU: 2,95 m Höhe: 18 m, Alter: ca. 100 J.
6.33.272	1 Kastanie, 1 Linde, Gem. Grebenstein, an der Steinernen Brücke, nordöstl. Stadtrand	Nr. 4522, R 352906, H 560176	Flur 9 Flstck. 252/1	Rosskastanie / Winterlinde, STU: 4,10 / 3,80 m, Höhe: 25 m, Alter: ca. 150 J.
6.33.273	2 Linden mit historischer Kirchenruine, Gem. Grebenstein, am Haldesser Teich, Oberhaldessen	Nr. 4522, R 353066, H 570338	Flur 5 Flstck. 108	Winterlinde / Sommerlinde, STU: 3,80 / 6,50 m, Höhe: 18 / 10 m, Alter: ca. 150 J. / 300 J.
6.33.274	2 Linden, Gem. Grebenstein, vor dem Friedhof in Friedrichsthal	Nr. 4522, R 352556, H 570112	Flur 29, Flstck. 51/1, Flur 30, Flstck. 7	Winterlinden, STU: 2,80 / 2,65 m Höhe: 21 m, Alter: ca. 80 J.
6.33.275	1 Linde „Gerichtslinde", Gem. Schachten, nordöstl. des Ortes, „Am Unteren Teich"	Nr. 4522, R 352770, H 570060	Flur 2, Flstck. 63/5	Sommerlinde, STU: 9,30 m Höhe: 19 m, Alter: 350 J. *
6.33.276	1 Eiche, Gem. Schachten, südöstl. Ortsrand, nördl. der Schindeberge	Nr. 4522, R 352702, H 569966	Flur 5 Flstck. 29/3	Stieleiche, STU: 5,40 m Höhe: 20 m, Alter: ca. 170 J.
6.33.277	1 Eiche, Gem. Schachten, „Der kleine Weinberg", im Waldstück nördl. der Schindeberge	Nr. 4522, R 352674, H 569946	Flur 5 Flstck. 3/28	Stieleiche, STU: 6,50 m Höhe: 20 m, Alter: ca. 320 J.

Kennziffer	Bezeichnung, Art, Anzahl, Gemarkung, Lage	Messtischblatt-Nr. Rechtswert / Hochwert	Flur, Flurstück	Baumart, Stammumfang (in 1m Höhe), Höhe, Alter * Bäume mit dendrochronologischer Untersuchung
6.33.278	Baumgruppe 1 Walnuss, 2 Edelkastanien, Gem. Schachten, „Die Schindeberge" südl. des Ortes	Nr. 4522, R 352664, H 569940	Flur 5, Flstck. 3/28	1 Walnuss / 2 Edelkastanien, STU: 2,70 / 4,30 / 4,70 m Höhe: 16 m, Alter: ca. 90 / 200 / 200 J.
6.33.280	1 Rosskastanie, Gem. Grebenstein, am Wegekreuz, südl. Niederhaldessen	Nr. 4522, R 352927, H 570332	Flur 7 Flstck. 90	Rosskastanie, STU: 4,00 m Höhe: 22 m, Alter: ca. 120 J.
6.33.279	1 Eiche „Friedenseiche" 1870/71", Gem. Udenhausen, „Vor der Friedenseiche", südl. des Ortes	Nr. 4522, R 353256, H 570264	Flur 8 Flstck. 102	Stieleiche, STU: 3,10 m Höhe: 20 m, Alter: 130 J.

HABICHTSWALD

Kennziffer	Bezeichnung, Art, Anzahl, Gemarkung, Lage	Messtischblatt-Nr. Rechtswert / Hochwert	Flur, Flurstück	Baumart, Stammumfang, Höhe, Alter
6.33.301	1 Pyramideneiche, Gem. Dörnberg, vor der Kirche, Ortsmitte	Nr. 4622, R 352395, H 568972	Flur 7 Flstck. 96/2	Pyramideneiche, STU: 2,80 m Höhe: 17 m, Alter: ca. 80 J.
6.33.302	1 Eiche, Gem. Dörnberg, südwestl. des „Hohlsteins", „Hinterm Berge"	Nr. 4622, R 352516, H 569055	Flur 10 Flstck. 14	Stieleiche, STU: 4,00 m Höhe: 24 m, Alter: > 150 J.
6.33.303	1 Eiche, Gem. Dörnberg, westl. des „Hohlsteins", „Hinterm Berge"	Nr. 4622, R 352490, H 569084	Flur 10 Flstck. 6	Stieleiche, Zwillingsstamm, STU: 3,30 / 3,40 m, Höhe: 25 m, Alter: ca. 150 J.
6.33.304	Eichen- und Buchengruppe (3/8 Stck.), Gem. Dörnberg, südöstl. des Ortes, südl. Forsthaus Haide	Nr. 4622, R 352490, H 568850	Flur 20 Flstck. 21/1, 69/2	Rotbuchen / Stieleichen, STU: bis zu 4,50 m Höhe: 30 m, Alter: ca. 200 J.
6.33.305	1 Buche, 1 Eiche, Gem. Dörnberg, „Huckshohl", westl. Forsthaus Haide	Nr. 4622, R 352462, H 568874	Flur 20 Flstck. 21/1	Rotbuche / Stieleiche, STU: 3,40 / 2,90 m Höhe: 18 / 21 m, Alter: ca. 100 / 130 J.
6.33.307	1 Eiche, Gem. Ehlen, im Park des Gutes Bodenhausen, nördl. des Ortes	Nr. 4621, R 352118, H 568932	Flur 1 Flstck. 3/11	Stieleiche, STU: 6,70 m Höhe: 28 m, Alter: ca. 300 J.

HELSA

Kennziffer	Bezeichnung, Art, Anzahl, Gemarkung, Lage	Messtischblatt-Nr. Rechtswert / Hochwert	Flur, Flurstück	Baumart, Stammumfang, Höhe, Alter
6.33.332	1 Ahorn, Gem. Helsa, am Bahnhofsgebäude, westl. Ortsrand	Nr. 4724, R 354762, H 568075	Flur 3 Flstck. 47/28	Spitzahorn, STU: 3,35 m Höhe: 27 m, Alter: ca. 150 J.
6.33.333	1 Linde, Gem. Wickenrode, Firmengelände „Ringenkuhl", östl. Ortsrand	Nr. 4724, R 355226, H 568029	Flur 6 Flstck. 22	Winterlinde, STU: 4,60 m Höhe: 30 m, Alter: ca. 180 J.
6.33.334	1 Eiche „Friedenseiche 1870/71", Gem. Wickenrode, am Sportplatz Ringenkuhler Str.	Nr. 4724, R 355143, H 568031	Flur 10 Flstck. 73	Stieleiche, STU: 2,75 m Höhe: 25 m, Alter: ca. 130 J.
6.33.336	1 Pyramideneiche, Gem. St. Ottilien, auf dem Friedhof, südl. Ortsrand	Nr. 4723, R 354535, H 567612	Flur 3 Flstck. 92/1	Pyramideneiche, STU: 3,45 m Höhe: 23 m, Alter: ca. 130 J.

HOFGEISMAR

Kennziffer	Bezeichnung, Art, Anzahl, Gemarkung, Lage	Messtischblatt-Nr. Rechtswert / Hochwert	Flur, Flurstück	Baumart, Stammumfang, Höhe, Alter
6.33.361	Gruppe alter Hutebäume (6 Eichen, 1 Wildapfel), Gem. Beberbeck, „Beberbecker Hute", östl. des Gutes, nördl. der Allee	Nr. 4422 u. 4423, R 353450, H 571110	Flur 5 Flstck. 1/1, 6/1	derzeit noch 4 Stieleichen / Wildapfel, STU: 7,00 - 8,50 / 2,85 m, Höhe: bis 18 m / 7-8 m, Alter: 450 J.*/ 250 J.*
6.33.362	Gruppe alter Hutebäume (24 Eichen), Gem. Beberbeck, „Großer Teil links", östl. des Gutes, nördl. der Allee, nahe des Wbh.	Nr. 4422 u. 4423, R 353486, H 571060	Flur 5 Flstck. 10	derzeit noch 18 Stieleichen, STU: bis 6,50 m Höhe: bis 24 m, Alter: > 300 J.
6.33.363	Gruppe alter Hutebäume (13 Eichen), Gem. Beberbeck, „Großer Teil rechts", östl. des Gutes, südl. der Allee, nahe des Wbh.	Nr. 4422 u. 4423, R 353500, H 571024	Flur 5 Flstck. 27/15	derzeit noch 11 Stieleichen, STU: bis 5,40 m Höhe: bis 23 m, Alter: > 300 J.
6.33.364	2 alte Huteeichen, Gem. Beberbeck, östl. des Gutes, vor dem Stallgebäude	Nr. 4422, R 353450, H 571042	Flur 5 Flstck. 20/1	2 Stieleichen, STU: 5,60 / 3,90 m Höhe: 24 / 20 m, Alter: > 300 J.
6.33.365	1 Eiche, Gem. Beberbeck, auf dem Friedhof, östl. des Gutes	Nr. 4422, R 353558, H 571094	Flur 5 Flstck. 23/1	Stieleiche, STU: 6,20 m Höhe: 17 m, Alter: ca. 350 J.
6.33.366	„Alter Schützenplatz" mit Großbaumbestand, Gem. Carlsdorf, südl. Ortsrand	Nr. 4422, R 353012, H 570586	Flur 3 Flstck. 83/16	7 Winterlinden, STU: bis 2,80 m Höhe: bis 22 m, Alter: ca. 100 J.
6.33.368	1 Hainbuche, Gem. Friedrichsdorf, auf dem Friedhof im Ort	Nr. 4521, R 352300, H 570617	Flur 1 Flstck. 79	Hainbuche, STU: 2,30 m Höhe: 14 m, Alter: ca. 100 J.
6.33.371	1 Linde, Gem. Hofgeismar, südl. Rand des Turnhagens, Festplatz in der Stadt	Nr. 4522, R 352618, H 570686	Flur 11 Flstck. 283/3	Sommerlinde, STU: 3,85 m Höhe: 24 m, Alter: ca. 130 J.
6.33.374	1 Eiche, Gem. Hofgeismar, am Wohnheim der Baunataler Werkstätten, in der Stadt	Nr. 4522, R 352598, H 570642	Flur 8 Flstck 28/2	Stieleiche, STU: 4,70 m Höhe: 26 m, Alter: ca. 200 J.
6.33.375	Lindengruppe „Galgenberg" (11 Stck.), Gem. Hofgeismar, westl. der Stadt	Nr. 4522, R 352486, H 570690	Flur 8 Flstck. 83/1	Winterlinden, STU: 0,70 - 1,50 m Höhe: 13-15 m, Alter: ca. 60 J.
6.33.377	1 Eiche, Gem. Hofgeismar, „Köhlerberg", oberer Kammergrund, im Wald, nördl. der Stadt	Nr. 4422, R 352530, H 570914	Flur 2 Flstck. 10	Stieleiche, STU: 4,50 m Höhe: 36 m, Alter: 150 - 200 J.
6.33.378	2 Linden, Gem. Hombressen, auf dem alten Friedhof, Grünanlage im Ort	Nr. 4522, R 353190, H 570660	Flur 14 Flstck. 122/3	Winterlinden, STU: 3,25 / 3,40 m Höhe: 23 / 21 m, Alter: ca. 120 J.
6.33.379	1 Eiche „Friedenseiche" 1870/71, Gem. Hombressen, „Auf dem Warthübel", nordwestl. des Ortes	Nr. 4422, R 353115, H 570768	Flur 1 Flstck 41, 42	Stieleiche, STU: 2,60 m Höhe: 16 m, Alter: ca. 120 J.
6.33.382	1 Spitzahorn, Gem. Hofgeismar, nördl. von Hofgeismar, Nonnengrube	Nr. 4422, R 352665, H 570857	Flur 5 Flstck 136/2	Spitzahorn, STU: 3,85 m Höhe: 22 m, Alter: ca. 130 J.

IMMENHAUSEN

Kennziffer	Bezeichnung, Art, Anzahl, Gemarkung, Lage	Messtischblatt-Nr. Rechtswert / Hochwert	Flur, Flurstück	Baumart, Stammumfang, Höhe, Alter
6.33.401	Linden- und Kastaniengruppe „Wolfsgarten" mit „Friedenseiche 1870/71", Gem. Holzhausen, Am Sportplatz, im Ort	Nr. 4523, R 353752, H 569866	Flur 1 Flstck. 85/5, 85/6	1 Stieleiche / 14 Winterlinden / 3 Rosskastanien, STU: 3,05 / 2,15 - 3,90 / 1,15 - 3,55 m, Höhe: bis 22 m, Alter: ca. 130 J.
6.33.402	1 Eiche, Gem. Holzhausen, auf dem Friedhof, im Ort	Nr. 4523, R 353740, H 569805	Flur 7 Flstck. 26/4	Stieleiche, STU: 4,75 m Höhe: 19 m, Alter: ca. 250 J.

Kennziffer	Bezeichnung, Art, Anzahl, Gemarkung, Lage	Messtischblatt-Nr. Rechtswert / Hochwert	Flur, Flurstück	Baumart, Stammumfang (in 1m Höhe), Höhe, Alter * Bäume mit dendrochronologischer Untersuchung
6.33.403	1 Buche „Triftbuche", Gem. Holzhausen, östl. des Ortes, am „Triftweg" zum Osterbach	Nr. 4523, R 353794, H 569840	Flur 1 Flstck. 151/3	Rotbuche, STU: 5,60 m Höhe: 32 m, Alter: 285 J.*
6.33.407	1 Eiche, Gem. Immenhausen, „Auf der Leimkuhle", links der Straße nach Holzhausen, östl. Ortsrand	Nr. 4522, R 353432, H 569928	Flur 17 Flstck. 128	Stieleiche, STU: 3,75 m Höhe: 20 m, Alter: ca. 120 J.
6.33.408	1 Eiche, Gem. Immenhausen, am Graben, nordwestl. des Leutenhäuser Berges	Nr. 4522, R 353292, H 570130	Flur 8 Flstck. 93	Stieleiche, STU: 4,65 m Höhe: 22 m, Alter: ca. 120 J.
KAUFUNGEN				
6.33.431	1 Eiche, Gem. Niederkaufungen, südl. des Ortes im Haferbachtal	Nr. 4723, R 354220, H 568266	Flur 24 Flstck. 16	Stieleiche, STU: 4,05 m Höhe: 22 m, Alter: ca. 180 J.
6.33.432	1 Linde, 1 Eiche, Gem. Niederkaufungen, am Waldrand, südöstl. „Im Jagdgrund", südl. des Ortes	Nr. 4723, R 354288, H 568172	Flur 24 Flstck. 63	Winterlinde / Stieleiche, STU: 4,20 m / 3,75 m, Höhe: 30 / 32 m, Alter: ca. 200 J.
6.33.433	1 Linde, Gem. Niederkaufungen, „Auf der Löhbeck", im Talgrund Ahlgraben, südl. des Ortes	Nr. 4723, R 354276, H 568126	Flur 11 Flstck. 122/2	Winterlinde, STU: 3,60 m Höhe: 23 m, Alter: ca. 130 J.
6.33.435	Großbaumbestand an der Stiftskirche, (1 Bergahorn, 1 Winterlinde, 1 Eibe), Gem. Oberkaufungen, im Ort	Nr. 4723, R 354432, H 568300	Flur 8 Flstck. 219, 235/1	Bergahorn / Winterlinde / Eibe, STU: 3,10 / 3,25 / 2,25 m, Höhe: 24 / 24 / 12 m, Alter: ca. 150 / 150 / 200 J.
6.33.437	1 Eiche „Schulze-Boeing-Eiche", Gem. Oberkaufungen, „Unterster Dautenbachsgraben" im Wald, südl. des Ortes	Nr. 4723, R 354420, H 568174	Flur 17 Flstck. 5/2	Stieleiche, STU: 5,95 m Höhe: 29 m, Alter: ca. 300 J.
6.33.438	1 Eiche „Buddelvalteneiche", Gem. Oberkaufungen, am Wegekreuz Triftweg / Pfannkuchenweg, im Wald, südl. des Ortes	Nr. 4723, R 354451, H 568180	Flur 17 Flstck. 8	Stieleiche, STU: 3,10 m Höhe: 20 m, Alter: ca. 150 J.
6.33.439	1 Eiche, Gem. Oberkaufungen, „Baumgarten", links der Straße nach Nieste	Nr. 4623, R 354480, H 568521	Flur 4 Flstck. 196/1	Stieleiche, STU: 2,95 m Höhe: 15 m, Alter: ca. 120 J.
6.33.440	1 Eiche, Gem. Oberkaufungen, „Buschbreite", nördl. des Ortes	Nr. 4723, R 354390, H 568508	Flur 3 Flstck. 550	Stieleiche, STU: 3,50 m Höhe: 22 m, Alter: 120 - 150 J.
6.33.441	1 Eiche, Gem. Niederkaufungen, östlich des Ahlgraben	Nr. 4723, R 354311, H 568115	Flur 11 Flstck. 229/7	Stieleiche, STU: 3,75 m Höhe: 22 m, Alter: ca. 120 J.
6.33.442	1 Rotbuche, Gem. Niederkaufungen, am Ahlgraben	Nr. 4723, R 354329, H 567990	Flur 11 Flstck. 150/74	Rotbuche, STU: 3,50 m Höhe: 19 m, Alter: ca. 100 J.
LIEBENAU				
6.33.462	1 Kiefer, Gem. Haueda, nördl. des Ortes, am Hang rechts der Straße nach Übelngönne	Nr. 4521, R 351716, H 570676	Flur 1 Flstck. 50/15	Gemeine Kiefer, STU: 3,70 m Höhe: 17 m, Alter: 100 - 150 J.
6.33.463	1 Eiche „Friedenseiche 1870/71", Gem. Lamerden, südöstl. Ortsrand, am Diemelufer	Nr. 4421, R 352277, H 571022	Flur 9 Flstck. 124/3	Stieleiche, STU: 3,65 m Höhe: 24 m, Alter: 130 J.
6.33.464	1 Eiche „Spukeiche", Gem. Liebenau, rechts d. Str. nach Hofgeismar, an der Stadtgrenze, Waldrand, „Möncheholz"	Nr. 4521, R 352218, H 570673	Flur 9 Flstck. 23	Stieleiche, STU: 4,50 m Höhe: 10 m, Alter: ca. 250 J.
6.33.465	1 Linde, Gem. Niedermeiser, vor dem Kirchhof, im Ort	Nr. 4521, R 352137, H 570276	Flur 11 Flstck. 51	Sommerlinde, STU: 4,10 m Höhe: 21 m, Alter: 150 J.
6.33.466	1 Linde, Gem. Niedermeiser, auf dem Friedhof, nordwestl. Ortsrand	Nr. 4521, R 352134, H 570291	Flur 11 Flstck 13	Sommerlinde, STU: 4,10 m Höhe: 21 m, Alter: 150 J.
6.33.469	1 Eiche „Friedenseiche 1870/71", Gem. Niedermeiser, am Sportplatz, östl. der Ortslage	Nr. 4521, R 352224, H 570268	Flur 6 Flstck. 60/3	Stieleiche, STU: 4,20 m Höhe: 26 m, Alter: 130 J.
6.33.470	1 Eiche, Gem. Ostheim, „Auf dem Schäferpfade", im Wald, östl. des Ortes	Nr. 4421, R 352280, H 570788	Flur 3 Flstck. ½	Stieleiche, STU: 3,20 m Höhe: 18 m, Alter: ca. 150 J.
6.33.471	1 Eiche „Friedenseiche 1870/71", Gem. Ostheim, an der Straße nach Lamerden, nördl. Ortsrand	Nr. 4421, R 352233, H 570840	Flur 2 Flstck. 119	Stieleiche, STU: 4,00 m Höhe: 20 m, Alter: 130 J.
6.33.472	2 Linden, Gem. Zwergen, nördl. Ausläufer des Sassentals, westl. Ortsrand	Nr. 4521, R 352047, H 570528	Flur 9 Flstck. 65/1	Winterlinden, STU: 3,60 / 3,60 m Höhe: 24 / 24 m, Alter: 120 - 150 J.
6.33.473	1 Buche, Gem. Zwergen, am Ostrand des Sassentals, südwestl. des Ortes	Nr. 4521, R 352036, H 570504	Flur 9 Flstck. 43/1	Rotbuche, Zwillingsstamm, STU: 2,40 / 2,60 m, Höhe: 19 m, Alter: ca. 100 J.
LOHFELDEN				
6.33.491	2 Maulbeerbäume, Gem. Crumbach, westl. der Kirche, im Ort	Nr. 4723, R 353755, H 568189	Flur 2 Flstck. 411/148	2 Maulbeerbäume, STU: 3,55 / 2,80 m Höhe: 10 m, Alter: 151 J. (1854 gepflanzt)
6.33.492	1 Eiche „Wieseneiche", Gem. Crumbach, „Die Teichwiesen", nördl. des Autobahnkreuzes, am Gewerbegebiet	Nr. 4723, R 353693, H 568276	Flur 6 Flstck. 34/11	Stieleiche, STU: 6,00 m Höhe: 19 m, Alter: 100 J. *
6.33.494	1 Linde „Gerichtslinde", Gem. Vollmarshausen, Ortsmitte	Nr. 4723, R 353947, H 568092	Flur 7 Flstck. 15/2	Sommerlinde, STU: 3,80 m Höhe: 16 m (nach Einkürzung), Alter: 250 J. *
6.33.495	1 Eiche, Gem. Vollmarshausen, Heupelstr. 26, östl. Ortsrand	Nr. 4723, R 353980, H 568090	Flur 9 Flstck. 384	Stieleiche, STU: 5,35 m Höhe: 21 m, Alter: ca. 120 J.
6.33.496	1 Wildbirne, Gem. Ochshausen, auf dem Lindenberg	Nr. 4723, R 353910, H 568325	Flur 2 Flstck. 53/8	Wildbirne, STU: 2,50 m Höhe: 12 m, Alter: ca. 100 J.
NAUMBURG				
6.33.522	1 Eiche, Gem. Altenstädt, rechts der Straße nach Balhorn, ca. 800 m östl. des Ortes	Nr. 4721, R 351478, H 568218	Flur 3 Flstck. 30/1	Stieleiche, STU: 2,90 m Höhe: 19 m, Alter: ca. 120 J.
6.33.523	1 Eiche, Gem. Elben, südl. „Klaus", nordwestlich des Ortes, im Wald	Nr. 4721, R 351376, H 567818	Flur 3 Flstck. 564/1	Stieleiche, STU: 4,95 m Höhe: 26 m, Alter: ca. 220 J.

Kennziffer	Bezeichnung, Art, Anzahl, Gemarkung, Lage	Messtischblatt-Nr. Rechtswert / Hochwert	Flur, Flurstück	Baumart, Stammumfang (in 1m Höhe), Höhe, Alter * Bäume mit dendrochronologischer Untersuchung
6.33.526	1 Mammutbaum, Gem. Elben, im ehemaligen Pflanzgarten, südwestl. Waldhof	Nr. 4721, R 351230, H 567534	Flur 7 Flstck. 1/24	Mammutbaum, STU: 5,80 m Höhe: ca. 28 m, Alter: ca. 100 J.
6.33.527	1 Eiche, Gem. Elbenberg, südwestl. der Schlossteiche, am Waldrand	Nr. 4721, R 351446, H 567710	Flur 11 Flstck. 119	Stieleiche, STU: 5,65 m Höhe: 28 m, Alter: ca. 300 J.
6.33.529	2 Linden, Gem. Heimarshausen, auf dem Hasenberg, nordöstl. Ortsrand	Nr. 4821, R 351484, H 567206	Flur 3 Flstck. 67/2	Winterlinden, STU: 2,70 / 2,40 m Höhe: 12 m, Alter: ca. 100 J.
6.33.530	2 Linden, Gem. Heimarshausen, am Friedhofseingang, östl. Ortsrand	Nr. 4821, R 351496, H 567185	Flur 3 Flstck. 66	Sommerlinden, STU: 3,50 / 2,50 m Höhe: 25 m, Alter: ca. 100 J.
6.33.534	1 Buche „Fünfbrüderbuche", Gem. Naumburg, südl. d. Stadt, im Wald, ca. 100 m östl. Pkt. 411, südöstl. des Hospitalkopfes	Nr. 4720, R 351080, H 567574	Flur 22 Flstck. 9	Rotbuche, STU: 4,35 m Höhe: 32 m, Alter: ca. 150 J.
6.33.535	1 Eiche, Gem. Altendorf, nordöstlich des Ortes	Nr. 4721, R 351480, H 567590	Flur 5 Flstck. 217/15	Stieleiche, STU: 3,50 m Höhe: 26 m, Alter: ca. 120 J.
NIESTE				
6.33.551	1 Eiche, Gem. Nieste, am Waldrand, nördl. des Sensensteingeländes	Nr. 4623, R 354514, H 568638	Flur 8 Flstck. 469/5	Stieleiche, STU: 6,20 m Höhe: 20 m, Alter: ca. 350 J.
6.33.552	Koniferengruppe „Waldlehrpfad Rottebreite", Gem. Nieste, südöstl. Rand des Gerholds-Berges, im Wald, westl. des Ortes	Nr. 4623, R 354552, H 568650	Flur 8 Flstck. 132/8	1 Paz. Edeltanne, 1 Douglasie, 1 Mammutbaum, 2 Gr. Küstentannen, 1 Hemlocktanne, STU: bis 4,20 m Höhe: bis 45 m, Alter: max. 100 J.
NIESTETAL				
6.33.582	2 Eichen, Gem. Heiligenrode, am Affenteich, Gut Windhausen	Nr. 4623, R 354288, H 568566	Flur 28 Flstck. 98	Stieleichen, STU: 7,10 / 4,65 m Höhe: 35 / 35 m, Alter: 300 J. *
6.33.583	2 Eichen „Wieseneichen", Gem. Heiligenrode, südöstl. Windhausen, südl. und östl. des Grabmales	Nr. 4623, R 354328, H 568538	Flur 27 Flstck. 31/3 Flur 28 Flstck. 96/1	Stieleichen, STU: 5,50 / 5,30 m Höhe: 28 m, Alter: 300 J.
6.33.586	1 Linde, Gem. Sandershausen, im Garten des Zollforsthauses, am Waldrand, nordöstlich des Ortes	Nr. 4623, R 354060, H 568904	Flur 15 Flstck. 176/70	Winterlinde, STU: 3,65 m Höhe: 27 m, Alter: ca. 120 J.
OBERWESER				
6.33.611	1 Rotbuche, Gem. Gewissenruh, auf dem Friedhof, südl. Ortsrand	Nr. 4323, R 353722, H 572140	Flur 2 Flstck. 50/2	Rotbuche, STU: 4,10 m Höhe: 30 m, Alter: ca. 180 J.
6.33.614	1 Linde, Gem. Gieselwerder, nordwestl. Ecke des Burghofes, im Ort	Nr. 4323, R 353828, H 571858	Flur 9 Flstck. 145/3	Winterlinde, STU: 4,00 m Höhe: 24 m, Alter: ca. 150 J.
6.33.615	1 Buche, Gem. Heisebeck, am Steinbruch „Rasche Kamp", nahe der Untermühle, östl. des Ortes	Nr. 4424, R 354692, H 571698	Flur 8 Flstck. 52/6	Rotbuche, STU: 5,80 m Höhe: 20 m, Alter: ca. 200 J.
6.33.618	1 Linde, Gem. Oedelsheim, im Oberdorf, Oberdorfstr. 22	Nr. 4423, R 354150, H 571756	Flur 10 Flstck. 55/2	Winterlinde, STU: 2,80 m Höhe: 22 m, Alter: ca. 100 J. (um 1904 gepfl.)
REINHARDSHAGEN				
6.33.641	1 Eiche „Befreiungseiche", Gem. Veckerhagen, nördl. Ortsrand, an der Bundesstraße, Sägewerk am Hasselbach	Nr. 4523, R 354177, H 570722	Flur 14 Flstck. 28/4	Stieleiche, STU: 3,60 m Höhe: 19 m, Alter: 130 J.
6.33.642	1 Linde, Gem. Veckerhagen, in der Weserschleife nördl. des Ortes, am Waldrand, an der Quarmke	Nr. 4423, R 354116, H 571020	Flur 2 Flstck. 63/1	Sommerlinde, STU: 5,20 m Höhe: 24 m, Alter: ca. 200 J.
6.33.643	1 Esche, Gem. Vaake, am alten Harneweg, von der Bundesstraße zur Villa Brema, westl. des Ortes	Nr. 4523, R 354218, H 570528	Flur 4 Flstck. 13/1	Gemeine Esche, STU: 3,10 m Höhe: 19 m, Alter: ca. 90 J.
REINHARDSWALD (FORSTGUTSBEZIRK)				
6.33.671	1 alte Huteeiche „Lohengrineiche", Gem. Obf. Gahrenberg, am Junkernkopf, nördl. der Ortslage Holzhausen, ca. 250 m östl. Pkt. 451,5	Nr. 4523, R 353750, H 570240	Flur 7 Flstck. 59/1	Traubeneiche, STU: 5,95 m Höhe: 15 m, Alter: ca. 350 J.
6.33.673	1 alte Huteeiche „Gerichtseiche", Gem. Obf. Gahrenberg, rechts der Straße nach Holzhausen, am Junkernkopf	Nr. 4523, R 353776, H 570216	Flur 7 Flstck. 62/1	Stieleiche, STU: 8,30 m Höhe: 15 m, Alter: 550 J. *
6.33.676	Eichengruppe „Englischer Garten", (28 Stck.), Gem. Obf. Karlshafen, auf Wildäsungsfläche, „Finkenbruchsgraben", südöstl. Helmarshausen, im Wald	Nr. 4322, R 353384, H 572076	Flur 3 Flstck. 8	Noch 25 Stieleichen, STU: 2,80 - 4,25 m Höhe: bis 26 m, Alter: ca. 230 J.
6.33.678	1 alte Huteeiche, Gem. Obf. Veckerhagen, nordöstl. der Sababurg, nahe „Papenköpfe", 500 m südl. Pkt. 367,8	Nr. 4423, R 353954, H 571336	Flur 7 Flstck. 17	Traubeneiche, STU: 5,35 m Höhe: 24 m, Alter: ca. 300 J.
SCHAUENBURG				
6.33.701	1 Eiche „Erinnerungseiche an 1870/71", Gem. Breitenbach, am Friedhof, westl. Ortsrand	Nr. 4721, R 352162, H 568297	Flur 11 Flstck. 17	Stieleiche, STU: 3,40 m Höhe: 25 m, Alter: 130 J.
6.33.705	1 Rosskastanie, Gem. Hoof, im Garten Korbacher Str. 312, im Ort	Nr. 4722, R 352412, H 568320	Flur 13 Flstck. 21/7	Rosskastanie, STU: 3,50 m Höhe: 27 m, Alter: ca. 120 J.
6.33.706	1 Linde, Gem. Hoof, vor der Kirche, im Ort	Nr. 4722, R 352386, H 568322	Flur 15 Flstck. 123/10	Sommerlinde, STU: 6,10 m Höhe: 16 m, Alter: 300 J. *
6.33.709	1 Rosskastanie, Gem. Martinhagen, am Feldweg, südöstlich des Ortes	Nr. 4721, R 351973, H 568287	Flur 10 Flstck. 15	Rosskastanie, STU: 3,10 m Höhe: 13 m, Alter: ca. 100 J.
SÖHREWALD				
6.33.732	1 Buche „Prinzessinbaum", Gem. Wellerode, „Hessenhagen", östlich des Ortes, im Wald	Nr. 4723, R 354210, H 567782	Flur 15 Flstck. 4/6	Rotbuche, STU: 4,10 m Höhe: 30 m, Alter: ca. 150 J.

Kennziffer	Bezeichnung, Art, Anzahl, Gemarkung, Lage	Messtischblatt-Nr. Rechtswert / Hochwert	Flur, Flurstück	Baumart, Stammumfang (in 1m Höhe), Höhe, Alter * Bäume mit dendrochronologischer Untersuchung
TRENDELBURG				
6.33.762	1 Eiche „Friedenseiche 1870/71", Gem. Deisel, am Sportplatz, nördl. der Ortslage	Nr. 4422, R 352842, H 571830	Flur 4 Flstck. 52	Stieleiche, STU: 3,15 m Höhe: 21 m, Alter: 130 J.
6.33.763	1 Linde, Gem. Deisel, an der Kirche, im Ort	Nr. 4422, R 352838, H 571766	Flur 8 Flstck. 1	Sommerlinde, STU: 4,80 m Höhe: 23 m, Alter: ca. 150 J.
6.33.764	1 Linde, Gem. Deisel, „Am Brückenweg", rechts der Diemel, nordöstl. des Ortes	Nr. 4422, R 352882, H 571798	Flur 9 Flstck. 109	Sommerlinde, STU: 3,70 m Höhe: 16 m, Alter: ca. 100 J.
6.33.766	1 Esche, Gem. Eberschütz, „Auf den Triebblättern", rechts der Diemel, südwestl. des Ortes	Nr. 4422, R 352478, H 571138	Flur 14 Flstck. 1/1	Gemeine Esche, STU: 3,60 m Höhe: 23 m, Alter: ca. 120 J.
6.33.767	1 Eiche „Luthereiche", 1 Eiche, Gem. Friedrichsfeld, „Spielplatz", nördl. Ortsrand	Nr. 4422, R 353200, H 571574	Flur 2 Flstck. 6, 22	Stieleichen, STU: 3,60 / 3,50 m Höhe: 24 / 22 m Alter: 130 J.
6.33.768	1 Eiche „Friedenseiche", Gem. Friedrichsfeld, südwestl. Ortsrand	Nr. 4422, R 353196, H 571542	Flur 2 Flstck. 85/2	Stieleiche, STU: 3,95 m Höhe: 24 m, Alter: 130 J.
6.33.769	1 Eiche „Friedenseiche 1870/71", Gem. Gottsbüren, an der Kirche, im Ort	Nr. 4423, R 353478, H 571616	Flur 1 Flstck. 1	Stieleiche, STU: 3,70 m Höhe: 33 m, Alter: 130 J.
6.33.770	1 Linde, Gem. Langenthal, an der Kirche, im Ort	Nr. 4322, R 352526, H 571956	Flur 17 Flstck. 183/106	Sommerlinde, STU: 5,00 m Höhe: 27 m, Alter: ca. 150 J.
6.33.771	1 Eiche „Friedenseiche 1870/71", Gem. Langenthal, „Die Hasseltrift", östl. Ortseingang	Nr. 4322, R 352618, H 571996	Flur 7 Flstck. 116/2	Stieleiche, STU: 3,85 m Höhe: 20 m, Alter: 130 J.
6.33.772	3 Eichen, Gem. Sielen, an der Kirche, im Ort	Nr. 4422, R 352652, H 571328	Flur 10 Flstck. 46/5	3 Stieleichen, STU: 4,60 / 3,20 / 3,70 m Höhe: 22 / 24 / 25 m, Alter: ca. 180 / 120 / 120 J.
6.33.773	2 Linden, Gem. Sielen, auf dem Friedhof, nördl. Ortsrand	Nr. 4422, R 352656, H 571354	Flur 4 Flstck. 97/1	Winterlinde / Sommerlinde, STU: 4,55 / 5,85 m, Höhe: 24 / 28 m, Alter: ca. 200 J.
6.33.774	1 Eiche, Gem. Sielen, an der Diemelbrücke, im Ort	Nr. 4422, R 352662, H 571304	Flur 9 Flstck. 15/5	Stieleiche, STU: 4,00 m Höhe: 22 m, Alter: 133 J. (1872 gepfl.)
6.33.775	1 Kiefer, Gem. Sielen, „Auf der Bühner Seite", im Waldstück nordwestl. des Ortes	Nr. 4422, R 352478, H 571400	Flur 14 Flstck. 39/1	Schwarzkiefer, STU: 3,05 m Höhe: 15 m, Alter: ca. 130 J.
6.33.777	2 Kastanien, Gem. Trendelburg, auf dem Burghof, nordöstl. Stadtgebiet	Nr. 4422, R 352942, H 571560	Flur 7 Flstck. 246/2	2 Rosskastanien, STU: 3,80 / 3,05 m Höhe: 20 / 20 m, Alter: ca. 150 J.
6.33.780	1 Eiche „Friedenseiche 1870/71", Gem. Trendelburg, nordwestl. Ortseingang	Nr. 4422, R 352878, H 571546	Flur 8 Flstck. 167/2	Stieleiche, STU: 4,20 m Höhe: 20 m, Alter: 130 J. (1875 gepfl.)
6.33.781	1 Rosskastanie, Gem. Eberschütz, südwestl. des Ortes, am Radweg	Nr. 4422, R 352373, H 571126	Flur 15 Flstck. 29/1	Rosskastanie, STU: 3,80 m Höhe: 20 m, Alter: 130 - 150 J.
VELLMAR				
6.33.801	1 Kastanie, Gem. Frommershausen, an der Kirche, im Ort	Nr. 4622, R 353312, H 569236	Flur 2 Flstck. 28/4	Rosskastanie, STU: 3,00 m Höhe: 19 m, Alter: ca. 100 J.
6.33.802	Lindengruppe „Tanzeplatz" (Rondell) Gem. Frommershausen, östl. Ortsausgang, an der Simmershäuser Straße	Nr. 4622, R 353368, H 569268	Flur 3 Flstck. 195/4	Winterlinden, STU: 1,50 - 2,20 m Höhe: bis 18 m, Alter: ca. 60 J.
6.33.804	1 Eiche, Gem. Obervellmar, „In der Aue", in Grünanlage südwestl. des Sportzentrums	Nr. 4622, R 353244, H 569170	Flur 15 Flstck. 21	Stieleiche, STU: 5,35 m Höhe: 29 m, Alter: ca. 250 J.
6.33.805	1 Linde, 1 Eiche, Gem. Obervellmar, „Am Möncheberg", am Feldweg nach Mönchehof, nördl. der Bahnlinie	Nr. 4622, R 353166, H 569397	Flur 4 Flstck. 39/2	Winterlinde / Stieleiche, STU: 2,65 / 2,90 m Höhe: 17 m Alter: ca. 100 J.
WAHLSBURG				
6.33.831	1 Eibe, Gem. Lippoldsberg, im ehem. Klostergarten, im Ort	Nr. 4323, R 353864, H 572140	Flur 5 Flstck. 291/125	Eibe, STU: 1,80 m Höhe: 10 m, Alter: 180 J.
6.33.832	1 Eiche, Gem. Lippoldsberg, Gedenkstätte „Sebigs-Trift", im Ort	Nr. 4323, R 353882, H 572100	Flur 10 Flstck. 2/6	Stieleiche, STU: 3,40 m Höhe: 21 m, Alter: 130 J.
WOLFHAGEN				
6.33.861	1 Buche „Schäferbuche", Gem. Altenhasungen, „Bärenberg", auf Hutefläche nordöstl. des Ortes	Nr. 4621, R 351732, H 569073	Flur 4 Flstck. 2	Rotbuche, STU: 3,55 m Höhe: 15 m, Alter: ca. 200 J.
6.33.862	3 Linden, Gem. Altenhasungen, auf dem Friedhof am nördl. Ortsrand	Nr. 4621, R 351614, H 568978	Flur 1 Flstck. 12/1	Winterlinden, STU: 2,55 / 3,05 / 2,90 m Höhe: 20 m, Alter: ca. 100 J.

Kennziffer	Bezeichnung, Art, Anzahl, Gemarkung, Lage	Messtischblatt-Nr. Rechtswert / Hochwert	Flur, Flurstück	Baumart, Stammumfang (in 1m Höhe), Höhe, Alter * Bäume mit dendrochronologischer Untersuchung
6.33.863	1 Linde, Gem. Ippinghausen, am Wasserbehälter, südl. Ortsrand	Nr. 4720, R 351010, H 568263	Flur 5 Flstck. 108	Sommerlinde STU: 5,65 m, Höhe: 24 m, Alter: ca. 150 J.
6.33.866	1 Esche, Gem. Niederelsungen, „Bei der Hecke", am Graben, westl. des Ortes	Nr. 4621, R 351224, H 569516	Flur 10 Flstck. 41/1	Gemeine Esche, STU: 3,40 m Höhe: 19 m, Alter: ca. 100 J.
6.33.867	1 Eiche, Gem. Niederelsungen, „Zu Hexen", südöstl. des Ortes, am Bach entlang der Gemarkungsgrenze	Nr. 4621, R 351444, H 569318	Flur 8 Flstck. 14/3	Traubeneiche, STU: 3,05 m Höhe: 17 m, Alter: ca. 100 J.
6.33.868	1 Buche, Gem. Nothfelden, „Bei dem Thalpfad", vor dem Wald, südwestl. des Ortes	Nr. 4621, R 351404, H 569070	Flur 4 Flstck. 116/37	Rotbuche, STU: 3,15 m Höhe: 20 m, Alter: ca. 120 J.
6.33.870	1 Silberlinde, Gem. Viesebeck, vor dem Friedhof, im Ort	Nr. 4620, R 350936, H 569154	Flur 1 Flstck. 38/4	Silberlinde, STU: 3,30 m Höhe: 15 m, Alter: ca. 100 J.
6.33.871	1 Eiche, Gem. Viesebeck, „Am Mühlenwege", südöstl. des Ortes, an der Gemarkungsgrenze	Nr. 4620, R 351036, H 569082	Flur 3 Flstck. 58	Stieleiche, STU: 2,90 m Höhe: 10 m, Alter: ca. 100 J.
6.33.872	1 Eiche, Gem. Viesebeck, südwestl. des Ortes südwestl. Waldrand, „Kohlgrube"	Nr. 4620, R 350850, H 569038	Flur 5 Flstck. 58	Stieleiche, STU: 5,05 m Höhe: 23 m, Alter: ca. 250 J.
6.33.874	4 Linden, Gem. Wolfhagen, links der Straße nach Ippinghausen, (L 3214), beidseitig eines namenlosen Gewässers	Nr. 4621, R 351192, H 568677	Flur 46 Flstck. 1/15, 1/18	Winterlinden, STU: 2,00 - 3,50 m Höhe: 26 m, Alter: ca. 90 J.
6.33.877	4 Linden, Gem. Wolfhagen, nordwestl. der Stadt, an der Dusebrücke / Viesebecker Weg	Nr. 4620, R 351112, H 568874	Flur 8 Flstck. 156/1, 168/5	3 Winter-, 1 Sommerlinde, STU: 2,60 - 3,30 m Höhe: 24 m, Alter: ca. 100 J.
6.33.878	1 Linde, Gem. Wolfhagen, auf dem Friedhof „Schützeberg", nordöstl. der Stadt	Nr. 4621, R 351368, H 568962	Flur 23 Flstck. 69	Sommerlinde, STU: 4,00 m Höhe: 16 m, Alter: ca. 150 J.
6.33.880	1 Eiche, Gem. Wolfhagen, „In den Stücken", links der Straße nach Istha, südöstl. der Stadt	Nr. 4621, R 351434, H 568634	Flur 40 Flstck. 50	Stieleiche, STU: 3,00 m Höhe: 16 m, Alter: ca. 120 J.
6.33.882	1 Eiche, Gem. Wolfhagen, „Warthe", nordwestl. der Stadt	Nr. 4620, R 351048, H 568984	Flur 13 Flstck. 54	Stieleiche, STU: 2,80 m Höhe: 18 m, Alter: ca. 100 J.
6.33.883	1 Rotbuche, Gem. Ippinghausen, Im Rehmbach, am Waldrand	Nr. 4720, R 350860, H 567926	Flur 13 Flstck. 23	Rotbuche, STU: 4,40 Höhe: 34 m, Alter: ca. 180 J.
6.33.884	1 Eiche, Gem. Wenigenhasungen, am Feldweg, westl. des Isthaberges	Nr. 4621, R 351673, H 568724	Flur 13 Flstck. 6/1	Stieleiche, STU: 4,30 m Höhe: 14 m, Alter: ca. 100 J.
6.33.885	Großbaumbestand im Burggarten, (1 Li, 1 RBu, 1 BlBu, 2 RKa), Gem. Wolfhagen, im Burggarten, im Ort	Nr. 4620, R 351155, H 568755	Flur 31 Flstck. 4/3, 248	1 Linde, 1 Rotbuche, 1 Blutbuche, 2 Rosskastanien, STU: 3,40 / 3,40 / 4,05 / 3,80 / 2,80 m, Höhe: 24 / 22 / 24 / 23 / 21 m, Alter: ca. 150 J.
ZIERENBERG				
6.33.902	1 Linde, Gem. Oberelsungen, „Im Warbegrund", Freizeitanlage am nördl. Ortsrand	Nr. 4621, R 351634, H 569380	Flur 7 Flstck. 17/1	Winterlinde, STU: 3,75 m Höhe: 15 m, Alter: ca. 150 J.
6.33.906	2 Linden, Gem. Oelshausen, auf dem Friedhof, nordwestl. Ortsrand	Nr. 4621, R 351810, H 568680	Flur 3 Flstck. 67	Winterlinden, STU: 3,40 / 2,40 m Höhe: 20 / 17 m, Alter: ca. 80 J.
6.33.908	1 Linde, Gem. Zierenberg, „Im Nordbruch", nordöstl. der Stadt, am Bahntunnel	Nr. 4621, R 352264, H 569306	Flur 7 Flstck. 56/2	Sommerlinde, STU: 4,30 m Höhe: 27 m, Alter: ca. 150 J.
6.33.909	1 Pyramideneiche, Gem. Zierenberg, an der Kirche, Stadtmitte	Nr. 4621, R 352102, H 569268	Flur 12 Flstck. 104/2	Pyramideneiche, STU: 2,90 m Höhe: 15 m, Alter: 80 - 90 J.
6.33.911	1 Linde, Gem. Zierenberg, am alten Friedhof, südwestl. Altstadtrand, Obertor	Nr. 4621, R 352092, H 569246	Flur 15 Flstck. 58/1	Sommerlinde, STU: 4,60 m Höhe: 24 m, Alter: ca. 200 J.
6.33.915	1 Linde, Gem. Zierenberg, links der Straße nach Friedrichsaue, vor der Autobahn, südl. Pkt. 331,5	Nr. 4621, R 351980, H 569256	Flur 26 Flstck. 229/2	Winterlinde, STU: 2,90 m Höhe: 18 m, Alter: ca. 90 J.
6.33.919	Baumgruppe „Freistuhl", Gem. Zierenberg, nordöstl. der Schartenburg, im Wald	Nr. 4621, R 352175, H 569525	Flur 7 Flstck. 1 (tlw.)	6 Rotbuchen / 5 Stieleichen / 1 Hainbuche, STU: bis 3,35 / bis 2,85 / 2,65 m Höhe: bis 18 m, Alter: ca. 200 J.